日本学研究

郭连友 主编

北京日本学研究中心、教育部国别和区域研究基地日本研究中心

34

第34辑

社会科学文献出版社
SOCIAL SCIENCES ACADEMIC PRESS (CHINA)

《日本学研究》编委会

目 录

海外日本学研究专栏

日本语言与教育

日本文学与文化

日本社会与经济

书　评

附　录

海外日本学研究专栏

本专栏主编说明

作为国内区域国别研究的代表性集刊,《日本学研究》一直关注海外的区域国别研究,尤其是日本学研究的发展。近年来,国家大力提倡区域国别研究,尤其在高校,我国的区域国别研究,无论是在学科建设,还是人才培养以及研究范式、研究成果等方面都取得了不少可喜成果。然而,不可否认的是,我国大规模开展区域国别研究起步较晚,积累还不丰厚,同时也存在不少短板和课题。因此,我们有必要放眼世界,了解和把握其他国家在区域国别研究尤其是在日本学研究方面的最新动态、研究成果、发展趋势乃至所面临的课题。

出于上述动机,本辑特别设置了"海外日本学研究专栏",目的就是希望能将国外关于区域国别研究,尤其是日本学研究的最新动态以及研究成果等介绍到我国,为我国相关领域的研究人员提供参考和借鉴。

本辑"海外日本学研究专栏"共刊登了9篇学术论文,论文作者分别来自中国、日本、韩国(2人)、加拿大、澳大利亚、法国、荷兰、俄罗斯等。论文分别从不同侧面介绍、阐述和分析了包括日本在内的各国关于日本学研究的学科建设、教学、科研、取得的研究成果、未来的发展趋势以及面临的课题。这些论文内容丰富,视角独特,为我们展现了当下海外日本学研究多姿多彩的景象。

为了配合本栏目,我们在附录部分还整理刊登了根据日本国际交流基金会历经数年对亚洲、大洋洲、美洲、欧洲的日本研究机构、学会组织、学术刊物等做的调查信息。这些信息和资讯对于我们了解海外的区域国别研究以及日本学研究弥足珍贵,并与"海外日本学研究专栏"相互呼应、补充,是值得关注的亮点之一。

组织多名海内外日本学研究者对本国(包括他国)的日本学研究的历史、现状、成果及课题做如此全面、系统的介绍和分析,这在我国日本学研究领域尚属首次,希望能对我国开展区域国别研究尤其是日本学研究有所启发和帮助。

在此，还想利用这个机会，对本专栏作者、去年 10 月不幸英年早逝的杨晓捷先生表示沉痛哀悼和衷心感谢。杨晓捷先生系加拿大卡尔加里大学终身教授、日本中世文学领域的著名学者，也是本人的发小好友，其一生著述丰富，著有多部学术专著和论文，近年尤其在利用数字技术研究日本绘卷方面卓有建树，受到了日本乃至国际学术界的高度评价。我相信杨晓捷先生为本刊撰写的论文一定能为我国开展相关领域的研究提供有益启示。

最后，向在编辑过程中给予本专栏大力帮助的国际日本文化研究中心、日本国际交流基金会北京文化中心表示衷心感谢。

主编　郭连友

何谓"日本",何以"国际"

——"国际日本学"的机制建设及反思

贺 平[*]

【摘 要】日本国内的"国际日本学"机制建设自20世纪80年代中后期起步,迄今为止已经历了三个阶段的演变。第一个阶段(1987～2002)充分体现了国家主导下的政治偏好,通过营造国际学术网络,努力与国际学界的日本研究接轨。第二个阶段(2002～2017)呈现出百花齐放的状态,"国际日本学"成为几乎所有日本顶尖大学开拓国际化进程的重要一环,展示出科研与教学并重的特征。2017年进入第三阶段后,由于参与主体多为地方大学和私立大学,教学与研究的错位问题日益突出。日本的"国际日本学"在过去近四十年的发展中积累了丰富的经验,对其存在理由、本体定位、方法论取向等问题回顾总结恰逢其时。

【关键词】国际日本学 机制建设 教学 科研

近年来,在"国际日本学"或"国际日本研究"的旗帜下,日本国内诸多机构、项目、著述应运而生。其英文表述各有不同(Japanese studies/Japan studies/Japanology),前缀也难言统一(Global/International/World),但强调"日本"与"国际"结合的意涵是大体一致的。在语义上以及大部分实践中,"国际日本学"与"国际日本研究"原本可以互换,但如下文所示,"国际日本学"在发展过程中不仅具有传统的研究指向,而且日益突出教学的成分。有鉴于此,为避免"研究"一词以偏概全,除引用原文之外,本文暂且以"国际日本学"统一指称。

---

* 贺平,复旦大学日本研究中心教授,研究方向为国际政治经济学。

如果说称谓本身尚存见仁见智的灵活度，那么更根本的问题或许在于命词遣意背后的"存在理由"："国际日本学"与既有的"日本研究"有何本质的差异？其展现出怎样的时代背景、战略设定和政策实践？在动态的发展中有何经验？本文将围绕这些问题，回溯日本学界迄今为止对"国际日本学"的机制建设，梳理其推进过程的基本特征，为相关讨论提供一己之见。

一 "国际日本学"建制的阶段性发展

日本国际交流基金会将"日本研究"或"日本学"定义为"关于日本现在与过去文化与社会的专业领域的综合"。其中，他国学者对日本的研究由来已久，亦成果丰硕。20 世纪 80 年代之后，超越传统的国别视角对日本开展研究的趋势日益明显。① 随着日本国际地位的提升，日本研究也越来越呈现"国际化"的特征。珍妮·奈特（Jane Knight）将"高等教育国际化"定义为"在高等教育的目的、功能和传递中融入国际、跨文化或全球维度的过程"。② 借用这个广为接受的概念，如果将"高等教育"替换为"日本研究"，或许也适用于"国际日本学"。需要指出的是，"海外日本研究"虽然是"国际日本学"的重要组成部分，但两者并不等同。"国际日本学"并不是各国日本研究的简单汇总，而是日本基于自身的主体性意识，规划、协调和推动日本相关研究和教学的产物。当然，鉴于"国际日本学"在全球范围内促进日本研究的现实目的，其势必与"海外日本研究"存在着紧密的关联乃至部分的重叠。③ 珍妮·奈特在对"高等教育国际化"的概念梳理中曾提醒众人注意"在地国际化"（internationalization at home）与"境外国际化"（internationalization abroad）的区别，后者带有"跨境"（cross-border）

---

① Patricia G. Steinhoff, "Japanese Studies In, Of, From, and Through the United States," in Martin Collcutt, Katō Mikio, and Ronald P. Toby, eds., *Japan and Its Worlds: Marius B. Jansen and the Internationalization of Japanese Studies*, Tokyo: I-House Press, 2007, p.30.

② Jane Knight, "Internationalization Remodeled: Definition, Approaches, and Rationales," *Journal of Studies in International Education*, Vol.8, No.1, p.11.

③ 关于"国际日本研究"的界定及其与"海外日本研究"的关系，可参见〔日〕牛村圭「国際日本研究と Japanese studies を架橋する―序に代えて」，「国際日本研究」コンソーシアム編『環太平洋から「日本研究」を考える』，京都：国際日本文化研究センター，2021，第 i ~ vii 頁。

的意味，比较常见和易懂，而前者往往被人忽略。① 这一对"在地"和"境外"的关系也生动地反映在"国际日本学"的发展历程中。可以说，"境外日本学"大体与"海外日本研究"相当，而当前的"国际日本学"事实上更强调"在地国际化"的一面。

依据上述概念辨析可见，"国际日本学"始于20世纪80年代中期，迄今为止已经历了三个阶段的机制性演变，涌现了诸多与之相关的学院系所和专业项目（见表1）。

表1　与"国际日本学"相关的代表性学院、系所和学位项目

大学	机构与项目	设立时间
第一阶段		
综合研究大学院大学	文化科学研究科国际日本研究专业	1992年
第二阶段		
法政大学	国际日本学研究中心	2002年
	国际日本学研究所	2002年
	人文科学研究科国际日本学研究专业	2011年
上智大学	全球研究研究科国际日本研究领域	2006年
筑波大学	人文社会科学研究科国际日本研究专业	2008年
	国际日本研究学位项目	2020年
明治大学	国际日本学部	2008年
	大学院国际日本学研究科	2012年
东京外国语大学	国际日本研究中心	2009年
	国际日本学研究院	2015年
	国际日本学部	2019年
京都大学	亚洲研究教育群组	2012年
东京大学	国际综合日本研究专门部会	2012年
	国际综合日本学网络	2014年
	东京学院（Tokyo College）	2019年
	现代日本研究中心	2020年

① Jane Knight, "Internationalization Remodeled: Definition, Approaches, and Rationales," *Journal of Studies in International Education*, Vol. 8, No. 1, pp. 17 – 18.

续表

大学	机构与项目	设立时间
千叶大学	国际日本学专业	2013 年
大阪大学	文学研究科全球日本研究集群	2014 年
	全球日本研究辅修专业	2017 年
	全球日本学教育研究据点	2020 年
早稻田大学	纪念角田柳作国际日本学研究所	2015 年
	文化构想学部国际日本文化论项目	2017 年
	文学研究科国际日本学课程	2018 年
东北大学	大学院国际文化研究科国际日本研究讲座	2015 年
	日本学国际共同大学院	2019 年
北海道大学	现代日本学项目	2015 年
第三阶段		
追手门学院大学	国际教养学部国际日本学科	2017 年
东海大学	全球日本研究辅修专业	2018 年
名古屋外国语大学	世界教养学部国际日本学科	2019 年
神奈川大学	国际日本学部	2020 年
帝京大学	外国语学部国际日本学科	2022 年
大手前大学	国际日本学部	2022 年

注：表中各个大学按照其首个"国际日本学"相关建制的成立时间划入相应阶段。

1. 第一个阶段：奠基与缘起

国际日本文化研究中心的诞生标志着"国际日本学"真正起步。在时任首相中曾根康弘的支持下，国际日本文化研究中心于 1987 年在京都成立。[①]该中心以"推进国际的、跨学科的、综合的共同研究"和"援助全世界的日本文化研究者"为主要目的。尽管在机构的日文名称中突出"文化"一词，与彼时构建"文化国家日本"的理念相吻合，但其官方英译（Inter-

---

① 相关背景可参见桑原武夫、梅棹忠夫、梅原猛等当事人的对话、著作以及国际日本文化研究中心数次周年庆出版物中的回顾性梳理。另可参见〔日〕中曾根康弘、梅原猛『リーダーの力量——日本を再び、存在感のある国にするために』，東京：PHP 研究所，2010；黒川創、井上章一：「第 2 回　桑原武夫、梅棹忠夫、梅原猛、そして鶴見俊輔」，『対談鶴見俊輔「外伝」の試み』，2019 年 1 月 24 日，考える人，https：∥kangaeruhito. jp/interview/6192。

national Research Center for Japanese Studies）强调的却是宽泛意义上的日本研究,可见其宗旨并非囿于单纯的"文化"。在该中心筹备期间,担任国立民族学博物馆馆长和国际日本文化研究中心所长的梅棹忠夫和梅原猛分别领衔了数个年度研究项目,对海外日本研究进行摸底式考察。① 中心成立之后,在 1988 年至 1990 年先后召开了三次年度国际会议,分别以"日本研究的范式——日本学与日本研究""对象与方法——各个专业领域所见的日本研究的问题""所谓文化研究的视角——日本研究的综合化"为主题,并在会后将相关资料结成三卷本特辑出版。无论是会议的主旨发言人还是讨论人皆为一时之选。作为日本研究各个领域的翘楚,他们对"国际日本学"的阐释呈现出一种既往少有的互动、反思和争辩。该三卷本的特辑对于从比较和理论的视角回顾和展望"国际日本学"颇具首倡之功。

国际日本文化研究中心在此时问世,离不开 20 世纪 80 年代之后日本对外贸易摩擦不断升级的大背景。因此,以文化为载体、突出"国际"之意,在相当程度上也是为了弱化日本社会的"特殊性"意向,缓解经贸纠纷背后的对日"误解"和"意识摩擦"。② 但恰恰也源于这一初衷,围绕"日本研究国际化"的实质意图,国际日本文化研究中心在建立伊始就面临着两个方面的外界质疑和责难:一是对于日本民族主义乃至民粹主义的担忧;二是警惕日本研究背后的国家意志和权力导向。③ 例如,1994 年,日裔学者别府春海提议建立"世界日本研究学会"(WAJS),以便全球各个地区的日本研究者加强交流;但他强调,这一学会的决策和运作必须由海外日本研究者主导,而不能由国际日本文化研究中心这样的日本机构来掌控。④ 90 年代中后期之后,随着日本对外经贸摩擦的降温,这些负面影响渐渐消退,但"国际日本学"肇始阶段的这一重要片段对其日后的可持续发展仍不无警示意义。在这方面,"高等教育国际化"亦可提供一个类比。在 20 世纪

---

① 例如 1985 年度"海外日本研究综合调查研究"(海外における日本研究の総合的調査研究)、1986 年度"关于海外日本研究信息流通的调查研究"(海外における日本研究情報の流通に関する調査研究)、1987 年度"关于海外日本研究信息流通与整理状况的调查研究"(海外における日本研究情報の流通及び整理状況に関する調査研究)。

② 1972 年设立的日本国际交流基金会亦有缓和外界对日"经济动物"印象、增强国际社会对日亲近感的考虑。

③ 参见〔日〕猪木武德、小松和彦、白幡洋三郎、瀧井一博編『新·日本学誕生:国際日本文化研究センターの25 年』,東京:角川学芸出版,2012。

④ Harumi Befu, "A Proposed World Association for Japanese Studies," *Japan Forum*, Vol. 6, No. 2, October 1994, pp. 251 – 256.

80 年代日本"高等教育国际化"起步之时，"国际化"便与"日本性"（Japaneseness）微妙地交织在一起。"国际化"既可能如其表面意思所示，展现一种更为多元的认知，在现实中也可能仅仅意味着将"日本价值"更多地传递至世界，后者所体现的民族身份强化或许与"国际化"的字面含义恰好相反。[①] 鉴于两者在时代背景和主体内容上的相似性，日本"高等教育国际化"所蕴含的这一潜在悖论可以说在"国际日本学"中也不时显现。

在这一时期，同国际日本文化研究中心一样，现同属人间文化研究机构的国立历史民俗博物馆、国文学研究资料馆、国立国语研究所、综合地球环境学研究所、国立民族学博物馆，以及京都大学人文科学研究所、东京大学东洋文化研究所、东京大学史料编纂所等日本国内顶尖大学的人文社科研究机构，构成了日本学术界在人文和社会科学领域尝试国际化的"第一梯队"。这些机构尽管未必被冠以"国际日本"之名，但凭借其出众的实力成为日本研究国际化的主要平台，在诸多大型项目中扮演主导角色，并借助先发优势和规模效应不断推进各个机构内部的国际化进程。例如，国文学研究资料馆从 2014 年起，联合 20 所日本大学实施"日本语历史典籍的国际共同研究网络构筑计划"，2020 年 11 月，又领衔日本国内外 58 家机构成立了"日本古典典籍研究国际联盟"。

1992 年，作为国际日本文化研究中心的教学合作机构，综合研究大学院大学在其文化科学研究科内设立了国际日本研究专业。此外，这一时期另有一些机构尽管仅以"日本学""日本研究"等命名，也带有一定的国际交流成分。例如，1974 年大阪大学在文学部设立"日本学讲座"，之后在大学院和学部分别开设"日本学专业"和"日本学科"，并于 1982 年 3 月开始定期出版学术期刊《日本学报》。[②] 1992 年，在东京大学社会科学研究所内部成立的"国际日本社会研究中心"，1996 年改为"日本社会研究信息中心"。足立原贯于 1987 年组织的"日本学研究会"、金泽工业大学于 1995 年建立的"日本学研究所"、立教大学于 2000 年设立的"日本学研究所"等亦是其中的代表。

---

① Roger Goodman, "The Concept of Kokusaika and Japanese Educational Reform," *Globalisation, Societies and Education*, Vol. 5, No. 1, March 2007, p. 72.

② 对于早期"国际日本学"机构及其发展的梳理，参见〔日〕中野栄夫「『国際日本学』方法論構築をめざして」，『国際日本学』第 1 卷，2003，第 5~45 頁。

2. 第二个阶段：拓展与聚合

"国际日本学"机制建设的第二个阶段或许可以以 2002 年为起点。在这一年，法政大学分别建立了有所交叉的国际日本学研究中心和国际日本学研究所。以此为契机，"国际日本学"在 21 世纪驶入快车道，以"国际日本"冠名的学院、系所和学位项目纷纷上马。从表 1 中不难看出，往往一所大学内部便存在多个"国际日本学"建制，且彼此不乏传承或重叠关系。

尽管名称多样、形式各异，但第二阶段出现的这些"国际日本学"机制建设大多体现出以下三个特征。其一，弱化学科边界，强调"多学科""跨学科""综合学科"的色彩。其二，教学与研究并重，因此，所谓"国际日本学"事实上含有相当的教学职能，涉及本科、硕士、博士等各个层次，意在培养新一代的日本研究人才。其三，塑造双语乃至多语环境，既注重对外国留学生的日文语言训练，也着力提高日本学生和教师的外语能力。值得一提的是，在传统"区域研究"的基础上，东京大学、东京外国语大学、上智大学、同志社大学等日本多所大学还建有与"全球研究"相关的学部或研究机构。① 这是其开展"国际日本学"研究和教学的重要基础之一，两者相辅相成。

各个机构往往拥有为数众多的海外合作伙伴，签有双边或多边合作协议。一些大学还通过交换留学、学术研讨班等形式开展"国际日本学"的教学实践。例如，根据 2011 年签署的神户 - 牛津日本研究项目（KOJSP）协议，牛津大学东方研究（日本研究）专业的本科生需在神户大学完成第二学年的学习。又如，美国 13 所大学在 1989 年就已成立"京都美国大学联盟"（KCJS），将学生送至京都同志社大学开展两个学期的日本研究访学。设在同志社大学的"斯坦福日本中心"（SJC）、位于横滨的"美国加拿大大学联合日本研究中心"（IUC）等机构也具备类似的国际交流功能。

第二个阶段"国际日本学"的蓬勃发展与日本政府大力推进"教育国际化"和"大学国际化"是基本同步的，也得益于后者的政策引导和资金支持。为了吸引留学生，早在 1983 年中曾根康弘政府就推出了"十万留学生计划"，2008 年福田康夫政府又追加了"三十万留学生计划"。在更为宽

---

① 「［座谈会］日本におけるグローバル・スタディーズの受容と地域研究」，『地域研究』第 14 卷第 1 号，2014，第 33 ~ 60 页。

泛的"教育国际化"层面,进入 21 世纪之后,日本政府陆续推出了"21 世纪 COE 项目"(2002)、"全球 COE 项目"(2002)、"战略性国际共同研究项目"(SICORP)(2009)、"国际化据点整备事业"(Global 30 Project)(2009)等重要项目。在此基础上,后续又实施了"大学世界拓展力强化事业计划"(Re-Inventing Japan Project)(2011)、"牵引经济社会发展的全球人才培育援助项目"(Go Global Japan)(2012)、"应对全球化的英语教育改革实施计划"(2013)、"超级全球化大学"(Top Global University)构建援助项目(2014)、"国际卓越研究大学"建设计划(2022)、针对青年学者的"武者修行"机制(2022)等,旨在从运营管理、体制创新、人才培养、成果应用等多个层次加速推进"国际化"。

因此,不少"国际日本学"机构的前期准备或实际运营都得到了大型政府项目的资助。这些项目涉及面广、参与学者众多,集中反映了各个研究团队对于"国际日本学"的战略构想(见表2)。从其项目名称中也得以一窥"国际日本学"的问题意识和核心领域。此外,在各个细分学科中,"海外人类学的日本研究的综合分析""日本近世思想史的再评价与国际共同研究的尝试""国际化时代的新日本古典学""国际日本研究中古典文学研究的基底与战略""关于构筑日本文学国际共同研究基础的调查研究""国际协作下日本文学研究资料信息的组织化与推广""海外日本神话研究的历史与其现代意义再探讨"等一批大型项目也纷纷获得立项并取得进展。

表 2　"国际日本学"代表性项目

机构	时间	项目性质	项目名称
法政大学	2002～2006 年度	21 世纪 COE 项目	构筑源自日本的国际日本学
	2002～2006 年度	文部科学省私立大学学术研究提升推进事业	日本学的综合研究
	2007～2009 年度	文部科学省私立大学学术研究提升推进事业	作为异文化研究的"日本学"
	2010～2014 年度	文部科学省战略研究基础形成支援事业	反思基于国际日本学方法的"日本意识"——"日本意识"的过去、现在、未来
上智大学	2002～2007 年度	21 世纪 COE 项目	构筑基于地方的全球研究(AGLOS)

续表

机构	时间	项目性质	项目名称
东京大学	2018～2022 年度	日本学术振兴会科学研究费资助事业基础研究（B）	东京学派研究①
东北大学	2016 年度～		创造中的日本学

2017 年"国际日本研究联盟"（Consortium for Global Japanese Studies）的成立标志着第二个阶段的发展达到高潮。在既有机制数量日增的背景下，各个"国际日本学"机构开始谋求以多种形式建立协同创新平台，希望形成合力，避免重复建设和无序竞争。这方面最具代表性的便是"国际日本研究联盟"。②"共同研究"和"研究协作"本就是国际日本文化研究中心成立后的两大基轴。2004 年日本全面启动国立大学法人化后，推动大学共同利用机构的发展成为其中的一项重要内容。在此背景下，成立"国际日本研究联盟"被列为国际日本文化研究中心第三期改革中期目标的核心之一，尽中心整体之力全面推进。为此，"国际日本研究联盟"于 2016 年召开筹备会，2017 年 5 月筹备会举行了"缘何国际日本研究"的研讨会。2017 年 9 月，联盟正式成立，事务局设立于国际日本文化研究中心。成立之初，联盟包括 11 个成员和 2 个观察员，现已增加至 18 个正式成员，此外亦有处于入盟申请阶段的机构。表 1 中的大部分机构均在正式成员之列，广岛大学大学院人间科学研究科、九州大学大学院人文学府等部分其他机构也参与其中。联盟另有早稻田大学纪念角田柳作国际日本学研究所、日本国际交流基金会、德国日本研究所等三个准成员。通过国际研讨会、共同

① 这一项目聚焦近代以来的日本学术史，力图辨析出与"京都学派"相对应的"东京学派"，并不必然隶属"国际日本学"。但无论是其研究内容的"国际性"，还是其既有研究成果的国际化特征，都与"国际日本学"紧密关联。

② 该联盟成立后召开了数次大型国际研讨会，其会议论文集对于联盟整体和各会员单位的"国际日本学"实践做了颇为深入的探讨，参见〔日〕松田利彦、磯前顺一、榎本涉、前川志织、吉江弘和编『なぜ国際日本研究なのか—「国際日本研究」コンソーシアムシンポジウム記録集』，京都：晃洋書房，2018；〔日〕坪井秀人、白石惠理、小田龍哉編『日本研究をひらく—「国際日本研究」コンソーシアム記録集 2018』，京都：晃洋書房，2019；〔日〕坪井秀人、瀧井一博、白石惠理、小田龍哉編『越境する歴史学と世界文学』，京都：臨川書店，2020；〔日〕「国際日本研究」コンソーシアム編『環太平洋から「日本研究」を考える』，京都：国際日本文化研究センター，2021；〔日〕「国際日本研究」コンソーシアム「「国際日本研究」コンソーシアム2017→2021」，2022。

研究等形式，该联盟为打破各个机构的壁垒、形成"国际日本学"的旗舰效应发挥了积极的作用。以该联盟为核心，进一步强化海外交流事业也成为国际日本文化交流中心第四期改革中期目标的重要部分。

3. 第三个阶段：扩散与泛化

2017 年至今，"国际日本学"进入了第三个阶段。与"国际日本研究联盟"呈现的聚合特征相对应，第三个阶段突出表现在越来越多的日本地方大学和私立大学涉足"国际日本学"，追手门学院大学、东海大学、名古屋外国语大学、神奈川大学、帝京大学、大手前大学等皆是其中的代表。除了表 1 中提到的大学之外，还有不少大学设立了以"国际日本"命名的专业，例如创价大学文学部的国际日本学专业、御茶水女子大学人间文化创成科学研究科的国际日本学领域、二松学舍大学文学部的国际日本学专业等。对比可以发现，第二个阶段参与的主要是整体实力较强、国际化程度较高的大学，大部分属于"超级全球化大学"构建援助项目中 13 所"顶尖型认定大学"，部分则属于另外 24 所"全球化引领型认定大学"，主要集中在东京、大阪、京都、仙台等大城市。① 与之相比，第三个阶段涌现的这些地方大学和私立大学则大多位于非一线城市，办学规模和综合排名也有所差异。

在日本少子化现象加剧、国内外招生竞争日趋激烈的背景下，部分私立大学面临生源稀缺、入不敷出的生存危机。根据对 2018~2020 年经常项目收支的统计，在全日本 600 多所私立大学的运营法人中，有近四分之一已经陷入了慢性赤字的状态。② 因此，设立"国际日本学"相关专业或院系也成为这些大学通过"国际化进程"拓展生源、维系运营的重要出路。值得注意的是，与"国际化据点整备事业"等前期教育国际化项目相比，"超级全球化大学"构建援助项目等后期项目已经弱化了增加留学生入学人数的目标，而更为强调在学术、社会和国际融合等意义上的国际化水平。③ 鉴于

---

① 事实上，这种机构调整在顶尖大学亦有所体现。例如，自 2022 年 4 月始，大阪大学将其人文学、语言文化学、外国学、日本学、艺术学等五个专业合并至新成立的"人文学研究科"，其中的"日本学"在全日本规模第一，分别与校内的全球日本研究辅修专业、全球日本学教育研究据点和校外的国际日本研究联盟开展紧密合作，同时又将原有的"日本学研究室"改称为"现代日本学研究室"。

② 「私大の 4 分の 1 が慢性赤字 先端教育投資に足かせ」，『日本経済新聞』2022 年 4 月 18 日付。

③ Heath Rose and Jim McKinley，"Japan's English-medium Instruction Initiatives and the Globalization of Higher Education," *Higher Education*, Vol. 75, No. 1, 2018, pp. 111 – 129.

第三阶段加入的不少地方大学和私立大学往往不是前述"大学国际化"国家级项目的资助对象，相比第二个阶段的各所大学，这些大学在实践中不得不更为重视"国际日本学"的经济收益和商业价值。

综上所述，20世纪80年代中后期起步的"国际日本学"在三个阶段的演变中各有侧重（见表3）。在第一个阶段，国际日本文化研究中心一枝独秀，充分体现了国家主导下的政治偏好，通过构建国际学术网络，努力与国际学界的日本研究接轨。侧重国际宣介是这一阶段的主要特征。这种宣介是双向的，主要表现为向世界介绍日本及其自身日本研究的成果，也不乏引介国外日本研究成果的成分。以2002年法政大学成立的国际日本学研究所等机构为代表，第二个阶段则呈现出百花齐放的状态。"国际日本学"成为几乎所有日本顶尖大学开拓国际化进程的重要一环，且展示出科研与教学并重的特征。得益于此，在传统以日文为工作语言、以日文资料为基础材料的"国史""国文""国语"等研究领域，通过双语研究会等方式，传统相对封闭的畛域也被逐渐打破，"国际日本学"迈步向前。① 在近15年经验积累的基础上，"国际日本研究联盟"的出现可谓水到渠成。2017年以后的第三个阶段尚在延续，由于参与主体多为地方和私立大学，相比研究，国际化教学成为重点。考虑到其实践时间尚短，成功与否仍有待时间检验，但面临的挑战已毋庸讳言。

表3 "国际日本学"的阶段性发展

	起止时间	主要特征	参与主体	代表性机构
第一个阶段	1987～2002	侧重国际宣介、构建国际学术网络	国家型研究机构	国际日本文化研究中心
第二个阶段	2002～2017	科研与教学并重、在实践中形成合力	全球化综合大学	法政大学国际日本学研究所 国际日本研究联盟
第三个阶段	2017～	加速教育产业化、扩大招生吸引力	地方大学和私立大学	

---

① 〔日〕中村尚史：「国際日本研究と私」，『アジ研ワールド・トレンド』第178卷，2010，第23～25頁。

二 机制扩散后的新问题：研究与教学之辨

上述梳理的"国际日本学"机构尽管各有侧重，但一般而言都包括三个功能。其一，发展与日本相关的区域研究与学科研究，参与主体和主要受众是学术机构和学者个人。其二，推动基于日本研究的教学活动，主要面向在日留学生和本专业的日本学生、境外与日本相关专业的学生。其三，促进异文化理解和多文化交流，具有文化外交的色彩，其对象既涉及上述两者，也兼及一般受众。

在第一个和第二个阶段涉及的主要机构中，"国际日本学"内部的教学与研究紧密结合。除了国际日本文化研究中心依托综合研究大学大学院招收学生之外，在各个大学内以学院形式成立的机构更是如此。个别机构的教学与研究功能相对独立，例如东京大学的国际综合日本学网络主要依托东洋文化研究所，本身并无招生职能，但仍与法学部和文学部存在密切的合作关系，且借助"信息学环"（Interfaculty Initiative in Information Studies）、"亚洲信息社会课程"（ITASIA）举办系列讲座。整体上，在侧重研究的同时，各个机构不忘对新一代研究人才的培养，而非仅仅停留于普及性的基础教育。"新世代日本研究者协同研究研讨班""东亚日本研究者协议会""东亚与同时代日语文学论坛"等平台的建立，为学生特别是研究生的学术交流和网络构建创造了积极的条件。此外，一个不可忽视的背景是，第二个阶段的主要参与者特别是其中的一流私立大学吸收了相当一部分"归国生"，这些学生在外文能力上较为突出，其海外经历也成为自身从事"国际日本学"的天然优势。

值得注意的是，在日本，数十所大学设有国际教养学部或学科，比较著名的如早稻田大学（2004）、上智大学（2006）、独协大学（2007）、法政大学（2008）等。近年来又有多所大学开设新的国际教养学部或学科，如立命馆大学（2019）、横滨市立大学（2019）、武藏大学（2022）等。这些国际教养学部或学科虽主要侧重本科教学，但也部分具有"国际日本学"的特征。在留学生和英文教学比例较高的国际基督教大学、国际教养大学、立命馆亚洲太平洋大学等大学中，也往往设有"日本研究""日本理解"等项目或专业。从 1986 年明治学院大学开始，日本不少大学还建有"国际学部"。截至 2022 年 5 月，日本共有 29 所大学拥有"国际学部"，其中国立大学和公立大学各 1 所,其余 27 所皆为私立大学。① 此外,以"国际文化"等为名的院系和项目更是为数众多。② 近年来,以广岛大学、大阪大学、大阪经济大学等为代表,还出现了若干"国际共创"学部或项目,强调国际化背景下的学科融合。

在"国际日本学"的热潮中,新加入的各个大学机构设置方式各异,有的是全新的实体建置,有的是校内跨机构的虚体平台,有的则是在原有院系内开设新的专业。其中大部分"国际日本学"的机构是在原有日语语言和日本文化教学的基础上发展起来,并整合相关人文和社会专业的力量,有一些还包含留学生管理和国际交流机构的成分。个别则完全由其他机构直接变名而成,如大手前大学的"国际日本学部"就是在 2022 年 4 月由原来的"综合文化学部"改名后成立,又如名古屋外国语大学的"世界教养学部国际日本学科"源自原有的"外国语学部日本语学科"。

随着越来越多的大学涉足"国际日本学",特别是在进入第三个阶段后,教学与研究的错位问题显得日益突出,主要表现在以下三个方面。

第一,在不少地方大学和私立大学中,相比教学,研究的功能极大弱化,甚至基本丧失。③ 在这些大学,"国际日本学"学位项目大幅从研究生层次下沉到本科层次,"国际日本学"中的"学"由"学术"更多地表现为"学习"。同时,为了吸引生源,地方大学和私立大学新设的国际日本学项目往往围绕日本大众文化展开。既有的传播学、观光学、和食研究等课程加上"国际"一词后便成为国际日本学项目的主体,追手门学院大学的国际日本学科中甚至包括搞笑艺人课程。因此,所谓"国际日本学",对日本学生而言几乎等同于英文教学或以英语为媒介的基础专业课程(EMI),即"在地留学"或"国内留学"模式;而对留学生而言,则变成原有英文项目(ETP 或 EMDP)内的日本通识课程。在一些大学,"国际日本学"还

---

① 「日本の大学」,ナレッジステーション,https://www.gakkou.net/daigaku/src/? srcmode = fid&fid = 10178。

② 2013 年,名古屋大学的"日本近现代文化研究中心"改组为"亚洲中的日本文化研究中心",倡导打破"一国主义"的日本研究。其大学院人文学研究科还设有"日本文化学讲座",强调"国际视野""多彩网络""有机的跨学科性"等特征。这些建置尽管并未出现"国际"一词,但颇具"国际日本学"之意。

③ 这一现象绝非国际日本学项目或地方私立大学所独有。本国优秀学生继续求学意愿降低、企业重视求职者的出身学校而非专业背景和所学内容、大学注重就职率等硬性指标等种种原因,均在背后起作用。对于日本大学体系和高等教育的批判和反思甚丰,在此不作展开。

具有第二专业或通选课程的职能，面向全院甚至全校。在此背景下，当前相当一部分对"国际日本学"的探讨侧重教学实务而非主题研究，所谓的"批判性的国际日本学""多元日本"等理念，似乎更多地体现在"教学法"（pedagogy）的探索上。①

第二，这些弊端延续乃至进一步放大了原有"大学国际化"和"高等教育国际化"进程中所暴露的问题。② 前已述及，进入 80 年代之后，"国际化"逐渐取代 60 年代兴起的"现代化"，成为席卷日本社会的"时代话语"。教育的国际化成为其中的一个代表性领域，且有了异常多元的对"国际化"的解读和实践。③ 在"国际化"的旗帜下，各个项目纷纷宣传推介从"学习英语"到"用英语学习"的转变。在本科阶段仅修读英文授课课程便可毕业的大学，从 2008 年的 1 所国立大学、6 所公立大学、7 所私立大学大幅上升到 2019 年的 11 所国立大学、5 所公立大学、29 所私立大学，占日本大学的比例从 1.0% 骤增至 6.1%。④ 一些中小型地方大学和私立大学纷纷在其校名上缀上"国际"一词。截至 2017 年，以"国际"命名的日本大学已达到 24 所。⑤ 在日本年轻人日益"内视"、出国留学意愿持续下降的背景下，对于日本社会特别是本国的跨国公司而言，这也成为为其培养"全球人才"的变通之道。通过"在地留学"实现"内部国际化"，在足不出境的情况下，学生亦可部分享受出国留学所期待的语言环境、教师资源和专业训练。

但是，这一"大学国际化"和"教育国际化"进程本身不无争议。⑥

---

① Ioannis Gaitanidis, "Critique of/in Japanese Studies an Introduction to the Special Edition," *New Ideas in East Asian Studies 2017（Special Edition）*, The University of Edinburgh, pp. 1 – 7；Ioannis Gaitanidis：「概念図の協働作成を通して「文化」のとらえ方を問い直す―クリティカル日本学を事例として―」,『異文化間教育』第 46 号, 2017, 第 16～29 頁。

② 在这方面，从教育实践者的角度进行的批评和反思可参见 John Mock, Hiroaki Kawamura and Naeko Naganuma eds.,*The Impact of Internationalization on Japanese Higher Education：Is Japanese Education Really Changing?* Rotterdam：Sense Publishers, 2016。

③ Roger Goodman, "The Concept of Kokusaika and Japanese Educational Reform," *Globalisation, Societies and Education*, Vol. 5, No. 1, March 2007, pp. 71 – 87.

④〔日〕文部科学省高等教育局大学振興課大学改革推進室「令和元年度の大学における教育内容等の改革状況について（概要）」, 2021。

⑤ Kaori H. Okano, "Patterns of Variations in the 'Internationalising Education' Discourse and Practice," *Educational Studies in Japan：International Yearbook*, No. 12, 2018, p. 44.

⑥ 例如可参见以下六篇评论组成的《中央公论》特集和以及《日本教育研究》2018 年卷关于"日本教育国际化"的特集：「大学国際化の虚実」,『中央公論』2015 年 2 月号；"Special Issue：Internationalising Japanese Education," *Educational Studies in Japan*, Vol. 12, 2018。

当"国际化"主要面向本国学生、仅以英文为授课工具时，不免变成一种"封闭的国际化"或"内视的国际化"。① 嶋内佐绘将以英语为媒介的学位项目（EMDP）分为三类："全球人才培育型"，主要针对本国学生，助其提高语言能力、扩展国际视野；"交叉型"，兼顾本国学生和留学生，双方的培养路径各异，但适时交叉；"出岛型"，主要服务于少数留学生，相对封闭，犹如长崎"出岛"。② "国际日本学"的教学要吸取"大学国际化"的教训，避免再次陷入"出岛"模式。不仅如此，相比一般意义的国际化教学项目，一些问题在"国际日本学"项目中更为突出。例如，不少国际化项目都具有重英文、轻日文的倾向，而"国际日本学"项目对如何使两者齐头并进提出了更大的挑战。羽田正指出，在推进"国际化"时，日本的人文社会科学需要处理三个重要课题：一是使用日文强化人文社会科学各个领域的研究；二是通过外语（不限于英语）展示和说明日文研究的成果；三是构建基于多种语言的知识网络。③ 显然，抛弃日文而迎合"英文霸权"并非"国际化"的本意。

第三，这一教学与研究的错位突出地表现在"国际日本学"项目的教育实践者身上，他们面临的困境又极大地影响"国际日本学"的水平和质量。理想状态下，作为日本学研究者，他们理应将教学与科研并重，但在不少大学却往往不得不偏重基础教学。除了前述专业设置等因素之外，将"研究"无形中等同于"项目"也是其中一个原因。相比医学、理工类学科，人文社会科学往往难以为各个大学争取到大型科研项目；而相比法学、经济学等社会科学，"国际日本学"主要依附的文学、历史学、外国语言等学科在大学研究资源的分配中处于底层。因此，这些大学普遍缺乏对于"国际日本研究"的"科研期待"和激励机制。

相比拥有日本国籍的教师，国际教员对此错位更感同身受。如果把国际教员与其所在机构的关系分为三类：基于双向适应的"融合"模式（integration），国际教员效仿主流和单向调适的"同化"模式（assimilation），

① 〔日〕堀内喜代美「日本の学士課程における英語による学位プログラムの発展と可能性」，『国際教育』第 22 卷，2016，第 50 頁。
② Sae Shimauchi, "English-medium Degree Programs in Internationalization of Japanese Universities: Conceptual Models and Critical Issues," *Journal of Asia-Pacific Studies*, No. 29, 2017, pp. 105 – 117；〔日〕嶋内佐絵：『東アジアにおける留学生移動のパラダイム転換—大学国際化と「英語プログラム」の日韓比較』，東京：東信堂，2016。
③ 〔日〕羽田正：《全球化与世界史》，孙若圣译，复旦大学出版社，2021。

国际教员限于边缘角色的"边缘化"模式（marginalization）；那么在现实中，"边缘化"模式往往占据主导，"同化"模式偶尔可见，"融合"模式却鲜有踪影。① 外籍教师大多仅仅被作为"国际化"的象征和点缀，在机构决策、事务安排、项目申请、职务晋升等方面处于弱势地位，有强烈的被排斥感和疏离感。② 在语言能力和专业研究上，年轻的外籍教师也未能得到应有的公正评价。③

无独有偶的是，日本国内的这一现象在欧美等国的"国际日本学"发展中有着近乎镜像的反映。2019 年和 2020 年的亚洲学会（AAS）年会上，有两个圆桌会议分别以"日本研究已死"和"日本研究的'重生'"为题，颇为吸睛。数十位发言者和讨论者大多是在日本和欧美大学从事"国际日本学"相关教学的中青年学者。尽管他们的经历和观点并不完全一致，但一个普遍的现象是：在教学中，导论性质的"日本研究"课程往往由于学生的多元背景而"众口难调"，也难有真正系统和深入的知识传递，尽管这客观上也为学生基于自身经历和文化去感知日本提供了一定的条件。④ 反过来，在相当程度上，为了谋得日本研究的教职，维系日本研究的课程和生源，保持日本研究在同行中的存在感，研究不得不迁就于教学，学生的选课偏好成为影响教学"供需关系"的主要因素。这种现象在常春藤盟校之外的其他大学，特别是小型的文理学院，更为突出。

综上所述，在一定意义上，不少地方大学与私立大学的"国际日本"学院或教学项目与顶尖大学和研究机构的"国际日本学"虽名称相似，但实则并非同一事物。"国际日本学"的快速膨胀导致其外延式发展，造成内部两极分化加剧。在已有实践中，"国际日本学"的研究与教学在多大程度

---

① Thomas Brotherhood, Christopher D. Hammond and Yangson Kim, "Towards an Actor-Centered Typology of Internationalization: A Study of Junior International Faculty in Japanese Universities," *Higher Education*, Vol. 79, No. 3, pp. 497 – 514.

② Lilan Chen and Futao Huang, "The Integration Experiences of International Academics at Japanese Universities," Working paper, No. 80, Centre for Global Higher Education, January 2022; Louise Morley, Daniel Leyton and Yumiko Hada, "The Affective Economy of Internationalisation: Migrant Academics in and out of Japanese Higher Education," *Policy Reviews in Higher Education*, Vol. 3, No. 1, pp. 51 – 74.

③ Nicholas Lambrecht, 「Globalizing Global Japanese Studies: Interests, Expectations, and Expertise」, 『越境文化研究イニシアティヴ論集』第 3 集, 2020, 第 91 ~ 103 頁。

④ 例如可参见 Ioannis Gaitanidis, Virtual Roundtable: The "Rebirth" of Japanese Studies, 2020, http://prcurtis.com/events/AAS2020/IG/。

上实现了真正的互动？这又赋予了今后的研究和教学哪些责任和使命？这些问题恐怕值得深思。此外，如果从1992年综合研究大学院大学设立国际日本研究专业算起，三十多年来各个院校"国际日本学"专业的毕业生已不知凡几，但其中有多大比例真正走上了日本研究之途，成为日本研究的中坚力量，其学术生涯又体现了何种国际化？这些问题似乎并无明确的回答，其答案恐怕也难言乐观。[①]

三　何谓"日本"，何以"国际"：反思"国际日本学"

经过近四十年的发展，"国际日本学"已积累了丰富的经验，从中至少可以延伸出以下三点讨论。

第一，目的与手段的关系，亦即"国际日本学"的存在理由。别国对日本的研究天然地带有"国际"的成分。同时，在学术交往日益频繁的今天，日本学者自身的研究也很少完全局限于国内或本国学者之间。换言之，"国际的"日本研究在相当程度上已经成为一种常态。从不少"国际日本学"机构开展的活动来看，其仍主要借助国际会议等形式载体，与过往实践并无本质差异。一些冠以"国际日本学"名义的大型会议甚至最终沦为日本学研究的大杂烩，而且越是综合性的会议，越容易雷同。由此引出一个问题：新一轮的"国际日本学"建设在多大程度上推陈出新，生产出"附加值"；又在多大程度上仅仅是新瓶装旧酒，甚或是洋瓶装土酒？

进入21世纪之后，日本学术会议、文部科学省科学技术与学术审议会学术分科会相继发布了多份报告，倡导在全球"知识对话"和国际"学术空间"视野下看待日本人文社会科学，在夯实研究水平的基础上，将国际交流和成果宣介作为其发展的重要课题之一。例如，2002年科学技术学术审议会学术分科会对日本人文社会科学的国际化水平表示担忧。为此，2008年12月，文部科学省委托日本学术振兴会就以下四项内容开展调查：活跃于国际舞台的研究者人数及其业界地位，日本学者的优势领域与劣势领域，在国际传播中面临的问题，研究者的研究据点网络。根据这一调查，2011

---

① 与之相对，"美国加拿大大学联合日本研究中心"等语言培训机构确实为数个世代的国际日本研究人才做出了重要贡献。

年 10 月，日本学术振兴会发布长篇报告，对东洋史学、社会学、法学、政治学、经济学等重点人文社会学科的国际化成绩及其不足做了深入的梳理和剖析。从这些报告的结论可以明显看出，日本学界对于自身研究水平仍充满自信，东洋史学等传统的优势学科更是如此。因此，对所谓"国际化"的忧虑之处和关注焦点主要在于，如何将研究成果用英文等国际通行语言在国际学术界更好地传播和宣介（国际发信）。[1] 2008 年日本学术会议的报告总结，日本的地区研究在过去的 30 年间，无论是在量和质上都处于国际领先地位，但其国际宣介与之不相匹配。[2] 从这些现状评估出发，政策议题及其相应的改进措施便自然而然大多集中于语言能力、留学生制度、外籍教师招聘、出版物投稿、翻译支持、国际研究网络构建等相对技术性的层面。

无论是专注于技术层面的查漏补缺，还是过于强调"国际化"的工具意义乃至功利价值，都不免存在矮化"国际日本学"的倾向，甚至有可能本末倒置。一言以蔽之，"国际化"的根本目的在于通过内外交流提升日本研究的质量，而不仅仅是一种宣传手段，更非单纯面向英文学界的推介方式。早在 60 年代，赖肖尔就曾提出"国际日本学"至少具有三方面的意义：其一，通过非日本学者的研究，使外国人具有更为健全的日本观；其二，通过新的洞察和新的解释，刺激日本学者自身的日本研究；其三，超越语言的限制，使日本研究在国际学术中占据主流位置。[3] 这一见解在半个多世纪后仍不失其意义。在国际知识交流中，有必要超越传统的"政策指向性交流"，回归个体的本位；通过异文化接触，更好地发挥知识和文化交流的主体性、独立性和创造性。这种"内生性的交流"势必要排除丸山真男所言的"无意识的迎合性"，用更具学理而非情绪色彩的方式深化知识交流。[4] 战后日本事实上不乏典型案例。例如，在 60 年代，通过"箱根会议"等机制，美国学界在一定程度上形塑了日本在现代化等重要议题上的学术

---

① 〔日〕人文・社会科学の国際化に関する研究会：「人文学・社会科学の国際化について」，独立行政法人日本学術振興会，2011 年 10 月。

② 〔日〕日本学術会議：「グローバル化時代における地域研究の強化へ向けて」，2008 年 8 月 28 日。

③ 〔美〕エドウィン・O・ライシャワー：「序文」，Energy 特集「海外における日本研究」第 1 巻第 3 号，1964。

④ 〔日〕加藤幹雄：「日本の知的交流――その拡大と深化の課題」，『国際問題』第 421 号，1995，第 15～28 頁。

研究和政策范式。① 又如 1969 年 7 月召开的被称为"河口湖会议"的日美关系史会议，两国的外交史学家济济一堂，通过共同研究总结兵戎相见的历史教训，产生了《走向太平洋战争之途》等系列成果。在这些案例特别是"箱根会议"中，日本的主体性或许受到了一定的制约，但打破原有壁垒，深入国际交流是清晰可见的。构建真正的研究者共同体，就需要"超越特定的学阀和学统的归属意识"。②"外部的"或曰"国际的"日本研究，有助于打破日本学者自身日本研究的惯常思维，进而形成不同风格的文脉。③ 这种打破"常识"的需求不仅体现在"高等教育国际化"中④，也鲜明地反映在"国际日本学"身上。

第二，整体与利基的关系，亦即"国际日本学"的本体定位。严格来说，没有一个特定的具体研究叫作"国际日本学研究"，"国际日本学"并非实体，而是诸多研究的集成。

从机构运营而言，这意味着各个主体需要找准自身在日本研究中的利基，避免面面俱到但又泛泛而谈的"国际日本学"。国际日本文化研究中心的经验充分证明，任何一个"国际日本学"机构建立后，在其存续和壮大的过程中，都不可避免地面临政策和财源支持、研究人员的充实与定位、人才培养与世代更替等挑战。⑤ 因此，某种程度上的"比较优势"就显得尤为必要。在现实中，不乏"错位经营"的佳例，如国际日本文化研究中心深耕文化研究，在民俗、宗教、艺术等领域以及更加细分的妖怪、神话、春画等课题中取得了颇具存在感和影响力的国际性成果。东京大学现代日本研究中心凭借其政策影响力和多学科优势，在"日本的性别"

① Marius B. Jansen, ed., *Changing Japanese Attitudes toward Modernization*, Princeton, N. J.: Princeton University Press, 1965.

② 〔日〕稻賀繁美：「世界のなかの国際日本研究を再考する―国際日本文化研究センター創立 30 周年記念シンポジウム「世界のなかの日本研究　批判的提言を求めて」の反省から」，『世界の中の日本研究：批判的提言を求めて：創立 30 周年記念国際シンポジウム』，2021，第 252 頁。

③ 〔日〕辻本雅史：「「国際日本学」研究にむけて：日本の外から日本研究を考える」，『日本思想史研究会会報』第 32 卷，2016，第 1～4 頁。

④ Gregory S. Poole, "International Higher Education in Japan: Expanding Intracultural Knowledge or (Re) defining Intercultural Boundaries?", in John Mock, Hiroaki Kawamura and Naeko Naganuma, eds., *The Impact of Internationalization on Japanese Higher Education: Is Japanese Education Really Changing*? Rotterdam: Sense Publishers, 2016, pp. 207 - 220.

⑤ 〔日〕稻賀繁美：「「国際日本研究」の現状と課題―機関としての日文研の運営との関連で―」，『日本研究』第 55 集，2017，第 73～83 頁。

（Gender in Japan）、"东亚人口与不平等"等研究项目上实现了学术研究与政策咨询并行不悖。又如东北大学的日本学国际共同大学院利用独特的地理位置和实践优势，在灾后重建等与日本紧密相关的全球性问题的研究上收获颇丰。

　　不少"国际日本学"的实践者都颇有感触地提到，漫画、动漫、游戏固然是当代日本研究的重要内容，但如果所有目光都聚焦于此，那么"国际日本学"研究就难免挂一漏万。① 反之亦是如此，"妖怪"固然并不能代表日本，但离开了像"妖怪"这样具体的研究议题，"国际日本学"也就变得游谈无根。②

　　一些代表性"国际日本学"机构纷纷提出了不少言简意赅、意味深长的理念或愿景，如"从外部看日本、从日本看外部"、"作为对象的日本、作为方法的日本"（法政大学）、"作为他者研究的日本研究、作为自我研究的日本研究"（东京大学）、"作为区域研究的日本学、作为视角和方法论的日本学"（东北大学）、"表象的日本学、资本的日本学、共感的日本学"（东北大学）、"以日本为案例学习世界，以世界为案例学习日本"（千叶大学）等。这些理念或愿景不仅是对本机构的规划，事实上也是对"国际日本学"概念本身的深刻阐释。

　　第三，继承与超越的关系，亦即"国际日本学"的方法论思考。对于"国际日本学"中的方法论问题，日本学界已不乏关注和研讨。但一些学者倡导的"元科学"（meta-science）或"学问中的学问"偏于抽象。③ 而另一些标以"国际日本学"研究方法的著作又过于具象，大多只是对一些代表性"日本议题"的初步罗列，可作为"教养教材"或"基础入门"之用，

---

① John Whittier Treat, "Japan Is Interesting: Modern Japanese Literary Studies Today," *Japan Forum*, Vol. 30, No. 3, 2018, p. 3. 但无论从课程设置还是教职招聘而言，文学和文化仍是"国际日本学"最热门的领域。关于后者可参见 Paula R. Curtis, "Japan-and East Asia-related Job Market Data Visualizations（2019 – 2020），" May 1, 2020, http://prcurtis.com/projects/jobs2020/.

② 对于妖怪研究与国际日本研究之间的关系，可参见小松和彦的阐释。〔日〕小松和彦：「グローバル時代の日本学—その現在と未来を考える—」，『東京外国語大学国際日本学研究報告（1）』，2017，第 1～15 頁。

③ 〔日〕中野栄夫：「「国際日本学」方法論構築をめざして」，『国際日本学』第 1 卷，2003，第 5～45 頁；〔日〕星野勉：「「日本研究」の研究（＝メタ・サイエンス）の理論的構築に向けて」，『国際日本学』第 3 卷，2005，第 17～43 頁。

而非真正意义上的方法论著作。①

因此,有必要把新一轮的"国际日本学"置于"全球区域研究"的视角下,重新引入"学科研究"与"区域研究"之争。在充分把握日本特征的基础上,聚焦跨国界研究(transnationalism)和理论化探索。② 一方面是弱化地理边界,重视跨地域性(transregionalism)。近年来,国际学界对于区域研究出现了新一轮的探讨,可谓"超越区域谈区域"。无论是彼得·卡赞斯坦(Peter J. Katzenstein)的"开放和多孔的区域"③,还是泰萨·莫里斯-铃木(Tessa Morris-Suzuki)的"液态的区域研究"均有此意。④ 后者强调,不仅作为研究对象的地域是变动不居的,研究者的视野也可以是"游动"的。实践中,上智大学倡导的"无国界的日本研究"(Japanese Studies without Borders)与此颇接近。换言之,要把"日本研究"放至更大的背景下,而非仅就日本谈日本。⑤

另一方面在于模糊学科疆域,追求跨学科性(interdisciplinarity)。首先是相近领域内的学科跨界。欧美的不少实践也为日本提供了一定的参考。例如,作为欧洲日本研究的传统机构,英国东英吉利大学从 2020 年 9 月起设立"跨学科日本研究"(Interdisciplinary Japanese Studies)硕士项目。其次,这一"跨学科性"要求人文社会科学与自然科学的"融合",实现"文理协动"。⑥ 2020 年 6 月,日本将原有《科学技术基本法》修订为《科学技术创新基本法》,首次将人文社会科学纳入"科学技术"的范畴。这是可喜的变化。最后,跨学科也意味着将作为"区域研究"的日本研究与各个

① 例如〔日〕野本京子、坂本惠、東京外国語大学国際日本研究センター編集:『日本をたどりなおす29の方法:国際日本研究入門』,東京:東京外国語大学出版会,2016;〔日〕ガイタニディス・ヤニス、小林聡子、吉野文編集『クリティカル日本学——協働学習を通して「日本」のステレオタイプを学びほぐす』,東京:明石書店,2020。

② 〔日〕髙田圭:「グローバル地域研究としての国際日本学—日本を超えて、日本をとらえる、思考と手法—」,『国際日本学』第 18 巻,2021,第 3~36 頁。

③ Peter J. Katzenstein, *A World of Regions: Asia and Europe in the American Imperium*, Ithaca and London: Cornell University Press, 2005.

④ Tessa Morris-Suzuki, "Liquid Area Studies: Northeast Asia in Motion as Viewed from Mount Geumgang," *Positions*, Vol. 27, No. 1, February 2019, pp. 209-239.

⑤ Ian Reader, "Do We Need More Japanese Studies-Or Less?", *Japan Forum*, Vol. 7, No. 1, 1995, pp. 107-112.

⑥ 〔日〕日本学術会議:「地域研究分野の展望」,2010 年 4 月 5 日。

"学科研究"结合，乃至达到涵化（acculturation）的目的。[1] 在这方面，"文化研究"和"族群研究"（ethnic studies）等路径有助于进一步消解学科的樊篱，使"日本研究"挣脱区域研究的束缚。[2]

对上述三对关系的反思分别聚焦"国际日本学"为什么、是什么和怎么办的问题，三者都反映了全球化背景下知识权力结构的内在矛盾与转型需求。就"国际日本学"而言，这一矛盾表现为不同的国家、语言、学科、机构、个体之间的权力落差。但这些层次和主体之间的权力表现又不是一一对应的，各个中心-边缘结构彼此交错重叠。国家权力与学术权力交织在一起且相互作用；以日文为载体的东洋史学等优势学科，其成果在英文学界尚未得到足够的重视；掌握语言优势的外籍青年教师在学术金字塔中处于底层位置；大众文化等议题受到学生青睐但不免剑走偏锋。凡此种种都是结构错位的现实表现。因此，有必要从知识参与的全球性与平等性出发，看待"国际日本学"的安身立命之道，既避免某种居高临下的殖民心态，又摆脱小富即安的边缘意识。

结 语

在"日本学"前面加上"国际"二字，初见之下稍显突兀，因此，"国际日本学"往往被视为一个特例。实则不然。除了"国际日本学"之外，"国际加拿大研究""国际澳大利亚研究"等并不鲜见。即便是一般印象中似乎并不存在的"国际美国研究""国际法国研究"等也多有其例。在更宽泛意义上，还有"国际亚洲学"等区域研究。[3] 例如，在韩国，1978 年成立的"韩国学中央研究院"亦将"振兴海外韩国学"作为己任，并积极主办"世界韩国学大会""韩国学国际学术会议"等活动。不少韩国大学也纷

---

[1] Sierk A. Horn, "Interdisciplinary Engagement as an Acculturation Process: The Case of Japanese Studies," *Social Science Japan Journal*, Vol. 16, No. 2, Summer 2013, pp. 251–277.

[2] Masao Miyoshi and H. D. Harootunian, eds., *Learning Places: The Afterlives of Area Studies*, Durham and London: Duke University Press, 2002.

[3] Jin Sato and Shigeto Sonoda, "Asian Studies 'Inside-out': A Research Agenda for the Development of Global Asian Studies," *International Journal of Asian Studies*, Vol. 18, Issue 2, 2021, pp. 207–216.

纷设立"国际学部"和"国际韩国研究"项目。① 中国也早有"国际汉学"
（"海外中国学"）之说及相关机构和研究。在传统"日本研究"的基础上，
近期中国学界对"国际日本学"的关注逐渐升温。2020 年 12 月，北京第二外
国语学院成立了"国际日本研究中心"，北京日本文化中心（日本国际交流基
金会）、复旦大学日本研究中心在其公众号陆续推出了"海外日本研究""海
外华人日本研究者风采""国际学会 AAS 参会见闻录""国际日本研究经典作
品析论"等系列专题。可以说，"国际日本学"并非只关系日本及其自身的日
本研究，也具有相当的外延和镜鉴意义。

　　近年来随着主导者和参与者的世代更替，日本的"国际日本学"事实上
已进入一个新的时期。80 年代"国际日本学"第一轮高潮的大部分亲历者已
退出研究一线甚至故去，以国际日本文化研究中心为代表的机构在一系列法
人化改革的冲击下，也面临着重大的转型挑战。在不少机构，由于人事变动，
"国际日本学"出现了明显的主题转换和架构调整。同时，从 2022 年 4 月 1 日
起，日本国际交流基金会重组了内部机构，将原有的若干地区和国别交流中
心整编为"国际对话部"，又将原有的"日本研究和知识交流部"改名为
"日本研究部"，以进一步聚焦对海外日本研究的援助和支持。

　　可以说，经过近四十年的发展，"国际日本学"已到了回顾总结的重要阶
段。对此，一些学者基于个人体验已有反思，涉及诸多问题，例如教学
中如何降低师生对"国际日本学"的认知落差、研究中如何降低日本文化
优越性乃至民族中心主义的风险、研究主题的设定如何避免一厢情愿、施
教者如何在课程设置和课堂教学中发挥能动和中介作用等。② 一部分"国际
日本学"机构的管理者也对行政改革瓶颈、机构运作困境、人事待遇恶化
等问题做了非常深入的剖析。③ 但整体而言，无论是欧美学界还是日本学

① 〔日〕嶋内佐絵「韓国における「国際」的で「学際」的な学士課程の展開」，『大学論
　　集』第 53 集，2021，第 85～102 頁。
② 〔荷〕ボート・ヴィム：「「日本学」の対象と方法：将来に向けての一考察」，『日本研
　　究』第 55 巻，2017，第 131～144 頁；〔中〕張競：「国際日本学の落とし穴」，『東京外国
　　語大学国際日本学研究報告』第 1 集，2017，第 20～21 頁；〔法〕堀内アニック：「「国際
　　日本学」のゆくえ——海外からの視点」，『日文研』第 66 巻，2021，第 2～8 頁；Ioannis
　　Gaitanidis and Satoko Shao-Kobayashi, "Polarized Agents of Internationalization: An Autoethnogra-
　　phy of Migrant Faculty at a Japanese University," *Higher Education*, Vol. 83, Issue 1, 2022,
　　pp. 19–33。
③ 例如〔日〕稲賀繁美：「「国際日本研究」の現状と課題—機関としての日文研の運営との
　　関連で—」，『日本研究』第 55 集，2017，第 73～83 頁。

界，对这些问题的认知紧迫感和讨论活跃度仍存在巨大落差。特别是在日本，对"国际日本学"中研究部分与教学部分的探讨是相对割裂的，年轻教员与资深学者、外籍教师与本国教师之间似乎也缺乏对话的空间。在"国际日本学"的发展规模渐增、参与主体日趋多元的背景下，对其冷静评估和全面讨论尤为必要。可以说当前的"国际日本学"仍缺乏明确的界定和清晰的边界，存在着泛化乃至虚化的风险。如何使"日本"与"国际"相得益彰，如何在国际交流中传承并发扬日本精细深厚的学术风格，如何使日本研究在全球化背景下革故鼎新，"国际日本学"的动态实践和学理总结需要对这些问题做出及时而持续的回应。

What is "Japan" and How to "Internationalize": The Institutional Development of "International Japanese Studies" in Japan and Its Reflections

Abstract: Ever since the mid-to-late 1980s, the institutional development of "International Japan Studies" in Japan has gone through three phases of evolution so far. The first phase substantially reflects the state-led political preferences and strives to pursue integration with overseas academic communities by building an international network. The second phase sees a thriving and prosperous growth, as "International Japan Studies" has become an important part of the overall internationalization process of almost all top universities in Japan, and it shows the characteristics of placing equal emphasis on academic research and regular teaching. After entering the third phase around 2017, the problematic dislocation between teaching and research has become increasingly prominent, as most of the participants in this phase are local or private universities. All in all, the "International Japan Studies" in Japan has accumulated rich practices in the past forty years, and it's right time to reflect on its raison d'etre, ontological position, and methodological approach.

Keywords: International Japanese Studies; Institutional Development; Teaching; Research

数字人文学与日本研究

〔加〕杨晓捷*

一　数字日本研究

数字人文学是一个全新的领域。如果从计算机进入个人书房，基本操作软件对应日语语言，计算机网络开始普遍应用，教育研究机构逐步设置网站的 20 世纪 90 年代中期算起，至今不到 30 年的历史。在这短短的时间里，日本国内以及世界的日本学研究发生了翻天覆地的变化。借助数字化与网络技术记录、传播、认知、发现日本，新的研究方法逐渐确立，成果层出不穷。

本文试图从数字媒体中的文字、图像、新兴的人工智能技术、研究学者与教育环境以及笔者个人的数字化实践等几个侧面概观数字日本学的发展与现状。为笔者个人的研究所限，文中述及的具体实例偏重日本古典文学及历史，未能言及语言学、社会学等人文学的重要领域。

二　数字文本的应用与变迁

文字是文明的载体。数字技术应用于人文学的各个领域也始于文字，贯穿始终。千百年来书写在纸上的文字被转换为数字信号，存储记录在电子媒体上，传播于网络之间。

数字文本的制作与网络流传，早期主要由一些个人或小型团体倡导，摸索实行。面对浩如烟海的书籍，他们依据出版刊行的文本，使用键盘或

---

*　杨晓捷，加拿大卡尔加里大学教授。

尚在初级阶段的光学文字识别（OCR）输入手段，从零起步，迅速形成初步规模。世纪之交日本陆续出现的专题网站，许多至今仍不断更新，制作的数字文本具有不可替代的作用。其中包括"青空文库"（开设于 1997年）、"J–TEXTS 日本文学电子图书馆"（1997 年）、"古典综合研究所"（1998 年）、"源氏物语的世界"（2001 年）等。与此同时，日本国家研究机构也积极参与数字文本的制作与共享，不仅集中组织、调动了人员，而且通过与大型出版社合作，引入了商业出版的成果。在古籍及古典文学领域具有影响意义的有国文学研究资料馆主持的《日本古典文学大系》100 卷（岩波书店，1957～1967 年），《国书总目录》9 卷（岩波书店，1963～1976年）数字化项目等。

制作数字文本在初期旨在提供共享资源，并没有很多其他目的。利用网络传播，提供电子阅读手段是一个很有魅力的设想。"青空文库"在其最初的几年一直依托特定的阅读软件。在数字环境变换的大环境下，特定的软件被众多的软件与网页设置所取代，但其提供阅读的初衷延续至今。相对而言，古典文献的数字文本从未以阅读为主要目的，而是开放的，其中少数名著的文本制作与特定的研究题目紧密相关。

数字文本形成之后的第一个重要的应用是检索。相对于规模各异、数目繁多的典籍索引工具书，电子检索的优势显而易见。数字文本的网站提供了不少文字检索的方法，帮助读者寻找核实任意词组。日本国文学资料馆的"古典选集本文数据库"几经整合更新，涵盖了不同体裁的具有代表性的古典文学作品。与此同时，数据库技术的进步发展为检索提供了更大的空间。检索对象不仅仅是文本，更增加了诸如词汇属性、语法功能、不同文本的相互关联等基于文本分析的认识与信息，使检索得到新的学术支撑。日本国立国语研究所的"日语历史语料库"是其中规模最大的一例。20 世纪 80 年代后期公布实行的文本编码规范（TEI）则提供了一个文本处理实现检索应用的途径，即在文字中加入统一定义的标注符号。数据库的制作依赖数字文本的形成，数据库技术的发展不断改变丰富文本的内容。新信息的增加同时意味着文本的变化，伴随着应用目的的增加，数字文本与数据库也在不断地获得新的面貌。

数字文本的形成在依据纸质书籍内容的同时，普遍选择了摒弃诸如字体字号、版型、页面设计等纸质书籍的物理信息。数字文本形成于书籍而脱离书籍，虽不以替代书籍为目标，但实际成为书籍之外的另一个媒体。

这一现象也引起了反思。东京大学史料编纂所"大日本史料综合数据库""日本知识"收录的全集丛书等都提供了书籍页面与数字文本对应显示的功能。使用者在利用文字检索等数字文本功能的同时，可以随时参照印刷书籍的相应页面，或在阅读与纸质书相同页面的同时可方便地获取数字文本。这样的设计为数字文本对传统的纸质书籍的继承提供了一个参考，满足了读者的纸质书籍阅读习惯和对印刷出版的信赖。

计算机及网络技术日新月异的发展也直接影响着数字文本制作与传播，迅速改变着其方法与规模。2022 年 1 月，日本国立国会图书馆正式上线了"新时代数字图书馆"。这一新型图书馆以光学文字识别的方式为超出现行版权法保护的馆藏 33.6 万件图书资料生成数字文本，提供检索、阅读、下载的功能。数字文本的制作从依靠个人或集体的逐一输入、校对，变成计算机自动生成，其规模也由精选的书目一举达到数十万件。这样的变化不可谓不巨大。两者生成的文本目前在准确度、所据文本的学术价值等诸多方面有待分析验证，但是完全新型的数字文本的出现为研究方法与课题提供了不同的环境与挑战。

三　数字图像：记录、传播、应用

数字图像的内容当然不仅仅是插图或绘画作品，更包括书写、印刷的文字在内的文献资料的所有视觉图像。利用摄影、扫描等技术将其记录转换成数字信息，通过网络传播、应用。

在文献资料的大规模数字化上迈出第一步的是早稻田大学图书馆。从2005 年开始，早稻田大学图书馆将以充实的江户时代的藏书为中心的馆藏文献数字化，设置"早稻田大学图书馆古文献综合数据库"，提供单页独立图像与单册图书 PDF 文档的下载方式，成为数字记录与网络传播的范本。同时期日本国立博物馆开始在各馆网站中公布馆藏美术品的数字图像。国立东京博物馆整合了四个博物馆和一个研究所的成果，制作了"e 国宝"网站。该网站收录了"四馆一所"收藏的国宝、重要文化财的书画、书籍、工艺美术品，并配有中、英、韩、日四种文字的解说，于2010 年正式上线。在这一时期前后，文献数字化迅速形成社会共识，上升为一种国家层面的行动。国会为数字化修改制定相应的法律，政府制定专门的跨年度预算，交付委托执行机构，并设置专门研究机构。

收藏日本国内所有出版书籍的国立国会图书馆实施一系列版权法制定修订的相关条款，在短短几年之内实现了大规模的馆藏文献数字化，逐步提供数字阅览。这些相关条款涵盖了数字化文献对象、版权所有者调查核实的办法、提供数字服务的方式等各个方面，从数字化无须取得版权所有者的许可（2009 年）到可以直接向居住在日本国内的个人提供数字化文献（2022 年），为数字化的实行和利用明确了途径。在这个过程中，国会图书馆在早期的馆藏稀书（江户时期以前的抄本木刻本）与明治时期书籍数字化的基础上，于 2016 年开设了"国立国会图书馆数字馆藏"，以区分不同的数据提供方式的办法应对传统的版权意识对数字化的掣肘，成功赋予图书馆提供数字书籍文献服务的全新职责。

在古文献数字化上，日本国立国文学研究资料馆成为日本政府指定的实施机构。作为文学研究机构的资料馆自成立初期至今持续履行着对保存在民间的文献进行调查记录的职责，将其对比择选、摄影记录、印制成单册提供阅览。在这一基础上，利用国家专项预算，资料馆发挥了古文献数字化的中央枢纽的作用。2014 年，资料馆启动"日语历史文献国际共同研究框架构筑计划"，首先对馆藏资料集中数字化并以"数据块"等方式公开发布。随后迅速扩大数字化的文献对象，包括遍布日本全国的教育和研究机构的藏书，以平均每年超过 3 万件的速度稳步增长，并将所有成果集中在"新日本古文献综合数据库"，提供阅览下载。

立命馆大学艺术研究中心是另一个有代表性的机构。在其丰富多彩的数字人文学的研究项目之中，浮世绘数字化收集别具一格。研究人员积极地走向世界，协助规模各异的海外收藏机构对浮世绘进行数字摄影，选定不同的公布方式。"ARC 浮世绘门户网站数据库"以网络上公开的所有数字浮世绘为对象，提供综合检索、阅读功能。

综上所述，古文献的数字化在最近十年飞速发展，规模喜人。同时，目前主导数字化进展的仍是文献收藏机构，从文献选取到数据化规格都没有一致的认识，涵盖所有数字化文献的检索服务或门户网站尚未形成，古文献数字化仅仅迈出第一步。

图像数字化的技术开始应用以后，在日本曾有一段观望时期，有关机构为避免下载、防止流传做了各种尝试，但很快类似的限制为完全相反方向的努力所代替。数字文献单册打包、批量下载渐渐成为网站的标配。单纯的阅览下载已经明显无法充分利用急速发展的数字化进程生产出的数字文献，打造数字图像资料的应用环境成为下一个技术发展的焦点。

纵观网络技术的发展，图像信息的传播很长时间停留在单纯的公布、阅览、下载上，相对文字数据处理方式的不断进步，图像信息技术止步不前的现象尤其明显。特别是受到信息传送量和传送速度的影响，网络中图像信息的分辨率、图像尺寸都没有统一规范，包括日本国立国会图书馆在内的不少机构甚至选择了同时提供不同分辨率的图像的发布办法，将选择权交给用户。在图像信息已经如此大规模地制作公布的今天，期待信息提供机构在某种统一的规范下改变修正已经公布的信息完全不切实际，图像信息的利用需要另辟蹊径。

在这样的大环境下，信息研究学者开发制定了"IIIF：国际图像互操作框架"，于2014年公布了基本方案以及其应用程序。其基本原理是由图像信息提供者为每一幅图像附加一份依据IIIF标注描述图像信息的文档。图像阅览者借助这份文档在特定的软件环境下获得阅览利用图像的手段，包括来自不同发布机构图像的平行对比、对图像中特定部分的引用、对图像赋予文字或图像的注释等。如果将公布图像的机构称为第一级信息发布者，研究组织或个人称为信息的接受者，那么这样的接受者可以将注释、比较等信息附加在原始图像信息上公布发表，成为第二级信息发布者。图像信息的应用获得了全新的可能性。

IIIF方案发布之后，日本的研究人员积极地参与了其修订与普及，在确保其正确描述汉字图书文献的基础上，大力推进这一方案在日本国内的具体实行。这一努力的结果可谓是惊人的。"国立国会图书馆数字馆藏"与"新日本古文献综合数据库"分别于2018年和2019年全面导入IIIF规格，2022年2月"e国宝"也加入了这个行列。至此，尽管日本主要数字文献发布机构之间选择利用的图像规格与发布办法各有不同，但读者可以在同样的环境下阅览甚至引用、注释、公布传播等。2020年上线的两个学术研究专题网站"圣德太子著《胜鬘经义疏》"和"数字源氏物语"具体显示了IIIF规范的优势及学术潜力。

四　人工智能与知识的继承

人文研究领域中数字化技术的飞速进步，使机器帮助个人获得超越其知识内容的认知接近可能。人工智能、深层学习等技术进入视野，开始实际应用，在古文献研究等传统的活动中出现。有关判读草假名文字技术的形成与应用极具代表性。

草假名形成于平安时期，延续应用直至江户末期，大量特定题材、文体的古典文献群完全使用草假名文字。正因如此，判读草假名是阅读古文献的入门课。作为一种注音文字，草假名的常用字不超过三百，并非难以企及，但在实际阅读中达到应用自如、准确无误却需要长时间的专门训练与阅读实践。借助数字技术获得参考答案变得极具魅力且有实践意义。

人工智能判读草假名的原理是将充分数量的草假名文字例交给计算机记忆，然后面对随机的字体图像由计算机提供可能的答案。2016 年夏，笔者有机会与一位系统研发的研究者交谈，询问当时第一个在网络实际应用的草假名单字判读系统的研发过程。据这位研究者介绍，其间最繁重的工作是从有关的字典手册中截取字形。在收集了近万的文字例之后，将其交由计算机记忆的过程大致需要几十个小时。所有这些研发当时完全是研究者一个人的业余活动，而且他本人完全没有判读草假名的知识。人工智能判读在数年前的计算机技术环境下已经完全不是遥不可及的课题了。

高质量的草假名判读系统需要更大规模的数据支撑。正式成立于 2017 年的"人文学开放数据共同利用中心"（以下简称"共同利用中心"）即将这一课题列入成立初期的重点研发的项目之一。值得记录的是，以世界的文字为对象的计算机技术的编码标准"Unicode：统一码"在 2017 年 6 月发布的 Unicode10.0 版中收录了 285 个草假名文字，由此，草假名正式成为数字化世界文字的组成部分。在其后短短几年内，共同利用中心首先于 2019 年发布了"日本古文献草假名字体数据集"，收录了超过百万的文字例，为草假名人工智能判读提供了充实的原始数据。利用这一数据集，共同利用中心先后发布了运转在服务器主机上的"KuroNet 草假名判读服务"（2020 年）和使用在手机上的"MIWO：草假名判读应用程序"（2021 年）。前者限定服务于以 IIIF 规格公布的数字图像；后者为安卓、苹果手机提供无偿下载，判读的图像包括手机中保存的或即时拍摄的照片。"MIWO"网站随时更新这一应用程序的使用状况，公布之后六个月已经判读了近四十万幅图像。

飞速发展的数字化技术所拥有的智慧不会超越人类的认知。但在同时，它的展伸触及却完全可以轻松地超越特定的个人。以技术为媒介，以数字的记忆为传递手段，我们得以将经验分享给他人，传授于后学，知识的学习、应用、继承获得了新的途径。

五　数字技术环境下的学术研究

从数字文本到数字图像，它们在内容上是对传统的纸质媒体的记录复制，但是作为数字记录媒体，无论键盘输入、光学文字识别还是摄影、扫描，都是一个从无到有的生产过程。因其动辄百万、千万页的规模，数字媒体存储传播技术不断更新迭代，数字化的工程需要特定的机构与大量的人员。在日本，数字化工程由收藏、保管文献资料的图书馆以及国家指定的研究机构负责。在这个阶段，从事人文研究的学者很少直接参与其中。

随着数字技术实际进入古文献领域，文献数字化覆盖了主要的大规模图书馆馆藏，单一的名著可以有数以百计的不同的版本，诸如童蒙读物、食谱菜谱等几乎从未成为学术研究对象的文献、书籍跃入视野。数字化古文献环境的形成为传统的人文学研究提供了全新的课题。为原始文献附加特定信息基础上的综合检索、对图像信息整体或局部的对照与注释、伴随着即时更新的成果发布等这些在传统的纸质媒体时代无从谈起的方式方法转瞬之间呈现在我们的面前，以不同的形式融入研究成果，新技术的可能性逐步变为现实。这里人文学者不可或缺。他们大多已经在特定的领域里享有盛名，或被邀请领衔主持项目，或是通过长期钻研的资料的数字化获得了新的视角，以翔实的成果诠释数字化技术的进步与其实际意义。

数字化日本学研究成果的具体事例目前已经达到相当的数目，主要集中在公共研究中心或教育机构，倾向于利用自身收藏的文献资料，并逐渐外延。国际日本文化研究中心的研究成果极有代表性。在研究中心主页下的数据库页面上共排列了42个项目。其中有"绘卷""地图"等专题收藏文献的数字化合集，也有在特定的主题研究基础上构建的数字平台。其中包括从众多文献资料中收集、整理的、为怪异文化的研究提供坚实基础的"怪异妖怪图像"；为日本最大规模的类书提供检索方式，通过数字化手段将类书的应用推向极致的"古事类苑检索系统"；将数量繁杂、良莠共存的平安朝时期的文官日记分类检索，为宝贵历史资料的发掘应用提供基础手段的"摄关时期古记录"；等等。每一个专题项目背后都有专家学者的身影。他们组织调动研究资源，通过数字成果反映治学理念与方法。同时，由于数字技术的加入，这些研究成果通过一种集体行为变成现实，与传统的纸质媒体的出版发行以及其中的个人研究行为大不相同。衡量这样的数字项目的评价体制也尚未形成，因而在很多情况下很难找到主持数字项目的学者的姓名。

在美国、加拿大的教育研究机构中，从事日本研究的学者也有不少积极借鉴、应用数字化技术。尽管从环境到资源，美国、加拿大与日本的情况不可同日而语，但使用英语、面向不同的受众，很多项目成果显现不可替代的学术价值。不少项目直接产生于大学教育之中，甚至积极邀请学生参与其中，与教学活动紧密相连。麻省理工学院的"MIT 视觉解析文化"收集整理从锦绘到照片的丰富的图像资料，诠释近现代的日本历史与文化。南加利福尼亚大学的"解锁历史"利用大学图书馆馆藏的近现代商业广告探索近代日本的商业化、帝国化与现代化的演变进程。哈佛大学网上公开讲座"日本古书：从手写到印刷"通过详尽解说馆藏绘卷《鼠草纸（鼠的故事）》勾勒出日本图书文化发展的历史。同时北美的数字化项目的另一个特点是图书馆馆员的积极参与。为促进数字人文学的发展，近年来很多大学图书馆开始设置"数字馆员"的专门职位。具有人文与数字化技术双重教育背景的研究者收集、提供相关信息，组织协调数字化资源，为教学和研究提供具体的服务。

六 一个人的数字探索

行文至此，简单记录笔者在数字日本学中的有关工作。笔者的研究专业是中世纪文学，偏重绘卷等图像资料。从在大学执教的 90 年代初开始使用计算机技术，尝试利用多媒体介绍研究日本古典图像作品，一直持续至今。以使用的媒体形式为线索，笔者主要制作、发布了如下作品。

利用数字媒体起步于其有别纸质媒体的特性，笔者选择的第一个项目是用计算机动画表现草假名的书写笔顺，1999 年出版了"古典假名"（kanaClasic，CD - ROM 版，UTI，哥伦比亚大学出版社）。由于操作系统的更新，这一作品现已绝版。继承这一思路，笔者近年先后开设了利用 100 个词显示连绵假名的书写方式的专题网站"动画：变体假名 100 例"（2016 年）和动画显示镰仓时代 16 名北条执权的花押署名的书写过程的"动画花押"（2019 年）。数字媒体的另一个形式是声音。笔者尝试全文朗读绘卷、中世纪小说等作品，先后选择了七部绘卷、四部御伽草子、一篇黄表纸以及

《徒然草》（节选 140 章），收集在专题网页"音读·日本绘卷"和 YouTube 平台"声之刊·古典"。在阅读分析古典图像方面，笔者摸索以流行的四幅漫画的形式重构绘卷，借漫画"翻译"绘卷，制作了专题网页"剧画：绘师草纸"（2016 年）。为探索 IIIF 规格的实用性，制作了"数字展《唐糸》"（2017 年），利用文字注释功能在作品图像上叠加了对应草假名的现代文字。绘卷、纸障画、屏风等是窥视古代生活的宝贵的视觉资料，专题网页"古典画像中的 100 个生活场景"（2020 年）探索了图像的应用，为了方便阅读，对所有选取的场景加以统一色彩处理，并提供了收藏机构公布的数字作品及链接。此外，笔者也尝试了数字文本的应用，在网络上发布的第一个专题网站是与韩国汉阳大学李康民联名制作的"网上古文"（1998 年），解说古日语语法，并提供了超过 800 道综合练习题。笔者在第一次开设古文课程的 2019 年，发布了"古日语 5 分钟讲座"，收录了讲解古日语语法规则的 33 个英语动画。2020 年，利用 Glide 制作工具，基于谷歌的数字库功能，笔者先后将"动画：变体假名 100 例"、"古典画像中的 100 个生活场景"、"网上古文"以及"古日语 5 分钟讲座"四个专题网页制作成手机应用程序。笔者以"动画：变体假名 100 例""黄表纸"等网页为例分别回顾解说动画、图像、朗读等数字技术如何应用在日本研究上的三个录像收录在北美日本研究资料调整联合会"数字化与发现项目解说动画系列"（2021 年）之中。

通过制作、发布上述作品，笔者尝试探索数字技术在日本研究中实际应用的可能性，发掘其不可替代的优势。在每一项技术的利用上，笔者有意识地选定与之配合的古典作品，在继承、利用已有的研究成果的同时，加入个人研究成果，包括解读花押署名的笔顺、提示漫画翻译的方法、重新发现、认识江户文人对于中世纪古典的图像注释的贡献等。同时，选用的数字技术也基本上是成熟的、已经被反复利用而且个人经过简短的学习可以掌握的。笔者遵循模仿传统的学术原则，最大限度保持网站最初发布的原状，面对技术环境的大幅度更新，选择不同作品探索反映新的技术。

代结语

数字与网络技术飞速发展，日新月异。身处其中，我们深刻感受到这是一个令人激动而又追赶不暇的时代。

从事数字人文学、数字日本学的研究，我们所处的是一个前所未有的环境。从收集阅读原始资料到分析整理、探讨交流，直至发布成果、验证，每一个环节、步骤都可能获取更加快捷、准确、有效的手段，国家之间、研究机构之间的距离日趋缩小，工作、生活在日本之外的日本学研究者尤其身享其惠。同时，衡量评价数字化研究成果的有关学术规范与评定标注还完全处于空白状态，技术环境的急速变化可能导致已经完成的项目无法继续运转，甚至不复存在。不断地摸索实践、大胆地交流创新、及时明确地发布成果，这些都是我们身处环境巨变之中的研究者的责任。

愿这篇素描式的短文对有志于数字日本学的人们有所帮助。

网站地址（按文中出现顺序排列）

·青空文库（青空文庫）：

https：∥www. aozora. gr. jp/

·日本文学电子图书馆（J-TEXTS 日本文学電子図書館）：

http：∥www. kikuchi2. com/

·古典综合研究所（古典総合研究所）：

http：∥www. genji. co. jp/

·源氏物语的世界（源氏物語の世界）：

http：∥www. sainet. or. jp/ ～eshibuya/

·古典选集本文数据库（古典選集本文データベー）：

https：∥base1. nijl. ac. jp/ ～selectionfulltext/

·日语历史语料库（日本語歴史コーパス）：

https：∥ccd. ninjal. ac. jp/chj/

·文本编码规范（TEI：Text Encoding Initiative）：

https：∥tei-c. org/

·大日本史料综合数据库（大日本史料総合データベース）：

https：∥wwwap. hi. u-tokyo. ac. jp/ships/shipscontroller

·日本知识（ジャパンナレッジ）：

https：∥japanknowledge. com/library/

·新时代数字图书馆（次世代デジタルライブラリー）：

https：∥lab. ndl. go. jp/dl/

·早稻田大学图书馆古文献综合数据库（早稲田大学図書館古典籍総合データベース）：

https：∥www. wul. waseda. ac. jp/kotenseki/

·e国宝（e国寶）：

https：//emuseum. nich. go. jp/

· 国立国会图书馆数字馆藏（国立国会図書館デジタルコレクション）：

https：//dl. ndl. go. jp/

· 新日本古文献综合数据库（新日本古典籍総合データベー）：

https：//kotenseki. nijl. ac. jp/

· ARC 浮世绘门户网站数据库（ARC 浮世絵ポータルデータベース）：

https：//www. dh-jac. net/db/nishikie/search_ portal. php

· IIIF：国际图像互操作框架（International Image Interoperability Framework，IIIF）：

https：//iiif. io/

· 圣德太子著《胜鬘经义疏》（聖徳太子御製『勝鬘經義疏』のTEI 版）：

https：//21dzk. l. u－tokyo. ac. jp/SAT/sat_tei. html

· 数字源氏物语（デジタル源氏物語）：

https：//genji. dl. itc. u-tokyo. ac. jp/

· 人文学开放数据共同利用中心（人文学オープンデータ共同利用センター）：

http：//codh. rois. ac. jp/

· Unicode：统一码（Unicode）：https：//home. unicode. org/

· 日本古文献草假名字体数据集（日本古典籍くずし字データセット）：

http：//codh. rois. ac. jp/char-shape/

· KuroNet 草假名判读服务（KuroNetくずし字認識サービス）：

http：//codh. rois. ac. jp/kuronet/

· MIWO：草假名判读应用程序（みを－AIくずし字認識アプリ）：

http：//codh. rois. ac. jp/miwo/index. html. ja

· 怪异妖怪图像（怪異·妖怪画像）：

https：//db. nichibun. ac. jp/pc1/ja/category/yokaigazou. html

· 古事类苑检索系统（古事類苑ページ検索システ）：

https：//db. nichibun. ac. jp/pc1/ja/category/kojirui. html

· 摄关时期古记录（摂関期古記録）：

https：//db. nichibun. ac. jp/pc1/ja/category/heian-diaries. html

· MIT 视觉解析文化（MIT Visualizing Cultures）：

https：//visualizingcultures. mit. edu/home/index. html

· 解锁历史（Unpinning History）：

https：//scalar. usc. edu/works/unpinning-history-japanese-posters-in-the-age-of-commercialism-imperialism-and-modernism

· 日本古书：从手写到印刷（Japanese Books：From Manuscript to Print）：

https：//learning. edx. org/course/course-v1：HarvardX + HUM1. 10x + 1T2020/home

·动画：变体假名 100 例（動画・変体仮名百語）：

http：∥people. ucalgary. ca/ ~ xyang/kana/kana. html

·动画花押（動く 花押）：

https：∥sites. google. com/view/testpageyang/MovingKao

·音读·日本绘卷（音読・日本の絵巻）：

https：∥people. ucalgary. ca/ ~ xyang/ondoku. html

·声之刊·古典（声の栞·古典）：

https：∥www. youtube. com/user/xjieyang

·剧画：绘师草纸（劇画・絵師草紙）：

http：∥people. ucalgary. ca/ ~ xyang/eshi/eshi. html

·数字展《唐糸》（デジタル展示・からいと）：

http：∥digital. culturalresources. jp/omeka-yang/exhibits/show/karaito

·古典画像中的 100 个生活场景（古典画像にみる生活百景）：

http：∥people. ucalgary. ca/ ~ xyang/hp/hph. html

·网上古文（Kobun Online）：

https：∥people. ucalgary. ca/ ~ xyang/kobun/kobun. html

·古日语 5 分钟讲座（Classical Japanese in 5 Minutes）：

https：∥sites. google. com/view/cj5m

·数字化与发现项目解说动画系列（Comprehensive Digitization and Discoverability Program：CDDP Video Series）：

https：∥guides. nccjapan. org/cddp/video-series

Digital Humanity and Japanese Studies

韩国的日本研究

〔韩〕李康民 著[*]　党蓓蓓 译^{**}

引　言

　　随着 1973 年韩国日本学会的成立，以及学会刊物《日本学报》（1973 年 8 月创刊）的创刊，韩国对日本研究展开了正式的讨论。50 年后的今天，韩国的日本研究经历了 20 世纪 90 年代的蓬勃发展阶段后，正面临一个巨大的转折期。

　　本文在参考 2019 年由日本国际交流基金和世宗研究所共同实施的"韩国的日本研究调查"的基础上，主要以日语、日本文学、日本史为中心来梳理并概括韩国的日本研究现状，并对今后的日本研究进行展望。

一　研究现状

　　1961 年，韩国在大学教育中首次开设了与日本相关的专业。韩日于 1965 年恢复邦交，邦交恢复 4 年前，韩国就在外国语大学开设了日语专业。1962 年国际大学（现韩国西京大学）设立日语专业，1967 年祥明女子大学（现祥明大学）的外语教育学系下设日语专业。值得一提的是，起步阶段的日本相关专业均以"日语"一词命名。这表明，这一时期的日本研究被当作了解日本经济的一种实用性手段。

　　进入 20 世纪 80 年代后，大学教育出现了急剧的变化。随着青少年人口

---

　　*　李康民，汉阳大学日本学国际比较研究所所长，教授。

　　**　党蓓蓓，河北大学外国语学院讲师，研究方向为日本文化史、日本思想史。

的增加，当时的韩国政府将大学招生人数扩大了一倍，以此为契机，很多大学相继设立了"日语日文学专业"。在该时期设立与日本相关专业的大学有 50 多所。但是，这种与日本相关专业的急剧增加，导致日本研究领域严重失衡。日本研究人员的供需平衡关系被打破，具有大学教学资格的日本研究人员出现短缺。20 世纪 80 年代后半期以来爆发的留学日本热潮，与上述背景有着很大的关系。

20 世纪 80 年代以来，许多大学相继开设与日本相关的专业。在一段时期内，有 90 多所大学设有与日本相关的专业。目前，在全韩国 200 所四年制大学中，有 83 所开设了与日本相关的专业。

随着本科院校与日本相关专业数量的增加，研究生院也积极增设了相关专业。就博士点而言，1992 年之前仅有 3 所大学（韩国外国语大学、中央大学、汉阳大学）设有与日本相关专业的博士点，2000 年以后则扩大到了 21 所大学，其中大部分是在 1999 年到 2000 年之间新增的。可见这一时期该专业研究生的前景还是被看好的。然而，20 多年过去了，这些大学与日本相关专业的研究生数量已经不及鼎盛时期的一半，甚至有些大学没有相关专业的研究生。关于大学以及研究生的问题，稍后将再次提到。

接下来，来看与日本相关联的学会的情况。1973 年 2 月，韩国日本学会成立，成为韩国第一个进行日本研究的学术团体。同年 8 月，《日本学报》杂志作为该学会的学术期刊正式创刊。《日本学报》杂志至今已出版 130 期，作为在韩国出版的第一部日本学研究的学术刊物，具有较大的历史意义。[①] 进入 20 世纪 90 年代后，学会的数量迅速增加，目前有 27 个与日本相关联的学会持续开展着各类活动。或许有人可能对如此繁多的学术团体感到抗拒，但学会经常举办各种主题的研讨会，这一点已经成为韩国学会活动的一大特点。韩国与日本相关联的学会的现状如表 1 所示。

表 1　学会情况一览（截至 2022 年）

	学会名称	设立年份	学术刊名	领域
1	韩国日本学会	1973	《日本学报》	综合
2	韩国日语日文学会	1978	《日语日文学研究》	日语和文学

---

① 参见韩国日本学会 40 周年特别委员会编《韩国日本学会 40 年史：日本研究的成果与课题》，宝库社，2013，第 131～132 页。

续表

	学会名称	设立年份	学术刊名	领域
3	现代日本学会	1978	《日本研究论丛》	政治·经济
4	韩日经商学会	1983	《韩日经商论集》	经济
5	韩国日本语教育学会	1984	《日本语教育》	日语教育
6	韩国日本教育学会	1985	《韩国日本教育学研究》	教育学
7	东亚日本学会	1990	《日本文化研究》	综合
8	大韩日语日文学会	1991	《日语日文学》	日语和文学
9	日本语文学会	1992	《日本语文学》	日语和文学
10	韩日关系史学会	1992	《韩日关系史研究》	历史
11	韩国日语教育学会	1993	《日本语教育研究》	日语教育
12	韩国日本文化学会	1993	《日本文化学报》	日语和文学
13	日本史学会	1994	《日本历史研究》	历史
14	韩国日本语文学会	1995	《日本语文学》	日语和文学
15	韩国日本思想史学会	1997	《日本思想》	思想
16	韩国日本语学会	1999	《日本语学研究》	日语语言学
17	韩国日本近代学会	2000	《日本近代学研究》	综合
18	韩国日本文学会	2000	《日本学报》（共有）	文学
19	韩日民族问题学会	2000	《韩日民族问题研究》	在日社会
20	韩国日本言语文化学会	2001	《日本言语文化》	日语和文学
21	韩国日本历史文化学会	2001	《日本学报》（共有）	历史·文化
22	韩国军事文化学会	2001	《韩日军事文化研究》	军事·文化
23	韩国日本政经社会学会	2002	《日本学报》（共有）	政治·经济
24	韩国日本翻译学会	2002	《日本学报》（共有）	口译·笔译
25	韩日言语学会	2009	《日本学报》（共有）	日语语言学
26	大韩日本文化学会	2010	《日本文化论丛》	日语和文学
27	韩国日本佛教文化学会	2014	《日本佛教文化研究》	佛教文化

　　作为与学会一起引领韩国的日本研究的组织，研究所同样是不可或缺的存在。早在 1979 年，韩国的两所大学（中央大学和东国大学）就成立了日本研究所。在各大学所属研究所的研究活动步入正轨之前，日本学研究所大致经历了两个发展阶段。第一个阶段是 20 世纪 90 年代以后成立的翰林

大学日本学研究所。翰林大学日本学研究所成立于 1994 年，由原《思想界》主编、长期在日本支持韩国民主化运动的池明观教授回国后开设。该研究所在日本岩波书店的协助下，一方面致力于全面的文献资料的收集工作，一方面出版了日本学丛书（翻译系列 100 卷）和日本现代文学代表作选集（40 卷）等，开展了一系列颇受瞩目的活动。第二个阶段是 2000 年以后，HK（Humanities Korea，又名"人文韩国"）项目启动。该项目受韩国政府财政资助，旨在培育大学附属的人文学研究机构。其中日本学相关领域每年获得政府 1 亿日元左右资助的研究所相继出现（首尔大学日本研究所、翰林大学日本学研究所、高丽大学全球日本研究院），研究环境得到了很大改善，尤其表现在研究所的全职和合同制岗位的扩充以及研究所自主研究项目的启动这两方面。可以说自 HK 项目实施以来，韩国的日本研究迈入了一个全新的阶段。经历了上述阶段，如今韩国的日本研究机构中，研究所对日本研究的贡献度与日俱增。目前，韩国各大学附属的日本相关研究所如表 2 所示，共计 14 所。

表 2　研究所（大学附属）的现状（截至 2022 年）

	大学名	研究所名称	成立年份	学术刊物
1	中央大学	日本研究所	1979	《日本研究》
2	东国大学	日本学研究所	1979	《日本学》
3	韩国外国语大学	日本研究所	1985	《日本研究》
4	首尔大学	日本研究所	1991	《日本批评》
5	翰林大学	日本学研究所	1994	《翰林日本学》
6	高丽大学	全球日本研究院	1997	《日本研究》
7	檀国大学	日本研究所	2002	《日本学研究》
8	国民大学	日本学研究所	2002	《日本空间》
9	全南大学	日本文化研究中心	2004	—
10	东西大学	日本研究中心	2005	《下一代人文社会研究》
11	汉阳大学	日本学国际比较研究所	2008	《比较日本学》
12	仁川大学	日本文化研究所	2008	—
13	釜山大学	日本研究所	2010	—
14	全北大学	日本东亚研究所	2016	—

前文对以专业、学会、研究所为中心的韩国的日本研究的相关情况做了一个简要的梳理，接下来，看看在韩国从事日本研究的具体人数。如果将统计范围限定为从事日本语和日本文学的研究人员，那么目前在韩国研究基金会注册的人数为1800人。若将统计范围扩大至历史、文化、政治、经济等其他专业领域，在这些领域界定日本研究的边界或许有些许的模糊之处，但至少有200名研究人员在上述领域从事着与日本相关的研究。这样的话，可以说目前韩国有2000多名研究人员致力于日本研究。

在这2000人中，大约420名研究人员在大学、研究所从事与日本相关专业的全职工作，加上其他在历史学、政治、经济相关专业从事日本研究的全职研究人员，大约500名研究人员在大学以专职教员的身份从事日本研究。

上述420名研究人员所从事的具体学科专业明细如下：日语语言学（180人）、日本文学（120人）、历史·文化（包括民俗）·思想·政治·经济·社会学（120人）。从事日本文学的研究者又可细分为从事近现代文学的（65人）和古典文学的（55人）。若把从事古典文学的研究者再按时代细分的话，又可分为从事上代文学研究的（11人）、中古文学研究的（14人）、中世文学研究的（12人）、近世文学研究的（18人）。由上可见，从事近世文学的研究者虽在数量上略占优势，但并没有明显的偏重。

韩国的日本研究就是由上述人员所承担的。从年龄结构来看，50岁以上的研究人员占据85%的全职岗位，研究人员的老龄化程度正在不断加深，这一点亦值得关注。此外，在所有日本研究者中，除了专职人员以外，约有1500人是以外聘讲师和合同制研究员的身份来开展工作的。如何确保新生代研究者拥有稳定职位，成为今后韩国的日本研究所面临的最大问题。

二 展望与课题

随着上述研究基础的日益充实，韩国的日本研究实现了数量上的持续增长。每年发表的论文数量就清楚地反映了这一点。20世纪80年代前后，每年发表的与日本相关的论文为50篇左右，进入21世纪以后，每年发表的论文猛增至900篇左右。除非特别留意，否则就很难从如此众多的与日本相关研究论文中把握具体的研究动向。尽管如此，还是可以从以下几个方面来看20世纪80年代以来韩国的日本研究走过的历程。

首先是专业名称的变化趋势。如前所述，在起步阶段，与日本相关的专业主要是以"日语"命名的专业。进入 20 世纪 80 年代后,许多大学以日本文学为侧重点,新设了日语日文学专业,此后,这一称谓就成为与日本相关专业的一般性称谓。然而,随着时代的不断发展,进入 20 世纪 90 年代后,专业名称呈现出多样化趋势。首先改变的是"日语日文学专业"这一称谓,"文化"开始取代"文学",并在这一趋势下出现了不少"日本言语文化专业"。与此同时,这一时期也出现了主张区域研究的"日本学"。也就是说,韩国与日本相关的专业名称,是按照"日语专业"→"日语日文学专业"→"日本言语文化专业"→"日本学专业"这一脉络变化的,而且不难看出,日本文化和区域研究的因素有增长的趋势。

此外,从研究内容中也可看出这一脉络的变化。例如,日语研究以往以语法为中心,如今,关注社会语言学和日语教育的论文数量有显著的增加。日语研究的主题更是呈现出多样化的趋势。这表明,研究人员的关注点正从传统的语法研究转向更广泛、更具包容性的研究主题。

其次,另一个值得注意的新趋势是在日语研究中积极导入运用计算机进行语言处理的语料库语言学。日本文学,特别是近现代文学研究中,越来越多的论文采用后殖民主义和文化研究的观点。因此,对在日韩国人文学的关注日益增加,亦是自然而然的结果。研究古典文学的学者,也试图寻找古典文学与电影、动漫以及社会史的关联,只不过这一尝试尚未达到改变研究趋势的程度。

再次,值得注意的是,自 21 世纪以来,韩国的日本古典文学的翻译工作在量上出现了大幅度增长。

韩国翻译日本古典文学经典始于 20 世纪 70 年代。到 70 年代末,有十多种作品被译成韩文。2017 年左右,借助上述翻译浪潮,翻译作品种类迅速增长至 60 余种,翻译作品总数达到 70 多部。① 其中,《源氏物语》和《古事记》可谓是被翻译次数最多的作品。《源氏物语》自 1973 年、《古事记》自 1978 年以来被不同的译者翻译了十余次。除这两部作品之外,《万叶集》《芭蕉俳句集》《徒然草》等亦可以算作被翻译次数较多的作品。再者,以《源氏物语》《古事记》等日本民间故事改编的儿童绘本大量发行,日本古典文学作品的大众化正成为最新趋势。

---

① 参见李市俊《有关韩国的日本古典文学翻译现状的基础性调查研究》,《日本研究》(韩国)第 73 期,2017,第 100~106 页。

最后来看韩国的日本史领域的研究情况。在韩国，有关日本历史的研究主要以韩日关系史学会和日本史学会为中心来开展。两会的学术刊物分别是《韩日关系史研究》和《日本史研究》。韩日关系史学会与日本史学会分别成立于1992年和1994年。因此，韩国的日本史研究可以说是从20世纪90年代才开始步入正轨。然而作为研究课题，韩日关系史却领先于日本史，这一点值得深思。换言之，韩国人对日本史的研究可以说是从韩日关系史开始，逐渐扩大到日本史的。关于这一点，相关论文数量可以从旁佐证。到20世纪90年代，韩日关系史的论文数量所占比重高达70%，此后一般意义上的日本史的论文数量才有所增加，而两者之间数量达到均衡则是21世纪之后的事情。此外，若按历史时期划分，在韩日关系史的研究中，近代与古代相关的讨论较多，而在日本史的研究中，近世的相关研究占比较高①。

以上虽对韩国的日本语、日本文学以及日本史研究动态进行了大致的梳理，但韩国的日本研究仍存在许多尚待解决的问题。自2010年以来，韩国的日本研究正面临着一个重大的转折期。也就是自20世纪80年代以来不断扩充的研究环境，如今正面临巨大的挑战和变革。

若要罗列目前韩国的日本研究所面临的问题，可以列举出如日语学习者数量的减少、大学内日本相关课程的萎缩、相关专业的整合和取消、专职岗位的减少，以及研究人员的老龄化、新生代研究人员岗位的不稳定、同一词的反复研究所导致的疲劳感等问题。要深入理解这一困境，就必须清楚地认识"学外"和"学内"环境的变化。

这里所谓的"学外"，主要是指围绕日本这一对象国的研究环境。首先，可以推测的是，日本在国际社会中的影响力因中国的崛起而相对减弱。2011年发生的3·11东日本大地震导致大学日语学习者人数大幅减少。除此之外，韩日两国政府围绕历史问题的政治纠葛等，都是影响韩国的日本研究的重要因素。②

所谓"学内"，指的是韩国国内的研究环境，比如，大学中人文学科的衰落以及急剧的少子化所导致的学龄人口减少等环境因素。跌破纪录的低

---

① 参见首尔大学日本资料中心《韩国的日本研究：2000年》（第221～232页）以及日本国际交流基金·世宗研究所：《2019年度：韩国的日本研究研究》（第81～97页）。

② 参见〔韩〕李康民《转折时期的日本研究：作为研究对象的"日本"和"日语"》，《日本学报》（韩国）100辑，2014，第2～4页。

出生率所导致的高中毕业生人数的减少，成为影响韩国未来日本研究的现实且紧急的问题。

预计到 2023 年，韩国的大学入学人数将超过高中毕业生人数 16 万人。目前韩国四年制大学有 200 所，若每所大学的招生能力在 3000 人左右的话，韩国大学的招生规模之大可想而知。因此，各大学都在全力以赴地调整招生人数，进行结构改革，预计今后将开展一系列以人文社会科学为主要对象的专业合并或撤销的举措。事实上，近三年来，就有与日本相关联的专业把学分制教学改成专业方向制教学之类的事例。撤销日语相关专业并将其转入教养学部①的情况频频出现且有增加趋势。上述研究环境的变化是韩国的日本研究萎缩的重要原因。今后该如何应对这一局面将是韩国的日本研究者的一大艰巨任务。

结　语

韩国的日本研究，经历了 20 世纪 60 年代到 70 年代的起步阶段，以及 20 世纪 80 年代到 90 年代的蓬勃发展期，进入 21 世纪后，正面临着重大转折期。可以毫不夸张地说，韩国的日本研究在艰难中不断发展，并且正在走向一个前所未有的阶段。

所处环境的变化自然会使韩国的日本研究由"量变"到"质变"。我们期待以"质"的提高来取代"量"的变化，并将这一趋势保持下去。为此，我们必须改变以往的教育内容和研究方法，以此来适应时代的变化和社会的需求。

回顾韩国的日本研究的历史则不难发现，韩国的日本研究一直都是以日语为中心开展的。因此，可以说韩国的日本研究缺乏宏观的研究视角，与一开始立足地域研究的美国的日本研究处于相对的立场。虽然近年来韩国的日本研究相关课程中增加了区域研究的元素，但以理论为主的欧美的方法论尚未彻底在韩国扎根。

此外，在每年发表的 900 多篇与日本研究相关的论文中，若考虑到底有

---

① 教养学部的课程特点是不拘泥于特定的学术框架，以综合的、跨学科的方式教授涵盖人文科学、社会科学、自然科学等领域的课程。其培养目标为"从各个学科领域的精髓中获得与自己专业领域相关的广阔视野"以及获得"不偏向特定专业领域的学术知识、观点和逻辑"。——译者注

多少研究成果能够传播到"外部"世界的话，那么不可避免地会对韩国的日本研究产生"加拉帕戈斯化"①的批评。此外，面对韩语的日本研究不如英文的日本研究可信度高这一现状，许多韩国研究人员对此种英语的研究等级制度感到不适。但短期内很难解决上述问题。

如今，韩国的日本研究在面临如何克服固有的对日认识，以及如何在多角度广域视野下讲授日本等问题的同时，要不断地积极探索新的道路。或许上述问题并非韩国所独有。如果是这样的话，希望今后能加强与近邻各国有同样烦恼的日本研究者之间的国际合作，在共享问题意识的同时，为未来的日本研究贡献各自的智慧。

Japanese Studies in Korea

---

① 加拉帕戈斯化（日语为ガラパゴス化，英语为 Galapagosization）。该现象的命名来源于被称为"独特的活的生物进化博物馆和陈列室"的加拉帕戈斯群岛。该岛由于远离大陆，以自己固有的特色进行繁衍，进化出了一套自己的生态系统。现在加拉帕戈斯化现象是指在孤立的环境下，独自进行"最适化"，从而丧失与区域外的互换性，最终在面对来自外部适应性（泛用性）和生存能力（低价格）高的品种（制品、技术）时，陷入被淘汰的危险。——译者注

韩国的日本研究动向与"脱殖民主义"

——以日本学与日本思想为中心

〔韩〕全成坤*

前 言

笔者就职于翰林大学，开设"日本学入门"这一课程。事实上，韩国的日语日文学科历史悠久，但"日本学"这门学科在 1992 年才在韩国作为学科出现。① 江原大学也设有"日本学"学科。现今的学生们已接受了"日本学"这门学科，和"英文学"或"俄语学"等学科一样。尽管如此，在日本学讲座的授课过程中，"韩国日本学"的研究方向时常令我深思。

其实，韩国对日本的"认知"以 1945 年 8 月 15 日为起点。脱离日本殖民地统治，韩国获得了解放与独立。然而，从思想、历史以及文化领域看，韩国与日本的关系却延续至今且无法厘清。以 1876 年的《江华岛条约》为开端，韩国被迫签署了各种不平等条约，1905 年因签署《乙巳勒约》丧失了主权，再到 1910 年的"韩日合邦"。日本的殖民统治强烈支配着韩国人的意识世界。韩国对日本的研究，均是以这个"立场"作为出发点的。然而，站在什么立场去重组世界史研究趋势以及韩国的日本研究问题是摆在我们面前的重要课题。

出于克服"两个殖民历史观"的考量，笔者想要将其命名为"双重脱殖民主义"，即韩国的日本研究，既要考虑如何克服日本殖民地统治历史这

---

* 全成坤，韩国翰林大学教授。

① 日语语法与日语会话当然也列于学习科目之中，而日本文化、日本文艺、日本文化论、近代日本、韩日商务等也列于专业选择科目之中。

个问题，同时还要结合世界史中的殖民主义问题，思考如何在世界趋势中继续日本研究。

一 韩国的日本研究历史

1945年解放以后，韩国对日本的研究，如果只从教育学领域来看，与以往大同小异，可分为黑暗期（1945～1964）、胎动期（1965～1985）、发展期（1986～ ）。1965年韩日首脑会谈之后，两国关系正常化成为韩国的日本研究正式开始的契机。韩国努力克服日本殖民统治问题，从而进入胎动期。这段时期的特征是，出现了由日本政府邀请的公费留学生，自费留学也正式出现。当然，20世纪80年代后期，在境外旅游自由化的风潮下，赴日留学生人数也随之增加。①

韩国对日本的研究从学会活动开始，以韩国日本学会（1973）的成立为开端。随后，韩国日语日文学会（1978）成立。这两个学会作为核心，引领着韩国的日本研究。正如韩国日本学会的名称所示，该学会的研究包括对整个日本学的研究；而韩国日语日文学会则侧重语言学与文学研究。两个学会从70年代至90年代初期，作为韩国的日本研究的代表机构，发挥了据点作用，主导着韩国的日本研究活动。② 此后，进入90年代，韩国关于日本研究的学会开始发生巨变。釜山日语日文学会（1991）（后改称大韩日语日文学会，1994）成立之后，以大邱与庆尚北道地区为中心的日本语文学会（1995）成立，以全罗道地区为中心的韩国日本语文学会（1995）以及以忠清道地区为中心的韩国日本文化学会（1996）也相继成立。此后，以日本近代研究为主题的韩国日本近代学会（2000），涵盖文学、语言、历史、社会、文化等所有日本学研究领域的韩国日本学协会也陆续成立，并且每年召开学术大会。③

---

① 〔韩〕孔秉镐：《韩国的日本教育研究倾向——以韩国日本教育学会的成立与研究成果为中心》，《韩国日本学会》91，2012，第165～178页。

② 〔韩〕李京珪：《日本研究相关学会现况及课题》，《日本学报》91，韩国日本学会，2012，第89～96页。

③ 〔韩〕李美爱：《韩国的日本相关研究机构现况——以日本相关学会及大学附设研究所为中心》，《日本语文学》19，日语文学会，2002，第311～388页。

表 1　韩国的日本相关学会以及学术杂志名称（不含语言学部分）

学会名称	学会杂志名称
大韩日语日文学会	《日语日文学》
东亚日本学会	《日本文化研究》
日本史学会	《日本历史研究》
韩国翻译学会	《翻译学研究》
韩国日本教育学会	《韩国日本教育学研究》
韩国日本近代学会	《日本近代学研究》
韩国日本文化学会	《日本文化学报》
韩国日本思想史学会	《日本思想》
韩国日本学会	《日本学会》
韩国日语日文学会	《日语日文研究》
韩日关系史学会	《韩日关系史研究》
韩日法学会	《韩日法学》
韩日民族问题学会	《韩日民族问题研究》
现代日本学会	《日本研究论丛》

在这个过程中，韩国的日本学研究逐渐细化，分为历史、文学、思想、政治、经济等领域。在韩国的日本研究中，以囊括所有日本学领域为目标的韩国日本学会的分科名称即可说明这一点。从韩国的日本历史研究动向或日本历史研究开展方式特征来看，量的膨胀与分科领域逐步细化现象尤为突出。也许会有不同的观点，但笔者认为，自 80 年代末期，韩国对日本的关注热度日益升温，韩国的日本学时代正式拉开帷幕。①

尤其是，从引领韩国日本学研究的韩国日本学会 80 年代后的发展情况来看，其成果一目了然。韩国不断新设与日本相关学科，研究生院及日本学相关教师人数也随之大幅增加。②

进入 90 年代后，韩国正式开始设立日本学科目，重要的概论书面市，

---

① 〔韩〕朴容九：《日本研究的现况与课题》，《地域学的现况与课题》，韩国外国语大学出版部，1996。〔韩〕吕博东：《韩国的日本学相关学会研究现况与课题》，《日本文化研究》第 11 辑，东亚日本学会，2004。〔韩〕金容仪：《日本学研究的现况与课题——以国内大学的日本学研究所为对象》，《日本语文学》第 46 辑，韩国日本语文学会，2020。
② 〔韩〕徐祯完：《1980 年代韩国日本学会的活动与研究成果》，《日本学报》91，韩国日本学会，2012，第 125～137 页。

单行本《日本学》也正式发刊。继而，与日本学有关的研究主题也越发多样化；不过，与殖民地问题或外交问题以及政治倾向等有关的研究所占比重较大。从90年代至今发表的论文数约占韩国解放后发表论文总数的80%这一点，显示了韩国日本研究的方向性。从2000年起，韩国对日本文化与社会经济史领域的关注日益升温，与日本相关的研究也越来越活跃。[1]

除了学会或学术杂志，从各大学日本研究所的成长也可了解到韩国对日本的研究动向。韩国的日本研究机构及其学术杂志可参见表2。[2]

表2 韩国的日本研究机构及学术杂志

大学与研究所	学术杂志
高丽大学国际日本研究院	《日本研究》
国民大学日本学研究所	《日本空间》
檀国大学日本研究所	《日本学研究》
东国大学日本学研究所	《日本学》
东西大学日本学研究中心	《新一代人文社会研究》
釜山大学日本研究所	《日本研究》
首尔大学日本研究所	《日本批评》
仁川大学日本文化研究所	《东亚日语·日本文化研究》
中央大学日本研究所	《日本研究》
韩国外国语大学日本研究所	《日本研究》
翰林大学日本研究所	《翰林日本学》
汉阳大学日本学国际比较研究所	《比较日本学》

金镕均根据登载于韩国研究财团的学术杂志与候补学术杂志，分类记述了韩国大学设立的日本研究所；又根据日语学、日本文学、日本学，对登载于学术杂志的论文进行分类，对各类论文所占比例进行了分析。从登载在候补学术杂志的介绍中我们可以看到，比起研究内容，韩国的日本相关研究所更侧重各领域的题材。据分析，东国大学日本学研究所将日本的

① 〔韩〕金宗植：《韩国日本学研究的历史研究性质》，《日本学报》91，韩国日本学会，2012，第45~59页。
② 〔韩〕李美爱：《韩国的日本相关研究机构现况》，《日本语文学》19，日本语文学会，2002，第311~388页。

历史、文化、社会作为主要研究对象；翰林大学日本学研究所则侧重于文化研究；东西大学日本研究中心在研究政治、经济、社会、文学的同时更偏重民间交流以及产学合作；汉阳大学日本学国际比较研究所的比较日本学致力于包含政治、经济在内的国际关系方面的研究。①

然而，在这种历史发展趋势之下，韩国的日本研究也出现了不少问题与新课题。② 从解放后韩国的日本研究的特征来看，克服以往偏重于文学与语言学的研究倾向，从地域研究来开展日本研究，是一个非常新鲜的尝试。2015 年，以韩日邦交正常化 50 周年为契机，韩国开始对本国的日本研究史进行整理；随后提出了新的日本论，并开始摸索日本研究学会活动的方向；并将"韩国式日本研究的方法论"与"立足国际普遍性视角"等两个问题作为韩国日本研究的目标。90 年代提出的这些观点，与对日本的深入理解以及日本研究的世界性趋势不谋而合。韩国的日本研究同时也面临着能否超越对日本本身的理解的问题或仅作为"研讨"对象的局限性；进一步说，即能否以自主的视角观察日本的问题。这类问题引发了对从文学与语言学的视角进行日本研究的方法论的反省和批判。这也是对设置日本研究范式，盲目追随权威人士观点的、一直以来的日本研究方法做出的批判。90 年代后，获得飞速发展的日本学研究或许正是这种历史特殊性孕育出的必然结果。③

从解放后至如今的日本研究趋势看，韩国的日本政治研究领域也因为考虑到历史特殊性，一直将日本作为"批判对象"或"研究对象"，而且，往往是对殖民地时期日本统治的再思考。研究机构的增加也促使研究人员人数增多，然而 2000 年以后出现了年轻研究人员减少以及研究人员老龄化等现象。不仅是研究人员在减少，大学生也在减少，这就导致新一代研究人员的资源极不稳定。④

日本国际交流基金首尔文化中心公布的报告《2019 韩国日本学的现况

① 〔韩〕金镕均：《韩国的日本研究相关研究所现况与课题》，《日本学报》91，韩国日本学会，2012，第 97 ~ 110 页。

② 〔韩〕南基正：《韩国的日本政治研究史：对"双重课题"的认识与克服的旅程》，《日本批评》通卷 12 号，首尔大学日本研究所，2015，第 224 ~ 263 页。〔韩〕陈昌洙：《韩国日本学的现况与课题》，Hanul 学院，2012。

③ 〔韩〕南基正：《韩国的日本政治研究史：对"双重课题"的认识与克服的旅程》，《日本研究论丛》，第 224 ~ 263 页。

④ 〔韩〕崔恩美：《韩国的日本政治研究——动向与课题》，《日本研究论丛》51 卷，现代日本学会，2020，第 157 ~ 196 页。

与课题》，将韩国对日本的研究阶段描述为"停滞期"或"衰退期"。报告指出，在关于日本学研究的所有领域明显出现了研究人员老龄化以及研究能力下降的现象。而且，韩国大学内的日本相关学科被合并等制度性的环境变化，也引发了韩国国内日本研究人员再生产机制的崩溃与研究力量减弱。与掀起日本研究热潮的90年代相比，年轻研究人员的减少与研究人员的老龄化是多项研究共同指出的问题。[①]

报告指出，自2010年以后，日本研究渐渐进入衰退期。首先，在年轻的日本研究人员流入并不活跃的情况下，日本相关研究人员呈现出老龄化趋势，整体研究能力也随之降低。因此，可以说关于日本研究的制度性环境变化正在逐步引发研究能力下降的现象。各大学与日本相关的学科被合并、被废除的情况也在增加。而且由于无法开设日本相关课程的情况时有发生，年轻研究人员施展才智的机会也在逐渐消失。继而，年轻研究人员不再选择日本研究的倾向也日益严重。这引发了日本研究人员再生产机制的崩溃，使得研究力量不断减弱。[②]

另一个课题是，关于日本学或日本文化、日本思想史研究方法的问题。自1998年开始日本大众文化解禁，日本文化消费不仅在大学，在普通社会中也不断增加。然而，这种日本文化只停留在"对日本文化的本质性研究"之上，暴露了韩国对日本的研究仅侧重于日本文化的本质这一局限性。在此之前，韩国的日本研究以语言、文学为中心，在历史、政治、经济、法律等领域并没有超出"针对殖民主义的视角"。从通过赴日留学获取"日本知识"，再将相关学问带回韩国的方式上来看，未能自主构建日本研究范式这一点显现了以往研究的局限性。[③]

从上述几点不难看出，当前，韩国的日本学研究机构及大学内的日本研究正处在混乱时期。尤其是低生育率导致学龄人口减少，加之政府财政窘迫，大学不得不重新尝试重振日本研究或日本学领域。这样的混乱时期可以用"日本学的休克主义（Shock Doctrine）"来描述，今后将何去何从？不进行创新就无法破解的这一问题再次摆在我们面前。

---

① 〔韩〕崔恩美：《韩国的日本政治研究——动向与课题》，《日本研究论丛》，第191页。

② 〔韩〕陈昌洙：《从停滞期走向衰退期的日本研究》，《日本研究论丛》51，现代日本学会2020，第125~156页。

③ 〔韩〕姜海守：《对韩国与日本研究的批判性研讨》，《日本研究》20卷，韩国外语大学日本研究所，2003，第115~132页。

二 日本文化、日本思想研究与"脱殖民主义"

接下来笔者要对至今为止韩国日本研究的思想史领域进行集中分析，同时就韩国日本研究的原创性进行论述。在韩国众多的日本研究学会中，韩国日本思想史学会创建于 1997 年，正如其名，该学会在韩国从事日本思想研究。

虽然名称为日本思想史学会，却有哲学、历史、文学、社会与文化、政治与经济、宗教领域的研究人员共同参与。其学术杂志《日本思想》创刊于 1999 年 3 月，作为属于韩国研究财团的学术杂志，每年发刊两次。每期刊物收录 10~12 篇论文，内容涉及历史、文化、人类、文学、社会、政治、经济、宗教、民俗等多个领域。刊物虽然包含多个研究领域，但其内在特性中都暗含着共同的研究视角。

让我们回顾一下曾任会长的宋汇七先生在《日本思想》创刊号上的致辞。1997 年 9 月 20 日，创立总会召开，讨论了近代思想，之后又以现代思想为主题举办了学术大会，会议议题涉及佛教、基督教、民众宗教等问题。同时，该刊还刊登了日本思想论争史的相关论文，并介绍了日本思想的发展趋势。①

首先是从专业化的日本研究各领域中导出思想性方法。当然，对日本思想或日本思想争论的"翻译"并没有停留在文本翻译的水准，而是同时肩负起了"介绍人"的角色，介绍了通过日本思想发展趋势或论证史找出哪些课题，并对其内容进行了探讨。《日本思想》的编辑以此为基础，并时刻将"韩国的日本思想是什么"这个话题放在其中，尝试超越局限于日语学或文学理论的日本文化论。

《日本思想》第 2 号登载了 Suh Jeongmeen 的《收容期日本基督教的国家体制适应过程》、李元范的《近代新宗教思想研究的诸问题》等论文。这些都是以国家体制问题或新宗教思想为对象，介绍研究方法论的文章。尤其是李光来的《作为实学与实践哲学接点的西欧思想收容样式——以西周的习合性展开为中心》一文，阐释了韩国的儒学——实学。作者并没有与日本进行比较，而是介绍了韩国实学的观点中有哪些与西欧思想有关，并分

---

① 〔韩〕宋汇七：《创刊辞》，《日本思想》第 1 卷，韩国日本人思想史学会，1999，第 1~2 页。

析了韩国实学内容以及研究方法。即，没有以原有的范式来研究"儒学"本身，而是用实学特征形成的理论，循序渐进地替换了原有研究的框架。①

在解释思想和概念的过程中，这些文章与以往单纯主张儒学或实学性内容的研究相比，在展开方式上就已存在不同。即，对思想的研讨从思想化的脉络出发。这是对审视传统儒学思想的认知论进行的重组，也就是尝试通过找出已被传统化或思想化的概念脉络，在思想化脉络中阐明过去作为研究对象的日本思想。不过，其中似乎采用了西欧皮埃尔·布迪厄（Pierre Bourdieu）的"历史性脉络解析"理论。在血脉性或互补性关系中，引用了将思想转换为思想化的路径进行重组的方法论。

这不是一边论述历史事实或思想的本质性，一边说明其内容构成的方法，而是与本土的原有脉络保持距离，试图通过论述变化趋势中显现的思想特征的方式，来观察日本思想、日本文化。

在此之后，严锡仁的《山崎闇斋的"敬"的言说——通过与李退溪的比较》、朴鸿圭的《武家体制与政治思想——关于山崎闇斋》、崔文正的《锁定在古代理论之中的日本思想史——思想与文学以及政治的相关关系》等论文也较为瞩目。还有王泰雄的《日本近代文学家的殖民地意识》、泽井启一的《丸山真男与近世日本思想史研究》、南根祐的《殉国思想意识的创出》②。这些论文都将"敬"作为一种思想来论述，将其视为政治思想问题，再对禁锢在古代解析之中的日本思想进行解剖，如文学家的殖民地意识、丸山真男的思想特征以及形成于日本的殉国概念及思想意识。

此类论文似乎有着一个共同的特点，即都在试图阐明映射在思想意识上的日本思想。也就是说，它们既将贯穿其中的日本思想特征与日本本土性相关联，又对本土特征进行重新解读，并创造出脱离本质论的思想意识。作者的视角并不在批判政治性本身，而是深入已形成和扩散到日本内部的"概念特性"与思想意识之间，继而阐明了这些都是被封锁或被创造的思想意识问题，同时确认了中心问题所具有的思想性。这是思想意识的一种标记（Significant），而这又是通过贯穿维持日本内在特性或开发其理论观点的方式，包容让那些内容成立的条件、背景、经验、习惯等。根据不同视角，这些研究也表明了其社会、文化、政治立场。

---

① 《日本思想》第 2 卷，韩国日本思想史学会，2000，第 115～135、137～155、211～239 页。
② 《日本思想》第 3 卷，韩国日本思想史学会，2001，第 7～27、29～51、53～74、211～228、229～240 页，《日本思想》第 4 卷，韩国日本思想史学会，2002，第 205～233 页。

这种方法论延续到梁在英的《关于日本资本主义形成过程的研究》或朴忠锡的《日本民族主义的思想特质——站在普遍性与特殊性的观点》。[①]基于思想意识的形成与展开，这些论文对日本资本主义的特征以及民族主义理论进行了分析，指出资本主义与民族主义特征并不是在封闭的传统之中抑或现代构筑起来的，而是在世界史的发展过程中出现的。这一点与原有的日本思想研究不同。

这些研究方法论一直维持到 21 世纪初。首先，李喜馥的《幕藩体制与仙台藩》以及崔在穆的《朴殷植与近代日本阳明学的关联性》[②] 都呈现了相同论点，即在研讨江户思想或阳明学时不是单纯地评价本居宣长、平田笃胤的国学研究或归纳吉田兼等人的观点，不是阐明传统性是什么以及崇拜观点的时代错误（anachronism），而是采取分析形成思想理论的视点和该视点的变化与再创造过程。论文没有将江户与明治时期视为"近代思想"的分水岭，同时也没有断定该思想是明治时期创建的儒学观念，而是采取通过思想性来分析江户学的诞生或阳明学"思想化"过程的方式。

此后，《日本思想》杂志还刊载了与韩日两国文化内容相关的论文。其中，保坂祐二的《对韩日两国文化政治与日本的韩流热潮的考察》、Shin Kwang-Cheol 的《韩日之间文化内容交流的现阶段与展望》[③] 等最具代表性。

在主要研讨日本思想的学术杂志上登载文化政策及文化内容，说明日本文化与政治已经"相互结构化"，而非只将"日本对象化"。这又如许祐盛的论文《为减少民族化的条件探究：东亚》[④] 中所提出的，不仅日本的民族主义应成为批判对象，韩国的民族主义也不能一直受到拥护。这也抛出了韩国与日本应克服民族主义，重新讨论"东亚是什么"这个新课题。

从根本上来说，这又重新与如何扩大被称为"日本思想"的学术倾向相关联，并因此出现了回顾曾被归类于日本思想的儒学或国学思想的论文。代表性的论文有林泰弘的《2007 年度日本儒学以及国学思想研究动向——以江户时代思想家研究为中心》、高熙卓的《日本近代思想史研究方法论试论——以"公共探究"的公示性与通视性为中心》、山泰幸的《何为亡灵论——围绕平田笃胤死者视点的成立》、全成坤的《日本的"人种"竞合理

---

① 《日本思想》第 5 卷，韩国日本思想史学会，2003，第 133～151、261～268 页。
② 《日本思想》第 8 卷，韩国日本思想史学会，2005，第 85～115、117～144 页。
③ 《日本思想》第 9 卷，韩国日本思想史学会，2005，第 173～191、193～216 页。
④ 《日本思想》第 13 卷，韩国日本思想史学会，2005，第 25～46 页。

论与帝国主义》。① 这是将日本儒学与国学作为日本代表性思想的"思想概念"进行重组的一种尝试，即，用"思想"本身所具有的普遍性概念来尝试置换，而不是通过对西欧哲学概念进行反驳，进而将儒学与国学作为独创性思想来推广的。其中，作者试图导出存在于近代思想的公共性概念，并通过平田笃胤的死者视点，试图在第三方位找出超越反西欧概念的一种新的思想领域的可能性。而且，作者还尝试去寻找新的思想框架，将人种概念与民族概念视为普遍性事实，而非日本内部问题，从而弥合了差别化与优越性。

这样的尝试不是以西欧与非西欧或者日本帝国主义为根源来批判日本思想的观点，而是公然提出要为寻找超越西欧与非西欧的外部方位，展现思想史新挑战的论点。这还说明，日本思想并非韩国研究的日本，而是在脱离西欧范式或脱离历史性意义之上，强调"思想史再发现"的一种新尝试。

进入 2011 年以后，对日本思想整体进行回顾的倾向出现。李喜馥执笔的《围绕日本思想史（学）诞生的 21 世纪谈论》②，开始区分思想问题与记忆或表象概念。代表性的论文有黄益九的《〈记忆〉的政治——教科书〈中等国语〉与教材〈少年时代的回忆〉（「〈記憶〉のポリティクス —— 教科書「中等国語」と教材「少年の日の思い出」）》③，还有金仁德的《在日朝鲜人的 8.15——通过记忆来看》，朴利镇的《归还体验之谈的"悲剧"再现谈论中的"反战和平主义"》④ 等。

日本思想的问题，朝着通过少数人与世界史接轨的方向发展，即逐渐淡化作为研究对象的日本思想，而将记忆、少数人等视为一种思想来研究持续出现，相关论文有金善美的《关于松井 Yayori 在"女性国际战犯法庭"中的意义研究》、李盛焕的《象征天皇制与战后日本的民主主义》⑤、宋惠敬的《殖民地时期在朝第二代日本女性的朝鲜体验与殖民地主义——以森崎和江为中心》⑥、朴银瑛的《近代日本女性知识分子的对外观与自我认知——

---

① 《日本思想》第 14 卷，韩国日本思想史学会，2008，第 3～28、29～59、93～112、113～138 页。

② 《日本思想》第 21 卷，韩国日本思想史学会，2011，第 69～101 页。

③ 《日本思想》第 24 卷，韩国日本思想史学会，2013，第 153～177 页。

④ 《日本思想》第 25 卷，韩国日本思想史学会，2013，第 57～78、79～104、105～130 页。

⑤ 《日本思想》第 30 卷，韩国日本思想史学会，2016，第 25～44、241～263 页。

⑥ 《日本思想》第 35 卷，韩国日本思想史学会，2018，第 233～255 页。

以只野真葛为中心》等①。

观察日本，研究日本思想的论点不再只是单纯地谈论日本的民族历史或像过去那样只研究接受外来文化的姿态，而是让日本与韩国的思想作为普遍概念与世界史接轨。

还有一些论文揭示了日本的女权主义与国家问题，并对战后日本在成长为经济大国的过程中如何抹杀日本内部的弱者或非国民的声音进行了考察。具体有全成坤的《交叉在〈季刊三千里〉的空间与主体》②、李权熙的《关于日本军慰安妇"主体化"的考察》③ 等。这个问题也重新出现在朴鸿圭的《韩日历史和解的开展过程——从"责任论式和解"到"包容论式和解"》④ 之中，接下来还出现在姜素英的《广岛·长崎的核武器受害朝鲜人表象》、南相旭的《战后日本文化中的驻日美军基地表象与韩国战争》、朴银瑛的《近代转换期日本女性的政治参与与自我认知》⑤ 等论文之中。

这些研究标志着"日本思想"这个概念逐渐转变为改变认知模式的词。尽管存在研究日本思想的研究人员的新老交替问题，日本思想作为研究对象与"认知论"的世界接轨，则给人一种进入全球模式的印象，而不再是日本或韩国的问题。也就是说，虽然以日本为对象这一点并没有改变，但已不再是单纯地研究日本，而是将对象扩大到近代日本、日本的少数人、日本的女性、在日韩国朝鲜人等问题。与此同时，论文还聚焦如何克服国民国家论的问题。从这种研究日本思想的趋势中我们可以看到，韩国已经超越了纯粹研究日本思想本身，更注重研究作为国民国家的概念或主体性构成方式等问题，这些研究与脱殖民主义接轨。

然而问题在于，这一趋势到底又包括哪些课题。换言之，如今的日本思想已不再是作为研究对象的日本思想，而是向"何为思想"这个问题转移，其核心问题又与西欧思想的相对化问题相碰撞。也就是说，日本思想作为区分西欧与非西欧的问题重新出现，其结果是，儒学或古学、实学、阳明学等思想被纳入日本思想范畴之中进行研究，并将其视为日本思想。然而，由于日本思想与国民、国家、主体、认知的客观性等现实问题发生

---

① 《日本思想》第 36 卷，韩国日本思想史学会，2019，第 31～54 页。
② 《日本思想》第 36 卷，韩国日本思想史学会，2019，第 131～163、189～212 页。
③ 《日本思想》第 38 卷，韩国日本思想史学会，2020，第 161～185 页。
④ 《日本思想》第 39 卷，韩国日本思想史学会，2020，第 31～66、211～239 页。
⑤ 《日本思想》第 41 卷，韩国日本思想史学会，2021，第 5～28、67～94、95～15 页。

冲突，最终"日本思想研究"又与西欧思想以及脱殖民主义理论关联到了一起。

也许人们会质疑，为了克服民族主义、保守主义、全体主义等，而转向民主主义、和平主义、新象征主义的日本思想研究是不是又向资本或西欧提供的概念回归？在这个意义上，登上论坛的日本思想面临的问题是：如何重新提出"什么是日本思想"这一问题？如何客观看待通过日本探究东方思想以及仅仅停留在模仿西欧思想的两极化认知论？如何就"客观化"问题进行重新探讨？对这些焦点问题进行对话无疑成为无法回避的课题。

结　语

届此，笔者通过创立的学会、设立的大学研究所以及学术杂志的种类等内容，概括介绍了韩国的日本研究的发展历史；在此过程中，审视了韩国的日本研究核心在于如何克服与日本殖民地统治的关联性这个问题。自1945年8月15日以后，韩国虽然经历了解放与独立，但直到韩日邦交正常化，也并未正式开展对日本的研究。直到第一代赴日留学人员回国，韩国的日本研究才算扎下了根，不仅创建了学会，还在大学开设了相关课程。对日本的研究从80年代以语言学和文学为中心，逐渐扩散到历史、社会、政治、经济、文化领域等多个领域。此后，进入90年代，随着对日本大众文化的解禁，第二代、第三代赴日留学生在取得了日本新的研究结果后回国，让日本学概念得以重新建立。然而，由于日本帝国主义、日本右倾化以及与日本的领土争端等，韩国的日本研究在各个领域中依然存在需要克服日本殖民地主义的课题。在其过程中，第一代研究人员到了退休年龄，日本相关学科的发展停滞不前，新一代年轻研究人员的减少又带来诸多问题。这种倾向对韩国的日本研究、日本学的各个领域产生了影响，为今后的日本学研究留下了一个重大课题。

考虑到这种整体趋势，笔者聚焦日本思想领域，分析了韩国的日本思想研究和诠释的变化。韩国日本思想研究的革新性在于并未按部就班地翻译日本思想。首先，韩国的日本思想研究论述了日本的基督教或西欧思想的融合问题，以《日本思想》创刊号刊登宗教思想的形成论为开端，之后，通过刊登山崎闇斋的研究以及丸山真男的思想，将日本思想作为一种思想意识问题进行了讨论。

民族主义、资本主义理论最终也被视为在日本社会形成的。日本思想这门学问，就这样渐渐扩大到韩日两国的民族主义问题以及文化政策论的相关领域，甚至出现了不把日本思想作为民族问题，而是同时观察韩日两国民族主义的研究视角。这一视角使得日本思想研究超越了将加害者与受害者分离的二分法框架，通过韩国思想研究去考察日本思想，将"自他"认识世界的意义，渐渐深化为客观化的主体性问题。不仅如此，它还牵出了"战争记忆"这个话题，由此人们开始探讨在日朝鲜人问题、女性问题以及和平与和解问题。

韩国的日本学或日本思想、文化研究，就这样随着时代的发展，让日本成为一个"对象"，而并没有从本质上对其进行研究。此外，通过整体论述形成了近代国民国家的思想背景，作为在某种程度上克服"韩国＝被支配""日本＝支配者"这个框架的脱殖民主义与日本思想碰撞到了一起。然而，此类研究日本思想的方法论中也包含着是否在接纳了西欧式脱殖民主义后将其代入日本思想之中的问题，韩国的日本研究到底能将脱殖民主义扩展到什么程度无疑已成为一个课题。

参考文献

〔韩〕崔在喆：《韩国的日本文学研究动向与课题：以日本近现代文学研究（2012～2018年）为中心》，《日本研究论丛》52 卷，现代日本学会，2020，第 274～296 页。
〔韩〕陈昌洙等：《韩国日本学的现况与课题》，Hanul 学院，2007。
〔韩〕赵宽子：《1990 年代以后韩国的日本研究——制度与视线的变化（1990 年代以降の韓国の日本研究——制度と視線の変化）》，《世界的日本研究（世界の日本研究）》，国际日本文化研究中心，2013，第 43～58 页。
〔韩〕李炳鲁：《韩国的日本学研究现况与展望》，《经营经济》36 卷 1 号，启明大学产业经营研究所，2003，第 343～364 页。

The Trend of Japan Studies in Korea and "Decolonization"

—Focusing on Japanology and Japanese thought

文学与国家主义

——解构平安朝

〔澳〕倪锦丹[*]

前　言

丹麦著名童话作家安徒生写过一个故事叫《夜莺》，讲的是一个中国皇帝特别喜爱一只夜莺的歌声，每天都让夜莺到皇宫里为他唱歌。日本皇帝知道了，令人打造了一只机器夜莺送给中国皇帝，并附上一张字条，上面写着"日本皇帝的夜莺无法与中国皇帝的相媲美"。中国皇帝见到这只用珠宝美玉装饰的机器夜莺后爱不释手，并且因为可以随时随地让机器鸟歌唱，皇帝觉得机器鸟比起那只真夜莺好多了。真夜莺见皇帝不再喜爱它的歌声，就飞回森林去了。可是不久，机器夜莺坏了，皇帝听不到夜莺歌声后就病得奄奄一息。这时候，真夜莺回来，为皇帝婉转啼唱，皇帝便恢复了健康。[①] 中国有真夜莺，而日本的夜莺虽然模仿惟妙惟肖，但最终也只是假的，经不起时间的考验。这个创作于 19 世纪中叶的童话故事从侧面反映了西方人在那个时期对于日本文化的偏见，认为日本文化是中国文化的模仿。西方在很长一段时间内，认为日本文化没有自己的独特性，古代时期模仿中国，而明治维新后则模仿西方文化。

然而，在第二次世界大战后，日本战败，以美国为首的同盟国对日本实施军事占领（1945～1952），由此西方对日本文化的态度和想法开始发生了极大的转变。美军占领日本时期，美国从政治上积极改造日本政治制度，

---

* 倪锦丹，澳大利亚皇家墨尔本理工大学教授，研究方向为中日比较文学研究。

① The Nightingale by Hans Christian Andersen，https：∥gutenberg. ca/ebooks/andersen-nightingale/andersen-nightingale-00-h. html.

在保留天皇制的基础上将日本改造为一个"自由民主制"国家。这样一来，美国一方面可以将日本从一个侵略性的帝国主义国家改造成一个"无害的、人道主义"① 的现代国家；另一方面可以把日本纳入自己的实力范围，扩大美国在亚洲的影响，并对抗中苏的社会主义阵营。占领军从日本撤退后，随着日本经济的迅速发展，欧美世界对日本的评价更是进入了"肯定"② 和"赞赏"阶段③，对日本文学文化也表现出喜爱和欣赏。西方学者们开始试图将日本文化与中国文化割裂，强调日本文化的本土性和独特性。那么如何可以让日本文学凸显自身特点呢？学者们认为假名文字和文学的出现是日本文学文化的一个创举，一个重大的胜利。由此，在喜爱和欣赏的同时，英语世界的日本文学文化研究也陷入了过度强调日本文化里的固有本质而排斥中国影响这样一种二元对立的误区。比如日本文学研究泰斗 Donald Keene 曾经在他编选的《日本文学选集》中这样写道："中国文化，以及一种完全不适合日本的中国式写作在日本的广泛传播，决定了日本文学几百年里的发展。"④ 他在另外一篇文章中还写道："日本文学的中心因子——如果不是整个日本传统文化的话——是对中国影响的爱与抗拒。"⑤ 从 Keene 的这些话，我们可以看出他把中国文化和日本文化对立起来，他认为日本作为一个国家本来有着自己纯粹的文学，但由于中国文化的介入，日本文学偏离了它原来的轨道。到了平安朝，随着平安朝假名文学和女性宫廷文学的兴起，日本文学再次获得了自己的独立与重生，并由此确立巩固了日本文学传统。法国著名学者 Pascale Casanova 在 *The World Republic of Letters* 中也指出，日本文学有一种内在的强大的本国传统，这个传统一代代地传递下来。⑥

① Jackson, Reginald, *A Proximate Remove: Queering Intimacy and Loss in The Tale of Genji*, Oakland: University of California Press, p. 39.
② 王新生、韩卫平:《战后欧美人的日本观》,《日本学研究》第 9 期, 2000, 第 136 页。
③ 王新生、韩卫平:《战后欧美人的日本观》,《日本学研究》第 9 期, 2000, 第 138 页。
④ Keene, Donald. *Anthology of Japanese Literature: from the Earliest Era to the Mid-nineteenth Century*. New York: Grove Press, 1955, p. 19.
⑤ Keene, Donald. "Literature," in Arthur E. Tiedemann, ed., *An Introduction to Japanese Civilization*, New York: Columbia University Press, 1974, p. 383.
⑥ Casanova, Pascale. *The World Republic of Letters*. Translated by M. B. DeBevoise. Cambridge, Massachusetts, London, England: Harvard University Press, 2004, p. 106. 需要指出的是, 该书是 1999 年在法国出版。由此可见, 日本文学的封闭性和独特性在 20 世纪末的学界还是很流行的。

　　西方学者和日本学者在强调日本传统和本质上不谋而合。日本从江户时代国学者本居宣长开始就宣扬日本文学文化的独特性，本居宣长认为日本文学，尤其是平安朝文学的独特性和中国儒家思想文化是格格不入的。到了明治时代，日本开始建立近代国家并走上帝国主义扩张道路。这个时期，日本国内有着强烈的国家主义和民族主义，而这种强烈的国家主义和民族主义也影响了学术界。长期受到中国文学文化浸润的日本文学在这个时候迫切渴望强调日本文学文化的独特性。比如日本著名国文学学者藤冈作太郎在他的著作《国文学全史·平安朝篇》里这样写道："是什么原因让和歌得以兴盛发展呢？不用说，国民的自觉是主要原因。我国（指日本）很长时间内受外国（指中国）影响，一开始总是模仿外国文化，很快就将外国文化同化发展，后面的进步甚至超过了外国。"[1]"汉字先天性使用不便，而我们已经有了自在的假名文字。"[2] 从藤冈的这几句话可以看出他迫切渴望摆脱中国文字和文化，并且认为日本文化比中国文化更优秀。这些想法的前提是将古代中国和日本的关系想象成近现代中国和日本的关系，把古代中国和日本都理解为语言文化民族统一、国界清晰的国家。

　　从江户时代的本居宣长到明治时期的藤冈作太郎，从美国的 Keene 到法国的 Casanova，日本和西方学者们认为，和"国风暗黑时代"不同，平安朝文学是假名的文学，是女性的文学，是柔和的、优美的、纯洁的，是具有日本民族传统和风格的文学。正是这些日本固有的本质和独特性抵挡住了来自中国的影响。在他们看来，平安朝文学是日本本土文学战胜汉文学的一个重要体现。由此，日本学者和西方学者在不同的政治环境和政治需要下共同构建了假名—女性—纯洁—日本国民性这样一个理解平安朝文学和日本文化的框架。这些思想在川端康成获得 1968 年的诺贝尔文学奖这件事里也能管窥一斑。川端康成在 1968 年诺贝尔文学奖的授奖仪式上发表了一篇题为《我和美丽的日本》[3] 的获奖演说。在演讲词里，川端康成说他非常同意美术史学者矢代幸雄所说的，日本美术的特质就在于"雪月花

---

①　〔日〕藤冈作太郎：『国文学全史·平安朝篇』，東京：開成館，1905，第192页。
②　〔日〕藤冈作太郎：『国文学全史·平安朝篇』，東京：開成館，1905，第193页。
③　川端康成演讲词，见 https：//www. nobelprize. org/prizes/literature/1968/kawabata/25542-yasu-nari-kawabata-nobel-lecture-1968/。

时最思友"①，日本文学强调人类情感和美的自然流露。川端康成还谈到了和歌以及《源氏物语》，他认为这些都是日本文化在吸收了唐文化后所产生的"华丽的平安文化"，是日本美的象征。而川端康成本人的作品在西方也一直被认为是传统日本美的典范。诺贝尔文学奖评委会给川端康成的评价就是"以高超的叙述技巧和敏锐的感受表达了日本精神的精髓（the essence of the Japanese mind）"②。正如芝加哥大学学者 Michael Bourdaghs 在自己的专著 Sayonara Amerika, Sayonara Nippon 中一针见血地指出："西方早期的日本文化研究都倾向于强调日本艺术和文学的美学，而忽视它的知识性与政治性。"③ 强调日本精髓和日本美，都反映了二战后西方和日本学界渴望把日本文学及其精神文明传统理解为柔美的、女性的、非政治的，而女性宫廷文学繁盛的平安朝，则成为最具日本特色、最能代表日本精神文明的时期。

新方法，新视野

在这样的思想背景下，英语世界的日本文学研究，尤其是平安朝文学研究过于局限在日本文学的框架内，而忽略了中国以及朝鲜半岛在历史上对于日本文学文化的影响，缺乏将日本放在整个东亚历史去探讨的视野和研究方法。虽然中日比较文学在日本和中国都很流行并且硕果累累，英语学界里研究中国文学对日本文学的影响却相对少很多。涉及中日文学交流的著作比较有影响力的有美国学者 David Pollack 于 1986 年出版的 *The Fracture of Meaning: Japan's Synthesis of China from the Eighth through the Eighteenth centuries*。④ 从《古事记》《源氏物语》，到世阿弥以及元禄文化，Pollack 在书中梳理了从 8 世纪到 18 世纪，日本是如何"合成"（synthesis）中国文字与文学的启发和影响。但是，Pollack 的研究也没有脱离把中日文学文化视为对

---

① 其实这句话出自白居易的《寄殷协律》："五岁优游同过日，一朝消散似浮云。琴诗酒伴皆抛我，雪月花时最忆君。几度听鸡歌白日，亦曾骑马咏红裙。吴娘暮雨萧萧曲，自别江南更不闻。"矢代幸雄在强调日本美术特质的时候有意或无意地引用了白居易的诗歌，这更能说明中日文学文化的融合性和不可分割性。

② 参见诺贝尔文学奖官网 https://www.nobelprize.org/prizes/literature/1968/summary/。

③ Bourdaghs, Michael, *Sayonara Amerika, Sayonara Nippon: A Geopolitical Prehistory of J-pop*, New York: Columbia University Press, 2012, p. 7.

④ Pollack, David. *The Fracture of Meaning: Japan's Synthesis of China from the Eighth through the Eighteenth centuries*. Princeton, N. J.: Princeton University Press, 1986.

抗关系的框架。他认为日本作为一个岛国，虽然与中国隔绝，但离中国又比较近，这样就可以既吸收一些中国文化，又不至于被它完全同化，可以保持自己文化的独特性。① Thomas Lamarre 在 21 世纪伊始出版的 *Uncovering Heian Japan：an Archaeology of Sensation and Inscription*（《发现日本平安朝：感官与文字的考古学》）则从根本上改变了英语世界的平安朝文学研究中国家主义的倾向，将平安朝文学放置到古代汉字文化圈的世界里重新审视，是一部英语世界中日本平安朝文学文化研究的划时代著作。

在介绍 Lamarre 的这本著作之前，我们先介绍一下 Lamarre 这位学者的学术经历以及研究领域。他原来是一位生物海洋学家（有生物学博士学位），后来因为对日本文学文化有浓厚的兴趣，于是进入芝加哥大学攻读日本文学的博士学位，博士论文研究明治和大正时期的日本。博士毕业后，他开始研究平安文学，写就了《发现日本平安朝》这本书。Lamarre 之前长期任教于加拿大麦吉尔大学，从 2020 年开始在芝加哥大学教授日本动漫以及新媒体。近几年，Lamarre 在研究日本动漫和新媒体领域里非常活跃，已经写了两本轰动学术界的专著。他对日本的研究可以说是跨越了不同时代和不同艺术表现形式。我们从《发现日本平安朝》这本书就能看出他一直致力于探寻一种跨学科、跨国别、跨种族的研究方法和理论。

Lamarre 的研究当然也离不开时代和政治的大背景。二战后随着很多殖民地纷纷独立，后殖民主义兴起，许多学者纷纷对之前产生和发展于殖民国家的理论提出异议。其中最具有代表性、影响最大的是爱德华·萨义德里（Edward Said）在 1978 年出版的《东方学》（*Orientalism*）。② 萨义德在这本书里批判西方学者的东方学只不过是西方对东方的一个想象，或者仅仅是西方自己的一个思考方式，并不是真正了解东方。在萨义德看来，西方的东方学像一个庞大的系统，系统里的规则和程序规定制约着如何思考、讲述和想象东方。③ 随着殖民地纷纷独立，原来被殖民的国家为了从政治上完全脱离宗主国，需要强调自己国家民族文化的独特性。在萨义德对西方的批判的基础上，一大批后殖民主义理论批评家涌现，讲述被殖民的经历以及反殖民的国家主义。在这样的时代背景下，文学研究也开始重新审视

① Pollack，David. *The Fracture of Meaning：Japan's Synthesis of China from the Eighth through the Eighteenth centuries*. Princeton，N. J.：Princeton University Press，1986，p. 5.

② 中文译本由三联书店于 1999 年出版。

③ Said，Edward W. *Orientalism*. London：Penguin，2003，pp. 1 - 3.

这个领域长期以来以西方理论思想为主导的研究倾向以及这个倾向所带来的问题。

如果说萨义德是后殖民主义的开创者，那么本尼迪克特·安德森（Benedict Anderson）可以说是后殖民主义的集大成者。他在 1983 年出版的著作 *Imagined Communities：Reflections on the Origin and Spread of Nationalism* 给人文社科研究领域带来深远的影响。① 虽然民族主义的源起和发展看似和日本平安朝文学是完全没有联系的两个研究领域，但是 Lamarre 认为安德森对国家民族主义的研究恰恰是解构日本平安朝文学研究中长期存在的民族主义倾向的最佳思想工具。Lamarre 在《发现日本平安朝》的前言部分花了很大的篇幅介绍分析了安德森的有关近代民族主义缘起与发展的研究。Anderson 认为，古代的国家经常是以宗教信仰（比如基督教、佛教）或者神圣的文字（比如汉字、希伯来文）为中心，对国家的理解通常是从中心到边缘，自上而下的，因此国家的疆界往往有着流动性和不确定性，和我们现代人把国家按照平面地理分割来理解国家是完全不同的。借用 Anderson 对古代国家的理解，Lamarre 认为西方和日本学者（可以追溯到江户时代的本居宣长）将平安朝文学与中国文学对立起来，由此想确立日本文学以及日本这个国家、大和这个民族的特质是一个错误，因为对于古代日本人来说，汉字、汉文化是他们精神活动的一个部分，在他们的世界里，没有抵抗中国文化之说，更没有像现代日本人那样，把日本想象成一个领土完整、语言纯粹、民族统一的国家。Lamarre 指出，奈良时代和平安时代的日本是古代中国（the Middle Kingdom）世界中不可分割的有机构成之一。很多时候，学者们将平安朝和中国分割开的一个重要手段是强调平安朝假名文学的兴起。假名被认为是一种表音的、日本本土的语言。这种表音文字和表意的、外来的汉语有本质的不同，那么假名文学自然和汉文学也是不同的，其代表了日本文学抵制住中国的影响，成功保护并发展了自己的本土文学。因此，Lamarre 认为，平安朝研究最基本也是最重要的一步是对其语言文字的研究，而假名文学的重要组成部分——和歌与和歌的诗学（poetics）正是一个最好的切入点。Lamarre 在前言中还强调，他这个研究的目的，是将平安朝以及平安朝文本（text）和现代概念里的日语以及日本国家区分开来，

---

① Anderson, Benedict R. O'G. *Imagined Communities：Reflections on the Origin and Spread of Nationalism* Rev. ed., London：Verso, 2006. 中文译本《想象的共同体：民族主义的起源与散布》于 2005 年由上海人民出版社出版，译者吴叡人。

探索解读平安朝诗学的另一种可能性。

《发现日本平安朝》这本书的正文一共分为三个部分，八个章节。现尝试将其目录翻译成中文，以便让大家对这本书的内容和结构先有个大概的了解，从而可以更加清晰地理解他的研究方法。

第一部分　字谜的解读
　1. 重读字谜
　2. 假名铭文与文体的区分
　3. 创作与竞赛
第二部分　书写与感官
　4. 文体的历史
　5. 平安朝书法
　6. 多感官图形：芦手绘和汉朗咏抄①
第三部分　诗歌体系
　7. 两个序，两种模式
　8. 纪贯之的诗歌体系

在第一部分里，Lamarre 先是阐述了现代日本对平安朝的推崇可以追溯到德川幕府时代的"国学"。这种"国学"将日本语言和身份认同与中国割裂开来，并宣扬日本民族文化的独特性和纯洁性。日本的"国学"研究与二战后日本迫切需要重新构建一个文明的、美好的、非军事化的国家形象不谋而合，因此日本国文学研究便在很长一段时间内继承了江户国学，尽力从平安朝假名文学中去除中国因素，寻找并确定日本文学的本质与精髓。那么该如何破除这样的误解从而正确审视假名文学呢？Lamarre 从字谜入手，认为由于汉字的表意性质，一个汉字经常可以拆解成多种含义，而假名文学，特别是和歌，正是把复杂的、多义的汉字用本土语言萃取、表达出来。虽然字谜并不是和歌里唯一的一种艺术表现，但它可以为我们提供和歌创作中的对文字游戏和挂词等的重视。这些文字游戏和挂词经常避免使用汉

---

① 芦手绘指的是平安朝后期所流行的将一种称为"芦手"的风格的文字嵌入画里。《芦手绘和汉朗咏抄》由藤原伊行（1139~1175）创作于1160年。以下是该作品的链接：http://emuseum.nich.go.jp/detail?&langId=ja&webView=&content_base_id=101065&content_part_id=2。

字，因为汉字的表意性质会限制读者对文字游戏和挂词等人的联想。Lama-rre 认为，平安朝文人在和歌中减少使用汉字只不过是为了艺术创作的需要，而现代人却把它解读成一个强烈的、含有政治意味的抵制行为，即日本文学要对抗中国文学，日本要抵制中国的影响。在平安朝，不存在中日的二元对立，恰恰相反，平安朝文人追求的是双重性，并且始终维护着这种双重性。

进入第二部分后，Lamarre 首先梳理日本的书法历史以及书法风格的演变。毋庸置疑，平安朝初期"三笔"（空海、嵯峨、橘逸势）受王羲之影响颇深，因此很多学者认为他们的书法不代表日本的书法风格，而后来出现的"三迹"（小野道风、藤原佐理、藤原行成）才真正地书写假名，代表了日本书法艺术的特质，展示了日本书法之美。Lamarre 不同意这样一个武断的结论。他认为书法的艺术风格会发生变化，但这些变化不会将不同的风格非常严格地区分开来，这些风格始终存在于同一个谱系中，很难找到它们之间明确的界限。不同风格之间也不存在与中国书法美学对立、否认甚至是瓦解之说。在第二部分中，Lamarre 还论证了假名文字不仅是一种表音文字，也是一种视觉感很强的文字，并且很多假名像汉字一样，也具有表意功能。因此，把假名完全当成日本本土的、表音的文字，认为假名和汉字有本质上的不同，这些想法是片面的，错误的。Lamarre 在书中还提醒读者，许慎的《说文解字》里也多次提到汉字既有表音，也有表意，甚至同一个汉字也可以一半表音另一半表意。从藤原伊行所书写的《芦手绘和汉朗咏抄》可以看出，汉字和假名并不是两种互相排斥的书写体系，它们都是能够给人带来多种感受的图形，互相诠释，互相补充。

承接第二部分关于书法的讨论，第三部分论述象形图案、书法与平安朝文人对于世界的想象这三者之间的关联。这一部分中，Lamarre 着重探讨了《古今和歌集》，从纪贯之的编纂意图、方法以及思想入手，证明平安朝的人们努力在书法、象形图案、世界万物中寻找一种联系，然后将这种朴素的宇宙观在和歌中表现出来。这和现代人以语言、种族和国界为中心的国家观是完全不同的。Lamarre 先是带我们重新阅读《古今和歌集》的假名序，纪贯之在假名序的开头这样写道："和歌者，不施力而动天地，令目所不能见之鬼神哀，和男女，慰猛士。"① Lamarre 认为，从纪贯之的假名序的

① 笔者译。《古今和歌集》最新的汉译本由上海译文出版社于 2018 年出版，王向远和郭尔雅翻译。

开头这几句话能看出来，和歌以及书法为平安朝人与人之间的关系互动提供一种连贯性和一致性。由于官僚制度、等级、结盟、宗谱等都是偶然的、不稳定的，还有太多非官方的等级、特权和头衔，这些都无法为平安朝人提供一个稳固的秩序；而和歌艺术为平安朝人提供了一个可以冲破这些世俗秩序的可能性，让他们可以在和歌创作中寻找一种更广阔更包容的人与人之间，人与世间万物之间的秩序。和歌不仅是听觉的（vocal），也是视觉（visual）的，让平安朝的诗人们可以在和歌的宇宙观里，将感官和情感与四季的变换、日月星辰的移动联系起来，由此建立一个以不同的体裁为中心的体系，并将这个体系加入古代中国（middle kingdom）的文化世界里。Lamarre 总结，平安朝不应该被认为是日本传统文化的起源或者来源，因为平安朝是一个具有多样性、复杂性、包容性以及不稳定性的一个时代。当时的中日关系不是非此即彼，而是两种模式的共存。

结　语

《发现日本平安朝》的出版给英语界的日本研究，特别是日本平安朝时代文学文化的研究带来了强烈的冲击。由此，英语界的日本研究开始审视平安朝中的中国元素，避免让平安朝研究一直陷在日本民族主义、国粹主义的泥潭中。许多学者开始重新考虑平安朝文化的民族化、经典化的倾向与日本战后构建自己国家形象的紧密联系。例如哈佛大学学者 Tomiko Yoda 的《性别与国家文学：平安朝文本与建构日本现代性》[1]，以及普林斯顿大学学者 Brian Steininger 的《日本平安朝的中国文学形式：诗学与实践》[2]，都深受 Lamarre 研究的影响，纷纷开始对二战后的日本平安朝文学研究提出质疑并且深入批判与反思。在日本，河添房江在她的『光源氏が愛した王朝ブランド品』（《源氏风物集》）[3] 中也批判了日本国文学学术界里长期对平安朝文化的研究存在着"幻想"，这种幻想认为由于遣唐使的废除，平安

---

[1]　Yoda, Tomiko. *Gender and National Literature：Heian Texts in the Constructions of Japanese Modernity.* Durham：Duke University Press，2004.

[2]　Steininger, Brian. *Chinese Literary Forms in Heian Japan：Poetics and Practice.* Cambridge，Massachusetts：Harvard University Asia Centre，2017.

[3]　中文译本《源氏风物集》由新星出版社于 2015 年出版，译者丁国旗、丁依若。

朝文化摆脱了唐代文化的影响而迎来了所谓"国风文化"的全盛。① 河添认为，虽然遣唐使被废除了，但是中日之间的商品以及文化交流从未间断过，中国的物品与文化，始终点缀着平安朝贵族的生活。

中日之间文学文化的紧密交流无须多言，但需要指出的是，正视日本文学文化中的中国元素需要避免陷入强调中国文化民族本源性、优越性的误区。正像李泽厚先生对年轻一代学者所期盼的那样，"不泥国粹，不做洋奴"②。研究日本文学文化（以及其他所有国家文学文化）的学者们都应当避免将一个国家的文化理解为固定不变的，从而建构一个与他国二元对立，非此即彼的文化关系，因为二元对立容易带来国粹主义和民族主义。像Lamarre 在书中多次强调的那样，"不要用我们现在对国家（nation）的理解来阐释古代人对国家的理解"。现在的人容易用现在的国与国的关系去理解过去的中国和日本，从而陷入一些意识形态的误区，而不能客观、正确地理解本国与他国的文化交流。"我们怎样理解这个世界影响甚至决定这个世界的发展方向"③，因此不管是 Anderson、Lamarre 还是受 Lamarre 影响的学者们，都非常重视改变学者们对于国家民族的一些错误理解。学者们的理解，有时会影响整个大环境的舆论甚至政策。比如，美国著名语言学家诺姆·乔姆斯基（Noam Chomsky）在他的文章《知识分子的责任》中批评了一些社会学学者在美国越战期间积极宣扬"让中国人大面积地饿死就可以摧毁中国政府"，或者"北部越南人会非常乐意自己被炸，从而获得自由"，给其他国家带来巨大灾难。④ 乔姆斯基认为这些学者不顾及他国他人生存的一些言论是不负责任而且是有害的。萨义德在《东方学》中也谴责一些知识分子和媒体工作者把东方国家想象成一种与美国对立的邪恶存在，以"自由"的名义毁灭其他国家。⑤ 所以，在文学研究（以及其他人文社科研究中）如何避免国家主义和民族主义，如何在国别研究、文学研究以及其他社会学科研究中扩宽视野，探寻一种可以跨学科、跨文化、跨国别的研究方法是文学研究者们面临的挑战。通过采用不同的新方法和新视野不仅

---

① 〔日〕河添房江：『光源氏が愛した王朝ブランド品』，東京：角川選書，2008，第 15 頁。

② 李泽厚：《寻求中国现代性之路》，东方出版社，2019，第 3 页。

③ N. Katherine Hayles. "Unfinished Work：From Cyborg to Cognisphere." *Theory, Culture & Society*, Vol. 23（2006），No. 7 - 8：pp. 159 - 166，p. 163.

④ Chomsky, Noam. "A Special Supplement：The Responsibility of Intellectuals." *The New York review of books* 23（1967），pp. 10 - 11.

⑤ Said, Edward W.. *Orientalism*. London：Penguin, 2003, pp. ⅩⅣ - ⅩⅤ.

可以推动文学研究的发展，还可以使文学研究和时代产生更紧密的联系，让社会认识到文学可以为人的生存问题、社会问题、环境问题以及国际政治冲突带来帮助，或许可以改变文学被日益边缘化的命运，改变生存日益严峻的人类社会的命运。

Literature and Nationalism
—Deconstructing the Heian Period

欧美的日本学研究与问题[*]

〔日〕寺泽行忠 著^{**}　魏　正 译^{***}

引　言

我原来从事的是日本文学研究，但 10 年前的一次契机，成为我近 30 年的研究生涯的一道分水岭。2005 年，我获得了为期一年的公休假。由于当时对"海外日本文化的受容研究"这一课题关注已久，我主要在美国，还有欧洲、中国等地做了一些调查。然而调查地域的不断扩展并不会使研究有所集中，所以之后我按照国别进行了分类整理，将研究重点置于美国及德国等地。^①

我研究的对象是日本学、日语教育、日语图书、俳句、禅、日本美术、日本庭园、茶道、花道、能、狂言、歌舞伎、文乐、动漫、饮食文化、太鼓等，涵盖了日本文化的各个方面。其中花在日本学上的时间最多，我也尽可能多地与其他地区的研究者深入交流。

不过时间依然是有限的。这篇论文是我于 2008 年退休以后，在未获得任何援助的情况下完成的。所以纯属个人管窥之见，不足之处希望大家谅解。

---

* 原文为寺澤行忠：「欧米の日本研究と問題点」，国際日本文化研究センター『世界の日本研究』，2017。

** 寺泽行忠，日本庆应义塾大学名誉教授。

*** 魏正，北京外国语大学北京日本学研究中心博士研究生。

① 〔日〕寺澤行忠：『アメリカに渡った日本文化』，東京：淡交社，2013。

一 世界范围的日本学研究

国际交流基金向夏威夷大学 Patricia Steinhoff 教授委托的一项调查显示，2012 年美国总计有 1434 位研究日本的学者。① 另外 2015 年国际交流基金的调查表明，英国大学的日本研究者共有 198 人。② 而国际日本文化研究中心的统计数据则显示，欧洲其他国家的日本学学者人数分别为法国 269 人、德国 201 人、俄罗斯 100 人、意大利 85 人、西班牙 32 人等。③ 将这些数字与欧美等其他国家的数字相加后可得知，世界上总共有数千人从事日本研究。

在德国，由于中央政府的财政政策，以及一些州政府主张将几所邻近大学的日本研究合并的方针，哥廷根大学、马尔堡大学、埃尔朗根 – 纽伦堡大学、维尔茨堡大学等的日本研究已停止。当然也有大学的日本学学生和研究人员人数逐步上升，所以并不能说全德国的日本学研究已经萎缩。

加州大学洛杉矶分校的日本学研究中心被命名为 "Paul I. And Hisako Terasaki Center for Japanses Studies"。这是因为著名的器官移植专家保罗·寺崎名誉教授及其夫人为了支持该校的日本学研究而捐赠了 500 万美元。寺崎教授还向洛杉矶分校的生命科学系捐赠了 5000 万美元，这是该校开设以来数目最大的一笔捐款。另外，丰田财团也对美国的研究和教育部门多有助力。

中国方面，1979 年，大平正芳首相访问北京，承诺援助中国的日语教育。当时中国有约 600 名日语教师，日本方面提出计划，用 5 年时间，每年培养 120 人，并在 5 年间以 ODA 援助的形式投入 10 亿日元。日本派遣教师，同时提供教材与图书。为表达对大平首相的敬意，这个 "全国日语教师培训班" 被称为 "大平班"。

之后 "大平班" 不仅在日语教师研修方面继续深化，还开设了日语和日本学研究的硕士学位教育，这就是现在位于北京外国语大学的 "日本学研究中心"。后来，中心又增设了博士学位教育。截至 2016 年 2 月，中心的

① Patricia G. Steinhoff，ed.，Directory of Japan Specialists and Japanese Studies Institutions In the U-nited States，Tokyo：Japan Foundation，2013，p. 23.

② Japan Foundation Japanese Studies Survey 2015：A Survey of Japanese Studies at the University Level in the UK，London：Japan Foundation，2016，p. 17.

③ http：//db. nichibun. ac. jp/ja/category/kikan. html.

硕士毕业生为 638 人，博士毕业生为 46 人。① 这些毕业生成为中国的日语教育及日本学研究的核心人才。

在日本，日本文学、日本史学、日本美术史等因为研究者甚多，所以专业内部的方向划分十分详细。但日本以外，由于从事日本研究的人数相对较少，很多时候会出现一位教师必须独自教授日本文学或日本史全部领域的情况。另外，日本的日本学专家鲜有精通整个亚洲的相关研究者，但世界范围存在大量以东亚，也就是将日本、韩国、中国等作为广域研究对象的学者。埃德温·赖肖尔（Edwin Reischauer）就是一个典型例子。

日本学学者的变化还受到时代的影响。② 美国的第一代日本学学者活跃在二战以前，比如埃德温·赖肖尔、奥蒂斯·凯利（Otis Cary）等人。他们生在日本长在日本，对日本有着深深的依恋之情，同时也放眼东亚，拥有广阔视野。第二代是唐纳德·金（Donald Keene）、爱德华·赛登施蒂克（Edward Seidensticker）等人。战时他们曾在陆军日语学校或海军日语学校接受过日语训练，战后成为日本研究的领头羊。第三代是杰拉德·卡迪斯（Gerald Curtis）等冷静客观地看待日本真正面貌的学者。第四代是查默斯·詹森（Chalmers Johnson）等对日本越发显现出怀疑、批判倾向的学者。所谓"日本特异论者"，"重估日本者"也是从这一代诞生的。第五代学者则从一种悲观的视角看待日本，倾向于讨论"日本模式为何没能发挥作用"等问题。

虽然美国的日本研究已经渗透至各个学科，但德国的日本研究不论是文学、历史、宗教，还是政治、经济，全部被局限在"日本学"这一学科之中，其研究也只能在这一框架中进行。如此，德国的日本学研究失去了与邻近领域的联系，显示出程度很深的孤立，这是目前主要的问题。

另外在德国，最初日本学研究主要以文学，而且还是文献研究法为中心进行的。然而日本在战后实现了急速的经济复兴，拥有了世界第二的经济力量，仅次于美国。德国政府开始希望探究日本复兴的背景和理由。在此情况下，日本研究从文学、历史、思想研究开始转变为经济、政治研究。

---

① 参考「北京日本学研究センター事業概要」，https：//www. jpf. go. jp/j/project/intel/study/support/bj/details_text. html。

② 关于第一至第三代，请参考〔日〕朝日新聞社編『日本とアメリカ』，東京：朝日新聞社，1971。关于第四、第五代请参考〔美〕ジェラルド·カーティス：『政治と秋刀魚——日本と暮らして四五年』，東京：日経 BP 社，2008。

比起古典，他们更重视现代，在方向上越来越具有现实性。

二　富有特色的设施、讲座以及交流

芭芭拉·鲁什（Barbara Ruch）名誉教授是哥伦比亚大学中世日本研究所的所长。该研究所在京都拥有一所同名分部。这家研究所以日本宗教史中女性的作用为研究主轴，近年来向各方募集资金，致力于日本尼庵的保存与修复工作。另外鲁什教授还对雅乐抱有兴趣，10年前就已在哥伦比亚大学开设了正规的雅乐课程。她从神户大学邀请了寺内直子教授教授雅乐知识并进行技术指导，意图培养优秀的雅乐演奏家。

另外，在负责日本文化授课的佐藤昌三名誉教授的努力下，伊利诺伊大学厄巴纳-香槟分校于校内开设了一家日本馆，里面有一座宽阔的日式庭园。日本馆是在获得了大学方的首肯后，由日本万博基金会、里千家、国际交流基金以及笃志家等机构捐款建造而成，开设了与日本文化相关的各种讲座课程，成为介绍日本文化的一处基地。基本上在别的大学是看不到如日本馆一般巨大的日本文化设施的。

洛杉矶州立美术馆内的日本美术馆，是在乔·普莱斯（Joe Price）夫妇的捐赠以及受到夫妇号召的日美财界的帮助下建成的。在此之前，伊藤若冲等画家基本不受重视，但普莱斯先生不被既有的价值观所惑，而是凭借自己的眼光以及直觉，买下了许多若冲等江户时代富有个性的画家画作。现在日本的"若冲热"，可说是受到普莱斯眼光的极大影响。

位于德国杜塞尔多夫的惠光日本文化中心也是介绍日本文化的一大基地。这个中心是由佛教传道协会及株式会社三丰的创始人，已故的沼田惠范先生在1993年创设的。这处占地巨大的中心拥有惠光寺、日本庭园、付有茶室的日式住宅、幼儿园以及图书馆等场所，并开展各种各样的文化活动和庆典。相比传教，该中心以文化活动、文化交流为中心，虽然是一座民间设施，但已肩负杜塞尔多夫的日本文化宣传核心的任务。馆长为东北大学原教授青山隆夫，在他之下还有几名专业学者进行着研究活动。图书馆拥有佛教、历史、美术、音乐、文学、哲学等6万多册书籍，向全社会开放。

2009年，德国海德堡大学同声传译研究所与日本学学科进行合作，成为世界上第一家进行日德同声传译硕士学位教育的单位，目标是培养世界顶级的会议传译者。

美国的交流奖学金计划有着漫长的历史。这个面向专家、学者、研究生的计划以美国参议院议员富布赖特（James William Fulbright）于 1946 年提出的构想为基础，目的是培养能够促进国与国之间相互理解的领袖人物。该计划面向世界各国，其中日本已经有约 6400 人赴美，美国则有 2600 人赴日进行交换留学。① 很多参与计划的留学人员在回到日本后对美国抱有强烈的亲近感，这值得我们关注。

日本的 JET 计划（The Japan Exchange and Teaching Programme）也对相互理解做出了巨大贡献。该计划是日本政府方针的产物，从世界各国招募大学毕业生赴日本担任小学、初中及高中的外语教学助理，负责国际交流活动的国际交流员，或是负责体育交流的体育国际交流员等职务。计划始于 1987 年，当时只有 4 个英语国家的 848 名毕业生参与。然而 2002 年全年则有 40 个国家共计 6273 人加入进来，人数达到顶峰。截至 2016 年，累计已经有 65 个国家，共 6.4 万名毕业生参加了这项计划。交流语种也涵盖英、法、德、汉、韩、俄等多国语言，成为世界上最大规模的国际交流计划。②

三　教育制度

虽然欧洲国家的学制各不相同，但 1999 年欧洲 29 国的教育部长联合签署的德博洛尼亚宣言昭示了欧洲的高等教育制度的统一。直到 2010 年，全欧洲的高等教育在同一基准下被分为学士学位教育和硕士学位教育。例如以前德国大学对学士与硕士阶段不做区分，所有的学生必须修至硕士学位；而在新制度下，学生本科毕业即可走上社会。本科学制一般是 3 年，一些大学的日本学学科的学制则是 4 年。因为即便已经掌握日语，用 3 年时间学习日本学还是有些吃力。

在德国如果想要取得教授资格，原则上来讲需要于获得博士学位后，再写一篇比博士论文分量更重的论文，才能够取得大学教授（Habilitation）资格。因此获得博士学位是成为大学教授的基础，十分重要。德国特里亚

---

① 参考日米教育委员会（フルブライト・ジャパン）网址「フルブライト交流事業」（译者注：网址为 https://www.fulbright.jp/scholarship/index.html）。

② 参考一般财团法人自治体国际化协会（CLAIR）网址「JET Programme」（译者注：网址为 http://jetprogramme.org/ja/）。

大学的日本学学科始于 1985 年，在成立 20 周年的纪念仪式上，拥有博士学位的年轻女学者的座次要先于没有博士学位的日本驻德大使。可见博士学位在德国的地位不容小觑。

大体而言，西欧女性学者的比例比亚洲要高。内阁府男女平等谋划局所公布的 2015 年度数据显示，世界上女性学者比例较高的国家分别是葡萄牙 45.4%、英国 38.1%、意大利 35.7%、美国 34.3%、德国 28.0%、法国 25.5%、日本 14.7%。比起欧洲国家，日本女性学者比例是很低的。① 1992 年日本的女性学者比例仅为 4.9%，之后虽然每年逐步上升，但依然与国际有着不小的差距。

巴黎有一座国际大学城。1925 年法国文化部长提倡为世界各国的学生和学者提供宿舍，推进文化和学术交流，大学城因此落成。占地 34 公顷的大学城内散落着 40 多个建筑，除德国馆、瑞士馆、意大利馆、西班牙馆之外，还有一所由萨摩治郎八资助建造的日本馆。大学城住着来自 130 个国家共计 5500 名学生和学者。这类从侧面支持学术研究和文化交流的设施具有重要意义，可以预见其在今后的世界各地将越来越多。

四　日语教育

日语教育是日本学研究的基础。截至 2012 年，世界上一共有 398.5 万名日语学习者，并且还在逐年增加。② 最多的是中国，共有 130.3 万人。第二位是印度尼西亚，87.2 万人。接下来是韩国 84 万人、澳大利亚 29.7 万人、美国 15.6 万人、泰国 13 万人等。虽然 1990 年泡沫经济的崩溃使得日本的经济显现预势，但即便如此，学习日语的人数依旧不减。

各个大学中学习日本经济与政治的学生逐渐减少，然而对动漫、漫画、J-pop 等抱有兴趣从而选择研究日本的学生则不断增多。从总体上来看，学习日语的人数反而呈现出一种上升态势。对动漫和漫画的关注成为一个世界性的趋势。如果学生能以此为入门，之后进行高质量的日本学研究的话，我们应当表示欢迎。在德国和法国，人们还很喜欢柔道、剑道、合气道等

---

① 〔日〕内閣府男女共同参画局編「研究者に占める女性割合の国際比較」，『男女共同参画白書』，平成 27 年版，2015。

② 〔日〕国際交流基金編：『海外の日本語教育の现状——2012 年度日本語教育機関調査より』，東京：くろしお出版，2013。

日本体育运动。

漫步世界各地，我惊讶地发现大家广泛而深刻地喜欢着日本文化，这一点一般的日本人根本无法想象。原因无他，就是日本文化具世界影响力。

近年来作为世界语言，大家不断地强调英语教育的重要性。当然作为一个现实问题，在全球化的现代，英语运用能力有多重要这不言而喻。但并不能因此贬低自己国家的语言。战时曾在美国陆军的日语学校中进修的赫伯特·帕辛（Herbert Passin）有一段饶有兴味的发言："我会说几个国家的语言，但是从一种语言变换至另一种语言之时，我的人格、姿态、动作，甚至是头脑的思维方法，都要围绕变换后的语言进行变化。""每当说日语，我吃惊地发现自己竟然还能做到如此彬彬有礼。"① 语言就是这样，日语与日本文化的关系不可分割。而如果学习日本文化能够丰富全世界人民的精神世界，那么我们有必要在重视英语的同时，逐步推广日语。

目前重视自己文化的国家都在致力于自身语言向国际的普及。作为一项国家计划，中国通过孔子学院向国际普及中文以及中国文化。对象国负责提供设施，中国方面负责教师派遣以及资金和教材的提供。截至 2015 年，孔子学院已经在 134 个国家的 1500 所学校开设了课程。② 德国的歌德学院（Goethe Institute）在全世界 97 个国家拥有 147 所德语教室。而法国的法语联盟（Alliance Française）则在 138 个国家开设了 1085 所法语教室。至于英语，虽然世界各国都自发致力于英语教育，然而美国各地也存在很多英语会话教室，免费教外国人英语。

从事海外日语教育的大多还是日本人自己。我们可以看到很多留学生与当地人结婚留下后会选择日语教师作为职业，或者是企业外派人员的夫人希望成为日语教师的情况。我们的思考停留在只要是日本人就能教授日语的层面，但实际上这样的教育效率是很低的。日语教师也是一项高度专业化的职业，需要细致的知识和训练。近年来针对海外的日语教师培训制度逐渐丰富起来。美国的威斯康星大学、哥伦比亚大学、康奈尔大学、俄亥俄州立大学等地就拥有培养日语教师的课程和计划。

然而在欧美的大学，日语教师大多是任期制，比如德国。虽然各州之间有所差异，但任期一般是 3 到 5 年。5 年以后由于无法继续为教师支付社

---

① 〔美〕ハーバート·パッシン：『米陸軍日本語学校——日本との出会い』，東京：TBSブリタニカ，1981。

② 参考孔子学院网址 http://www.hanban.edu.cn/confuciousinstitutes/node_10961.htm。

会保障金，州政府不希望长期雇用。但这种做法会使日语教师心有不安，也就无法认真从事工作，对于熟练人才的培养自然是不利的。

五　与日本有关的图书

美国大学的日语图书馆藏资源是相当丰富的。拥有最大日语书藏书量的是美国国会图书馆，约为 121.5 万册。这是因为美国要求所有的出版社需向议会图书馆寄送拷贝，这点日本也是一样。除此之外，加州大学伯克利分校拥有 41.3 万册、哈佛大学燕京图书馆拥有 35.4 万册、哥伦比亚大学东亚图书馆拥有 33.8 万册、密歇根图书馆拥有 31.9 万册、耶鲁大学图书馆拥有 28.6 万册、芝加哥大学图书馆拥有 24.5 万册。可见美国大学的日文书籍保有量非常之多。[①] 而且在大多数图书馆中，日语书、汉语书、韩语书三者一般都放在一起借阅。

加州大学伯克利分校在 2007 年将东亚书籍独立出来，建立了 C. V. 斯塔尔（C. V. Starr）东亚图书馆。斯塔尔本人提供了巨额资金，而日本的佛教传道协会也捐赠了 50 万美元。另外哥伦比亚大学也有一所 C. V. 斯塔尔东亚图书馆。

加州大学伯克利分校的日语藏书中，有三井文库提供的 10 万册的木刻本和手抄本。这 10 万册中，80% 藏于学校图书馆，剩下的分别保存于另外两所书库。在日本，很多图书馆常常会以收纳空间不够为由，不接受其他组织或个人捐赠的图书。但伯克利分校会在接受捐赠后留下必要的书籍，其他的则廉价出售给教职员工。这是一个很合理的办法，日本也应当借鉴。

哥伦比亚大学的 C. V. 斯塔尔东亚图书馆保存了该校教授唐纳德·金的捐赠物。这些捐赠物包括日本作家寄给他的签名书，还有大量的往来信件。匹兹堡大学东亚图书馆中藏有旧三井银行金融经济研究所的藏书 6 万册。而康奈尔大学保存了前田爱的 1.3 万册藏书，加州大学伯克利分校则藏有远藤周作的 7000 册藏书。

全世界的日本研究机构都想拥有充足的日语图书，但很多地方因预算过少无法满足这一需求。比如在意大利的一所著名大学中，我就听到了这样的感慨。那些在日本不易购得的书籍如果能够去往需要它们的地方，才

---

① 参考东亚图书馆协会公布的 2015 年度资料。

算是真正"活"了起来。接收方如果能够负担运费的话自然是好，但如果到了运费都难以解决的情况时，日本方面是否也可以自费运送呢？

大多数大学都会将所藏资料的一部分置于远离大学的保存书库。芝加哥大学图书馆就将 24.5 万余册日本图书资料集中藏于一地，供研究人员和学生搜索使用。对于这些人来讲，如此之多的资料势必会对其产生巨大的学术刺激。为了顾及使用者的方便，图书馆直到凌晨一点才闭馆。

如果要研究前近代的日本文学和日本史，那么就必须要参考手抄本或木刻本资料。但美国基本没有原始资料，学者必须赴日进行实地调查。日本的国文学资料馆目前正在对资料进行拍照扫描。希望这些资料数据库能够完全公开，如此在美国也可远程使用。

美术领域有一项名为 Japan Art Project 的计划。这项计划是 1995 年国际交流基金和国际文化交流推进协会共同开展的，现在被国立新美术馆继承。该计划主要负责向海外的日本美术研究机构寄送平时难以入手的日本展览会的展品名录。目前与美国的弗瑞尔美术馆、哥伦比亚大学艾瓦里建筑与艺术图书馆、荷兰的莱登大学东亚图书馆、澳大利亚的悉尼大学费舍图书馆有合作关系。作为反馈，接收方单位也会向日本回赠在海外召开的日本美术展览名录。不论是对日本也好，对世界其他国家也好，这都是一桩意义丰厚的事业。

从哈佛大学东亚研究图书馆脱胎于负责中国研究的燕京研究所一事也可看出，基本上美国大学的中文藏书要多于日语藏书。因为这些大学有着深厚的中国学研究背景，从业人数也相对较多。而且中文书的价格较日语书也相对便宜，进一步推动了这种倾向。

美国的俄亥俄州立大学有一座漫画研究图书馆。为了能够一窥日本的漫画全貌，图书馆广泛收集资料。目前该图书馆仅日本漫画就有 2 万册以上，另外还收藏了 30 万张漫画原画，其中就有战后在神田购得的一张价值 32 万日元的手冢治虫原画。

德国大学与美国对照鲜明。与美国在各大学图书馆收藏日文图书的方法不同，德国通过国立图书馆集中购买图书，并设立了供各大学研究人员借用的物流系统。运费为 2 欧元，一次可以借阅 4 个星期，一般 3 天就可送达。虽然需要一些时间和工夫，但在经济上不失为一个合理手段。不过国立图书馆的日语藏书总共约 23 万册，稍大一些的大学也就是 2 万~5 万册的程度，在规模上与美国大学相去甚远。

法国的法兰西公学院（Le Collège de France）实际上是一家没有学生和校园的研究所，有着 50 多名教授。这里的图书室拥有约 3 万册日语图书，虽然数量上仍不能与美国的大学图书馆相比，但很多都是近世之前的书籍、原典以及一些基础资料，可见他们是希望做一些正式研究的。古典文库、时雨亭丛书、东洋文库、大日本史料以及古代词典等基础文献，这里一应俱全。

六　翻译与出版

对于欧美的学者来讲，能够在欧美诸语之间相互翻译并不能算学术业绩，翻译费也非常低。即便翻译与欧美语系差异较大的日语依然如此。如果想获得一点学术上的好评，那么就必须在翻译中加上详细的注或者解说。因此海外的日本研究人员将日语作品翻译成本国文字是很不容易的。在日本，每当国际交流基金等机构发放援助基金时，就会有出版社找上门来。所以国外的翻译出版事业也有必要颁布一套援助制度。

颇有意思的是，在柏林自由大学的伊尔梅拉·日地谷·基修莱特（Irmela Hijiya-Kirschnereit）教授的编纂工作下，1993 年至 2000 年，德国因塞尔出版社出版了一套全 32 册的德译本日本文学系列，名为"日本文库"。收录作品以及译者的选择全由教授来主持。

这个系列没有《古今和歌集》《方丈记》那样的古典作品，也没有夏目漱石《我是猫》、岛崎藤村《破戒》、森鸥外《正在施工》（『普請中』）、谷崎润一郎《武州公秘话》、川端康成《浅草红团》等已经以德文出版的著名作品；而是选择了宇野千代《某女的故事》（或『る一人の女の話』）、圆地文子《女面具》（『女面』）等女性文学，或者是古井由吉《圣》、丸谷才一《女人最好的年华》（『女ざかり』）等刚刚被引入德语圈的作家作品，还有西田几多郎《善的研究》、加藤周一《羊之歌》等丰富多样的作品，全凭编者广博的见识而选。每一卷都有详细的解说，能够帮助德国人理解作品中的意味。

为了向大家提供优良的德文译本，这套丛书十分用心。其中有作品一开始选择了好几个人试译，到第三个译本才最终敲定。如此优秀的编者所编纂的日本文学丛书，对德国人深入理解日本文学起到了巨大的作用，这无须多言。

柏林的森鸥外纪念馆也将很多日语书籍译成德文，赠送给了世界上约120 所大学或机构。

　　为了挖掘和培养优秀的文学译者，2010 年德国文化部召开了首届翻译比赛。此次比赛主要以英语和德语为对象，准备了小说、评论、散文作品各 3 篇，参赛者须在 3 种文体中各选 1 篇，翻译后上交评审。2015 年举办的第 2 届翻译比赛则只以英语为对象。不过从发掘、培养优秀译者的目标来看，翻译语种应该逐年增多，而且赛制也应当改为 1 年 1 届。

　　在意大利，吉本芭娜娜的书很受欢迎，因为译文翻译非常优秀。很多人甚至认为译本超越了原作。我们暂且不谈一部译作的水准是否能够超越原作，但这恰恰表明了翻译的重要性。川端康成和大江健三郎之所以能够获得诺贝尔奖，除却原作本身的优秀，良好的翻译也功不可没。

　　日本国文学研究资料馆伊藤铁也教授的调查显示，《源氏物语》已被翻译为 33 种语言，成为世界文学。① 英文译本有阿瑟·威利（Arthur Waley）1925 年的译本，使用现代英语的赛登施蒂克译本，还有将《源氏物语》最新研究成果带入翻译的罗亚尔·泰勒（Royall Tyler）译本，等等。它们和奥斯卡·本尔（Oscar Benl）教授的德文译本、鲁内·西非尔（René Siefert）教授的法语译本一道，都是评价颇高的著名译本。即使一部作品已经被翻译，为了追求更为优秀的表达，多次尝试也是有必要的。

　　村上春树在世界各地拥有极高的人气。在哈佛大学的书店，村上春树的作品从十多年前到如今一直牢牢占据着一整个书架。2009 年村上在加州大学伯克利分校做讲座，当时额定 2000 人的会场座无虚席，甚至还有听众无法入场。而华盛顿的乔治敦大学则曾在某年指定村上春树的《神的孩子全跳舞》为大一 1200 名新生的课题书目。

　　当然也有一些出乎我们意料的热门作品。吉川英治的《宫本武藏》是1000 多页的大部头，但在美国的发行量竟然有 10 万多部之巨。原因可能是受到黑泽明电影的影响，但作为一个具有普遍性的主题，这个通过学习剑术而确立内在自我的故事深深地抓住了美国读者的心，且这部作品在欧洲也很畅销。

---

① 〔日〕伊藤鉄也：エスペラント 訳，『源氏物語』は33 種類目の言語による 翻訳。（译者注：网址为 http://genjiito.sblo.jp/article/179012769.html.）

结　语

以上是我对海外日本学研究的一点管窥之见，非常荣幸能和各地的日本学研究者进行深入的探讨。但在发表研究成果之前，我产生了一些困惑。因为现在出版业界的情况不容乐观，以日本研究为主题的书籍出版得也很不够。所以我虽在美国出版了一本以日本文化为主题的著作，但是其中能够分配给日本研究的部分非常有限，只能寥寥介绍其中几位研究者，这使我深感遗憾。

在海外进行调查研究需要高额的费用。如今想要获得援助资金纯属奢望，所以要将这样一项费用高昂的研究继续做下去是很困难的。

除了上述个人情况，当漫步在海外的日本研究机构之时，我深深地感受到对日本研究的援助甚少，日本研究自身的状况也十分艰难，令人唏嘘。国际交流基金虽然也在拼命努力，但它的预算本来就不高，近年来更是急剧下降，事态令人忧虑。日本应当给公共机构投入充足的预算和人员，大规模且持续地调查海外日本学研究的真实情况。我强烈建议日本政府要在学问研究以及文化领域保证充足的预算，这也是为了日本的将来。

Studies and problems of Japanology in Europe and America

法国日本研究的现状与动向

〔法〕堀内·安妮可·美都[*]（Annick Horiuchi）著

张龙妹[**] 译

  法国的日本研究历史悠久。本文聚焦从 1990 年代到现在（2020 年）为止的 30 年。另外，所谓法国的日本研究，并不一定是法国人的日本研究，而是指在法国的大学、高等研究机构中任职的欧洲研究者的研究业绩。法国日本研究主要涉及的领域也非常广泛，但由于笔者自身知识范围有限，本文将重点放在与笔者专业相关的历史与文化史方面，具体为历史、文学、美术史、宗教史、民俗学等研究领域，将按时代介绍到近代为止的这些领域的研究成果。至于笔者不熟悉的语言学、社会学等方面的研究，将不予涉及。

一　法国的日本研究综述

  法国关于日本史的研究以中世、近世、近代为主，虽然也有研究现当代史的，但几乎没有研究者染指战后历史。这一现象的形成，主要与在法国到底能够获得多少历史资料有关。到 1990 年代为止，即便来到日本，能够持续地阅读资料的机会并不多，而且，即便能够获得一手资料，那时的研究者们并没有接受过如何充分解读资料的训练。为此，法国的日本研究倾向于研究思想史、宗教史、文学，研究资料也主要依赖于铅字出版物。从时代上来看，更多地关注开始与西欧交涉的明治时期。而至于战后史，美国的研究者在这一领域有着非常出色的成果，也可能因此法国的研究者

---

* 堀内·安妮可·美都（Annick Horiuchi），巴黎城市大学（Université Paris Cité）教授。
** 张龙妹，北京外国语大学北京日本学研究中心教授。

才对涉足这一领域有所保留。不过，也有一个例外，那是 2000 年初，法国国立东方语言文化学院（Institut national des langues et civilisations orientales，简称 INALCO）的教授迈克尔·勒肯（1969 ~，M. Michael Lucken）等众多研究者参与的一项共同研究，其成果于 2007 年以《"战后"：战争结束后的日本》出版，收录了从文学史、思想史、社会史等多角度探讨日本战后问题的论文，该书于 2014 年出版了英译本《日本战后》（*Japan's Postwar Routledge*，2011），获得了很高的评价。

2000 年之后，上述状况发生了根本性变化。研究者有的在日本接受了大学教育，同时，人们也可以在互联网上获取丰富的第一手资料。为此，研究也充实起来，与之前的研究相比，讨论的内容更为细致，与日本人的研究的交涉点也增加了。不过，这并不意味着法国的研究模式日本化了。在问题意识、方法论等方面，依旧是依据欧美的研究方法和理论的，法国人历来关注的研究领域也没有发生多大变化。从这个意义上来说，这一现象的好坏虽然另当别论，但法国日本学的传统是得到了保持的。其中，法国人最为关注的研究，是把日本当作世界的一部分，或是作为东亚的一个区域，探讨日本与其他国家的关系，以及他国的日本形象叙述；或者是通过比较，探讨日本的独特性。这样的全球化视角，在共同研究中尤为突出。

二　古代·中世史研究

首先介绍高等研究实习院（École pratique des Hautes Études）名誉教授弗朗辛·赫拉尔（1929 ~，Ms. Francine Hérail）的研究业绩。赫拉尔教授最初研究 11 世纪朝廷的官职、官员，其后翻译出版了平安时代公卿们的日记（藤原道长的《御堂关白记》、藤原资房《春记》等）以及同时代文人、学者的文学作品、上奏文、法令集等众多文献、文学作品。在翻译作品中，尤为令人瞩目的是藤原明衡的汉文体作品《新猿乐记》、平安时代的法令集《类聚三代格》。赫拉尔教授对译文都做了详尽的注释，解读平安时代的政治体制、经济结构。她同时也是一位杰出的教育者，她监修的教材迄今依旧是法国学生不可或缺的参考书，翻译成日文的著作有被收入平凡社"法国·日本学丛书"的《贵族们、官僚们：日本古代史断章》（『貴族たち、官僚たち：日本古代史断章』，平凡社，1997）等。

夏洛特·冯·韦尔舒尔女士（1955 ~，Ms. Charlotte von Verschuer）与

赫拉尔教授同属一个系列，也是高等研究实习院名誉教授，她以中日关系为出发点的研究业绩也值得关注。冯·韦尔舒尔教授从物质层面探讨中日关系以及古代王朝的经济状况，通过详细解读史料，经常能够提出颠覆常识的学说。其成果的一部分已经被翻译成日语。例如《物品讲述的日本对外交易史：七一十六世纪》（『モノが語る日本对外交易史：七一十六世紀』藤原书店，2011）是她的代表作，法文原著 1988 年初版，修订版发行于2014 年，2006 年还出版了英译本。她对于古代"五谷"的含义、以"米"为中心的文化之起源的探讨，也被介绍到日本（「日本古代における五穀と年中行事」，『史学雑誌』118（1），2009，第 37 ~ 59 頁）。此外，其对渡海来到中国的日本僧人的足迹、中日外交研究也多有涉及。

三 宗教史研究

对于日本中近世的宗教史的研究，法国的研究者留下了不少业绩。这一研究领域之所以得到发展主要依赖于伯纳德·弗兰克教授（1927 ~ 1996，Bernard Frank）。弗兰克教授的兴趣在于文学与宗教，他于 1979 年被任命为法国学院（Collège de France）的第一任日本学讲座教授，在任期间他授课的主题就结合了文学与宗教。他生前的著作当中，法译《今昔物语集》虽是摘译，却是翻译的名篇。在佛教方面，向世人介绍了爱米尔·吉美（1836 ~ 1918，Emile Guimet）收藏的千余枚寺院佛像，这一功绩非同寻常。他自身对佛教的图像学以及民间信仰抱有强烈的好奇心，一生中收集的寺院"御绘札"（みえふだ），在他逝世以后捐献给了法国学院的图书馆。其代表作《日本佛教曼荼罗》（『日本仏教曼荼羅』藤原书店，2002）、《风流与鬼——平安的光与黑暗》（『風流と鬼——平安の光と闇』平凡社，1998）、《御绘札上的日本佛教》（『「お札」にみる日本仏教』藤原书店，2006）、《避忌方位——平安时代的方位禁忌研究》（『方忌みと方違え——平安時代の方角禁忌に関する研究』岩波书店，1989）都可以通过日语阅读。

弗兰克教授的研究也能引起一般读者的兴趣。但其后展开的这一领域的研究，都是些专业性比较强的内容，是一般读者难以接近的。其实，弗兰克教授对于宗教、民众信仰、文学、语言的热爱，是被弗兰克教授充满人情味的人格所深深吸引从而投至其门下的弟子们所共有的，可以说已经形成了一个"传统"。目前担任法国学院"日本文明的文献学"讲座教授的让·诺埃尔·罗伯特教授（1949～，M. Jean-Noël Robert）比弗兰克教授更加重视宗教与文学、语言的关系，以其特有的分析方法，构建了独特的日本文化形象。罗伯特教授也是法国佛教研究的第一人，其研究成果得到了很高的评价，2022 年获得了日本"人间文化研究机构"颁发的"第三届日本研究国际奖"。他从研究天台宗的教义书出发，超越狭义的宗教史研究，最大限度地运用汉语、和语、梵语的语言学知识，探索佛教用语是如何渗透到日本文化的各个角落的。他还以日语中的和语与汉语的关系为出发点，认为在一个语言中，两种语言以俗语与雅语（圣语）的形式共存，这样的语言等级背后存在着宗教因素，他将这一特殊的语言现象表述为异语言混淆性（Hyéroglossie），并就这一现象展开了广泛的、多文化视域下的共同研究。罗伯特在自身的研究上，也以异语言混淆性为主要指针来探讨日本文化的构造。为达此目的，他主要从中世至江户时代的文学作品及宗教人物的著作（《源氏物语》以及慈圆、道元、井原西鹤、本居宣长等人的作品）中获得灵感。

与罗伯特同一年代、同为弗兰克教授弟子的法国国立远东学院（École française d'Extrême-Orient）的名誉教授弗里德里克·吉拉尔（1949～，M. Frédéric Girard）也长期从事中世、近世的佛教思想研究，在众多著作中，最有特色的是有关明惠上人《梦记》及道元与中国天童寺僧人如净对话的研究。吉拉尔的佛教研究具有浓厚的哲学色彩，尤其注重佛教用语，其研究的代表性成果为两卷本的大作《日本佛教语汇集》（*Vocabulaire du boud-dhisme japonais Deux Tomes*，Droz，Genève，2008）。吉拉尔也关注耶稣会传教士与佛教僧人之间的论争。

与吉拉尔、罗伯特一样，他们的研究从古代直到近世，并不局限于某一时代，将日本文化广泛地与其他国家、地区的文化进行比较，以此把握日本文化的特性。这样的研究者，还可以举出阿兰·罗彻（1952～，M. Alain Rocher）和弗朗索瓦·马塞（1947～，M. François Macé）。目前，前者为高等研究实习院，后者为法国国立东方语言文化研究院的名誉教授。他们都以《古事记》《日本书纪》为出发点，研究日本的古代神话、神道、国学思想等。前者在东亚背景中探讨日本神话、占卜术；后者在东方语言文化研究院任教多年，是位杰出的教育工作者，他的研究增进了法国人对神道、国学思想的理解。其专著《古事记神话的构造》（『古事記神話の構造』，中央公論社，1989）是用日语写成的。这两位目前正在合作翻译《古事记》，期待法译本《古事记》的出版。

四 近世宗教史·信仰史研究

比弗兰克仅仅年轻 10 岁左右的高等研究院名誉教授哈特穆特·罗特蒙德（1939 ~ ，M. Hartmut O. Rotermund），活跃在 20 世纪 90 年代至 21 世纪 10 年代。他用法语和德语发表了诸多研究成果，可圈可点的成果颇多。罗特蒙德教授出生于德国，在汉堡大学和巴黎第七大学（2022 年改名为巴黎城市大学）获得博士学位。他运用在罗伯特和吉拉尔的研究中不被使用的文化人类学的方法，为法国的日本学研究做出了贡献。罗特蒙德研究的出发点是中世日本修验僧的日常以及他们的社会作用。他用法语介绍了修验僧野田泉光院的旅行记《日本九峰修行日记》，该作品生动地反映了 19 世纪前半期日本的风俗。此后其广泛关注中世至近代的民众信仰，以一些往往被忽视的资料为依据，研究日本人的身体观等；代表著作有《疱疮神：江户时代与疾病相关的民间信仰研究》（『疱瘡神：江戸時代の病いをめぐる民間信仰の研究』，岩波書店，1995）。

与弗兰克、吉拉尔、罗特蒙德三位相比，马蒂亚斯·哈耶克（1980 ~ ，M. Matthias Hayek）要比他们年轻许多，但在研究动机上却与三位存在着诸多共同点。哈耶克同时接受弗朗索瓦·马塞和国际日本文化研究中心教授小松和彦的指导，研究近世社会中处于边缘身份的占卜师"阴阳师"的占卜手法，并获得了博士学位。哈耶克最为关注的是"阴阳师"们运用的书籍，他仔细地解读这些书籍，探讨在整个 17 世纪中占卜术发生了什么样的本质性变化，增加了怎样的学问性色彩。现在已经升任高等研究实习院教授的哈耶克，正在通过追踪当时的出版物，探讨那些在近世仍旧深入人心的民间信仰，是如何在近代化的浪潮中被重新解读并被边缘化的。与此同时，他与后文将要介绍的丹尼尔·斯特鲁夫（M. Daniel Struve）教授一同，就近世时期的"随笔"这一文学体裁的发展，正在进行一项基于作品文本分析的共同研究。

日本近世的宗教史，尤其是吉利支丹史，很早就引起了研究者的关注。尤其引人瞩目的是那些吉利支丹大名、传教方法、吉利支丹出版物、与佛僧的论争、吉利支丹镇压等课题。现在流行的研究，已经不再拘泥于传教士视角，而是能够运用丰富的资料，着眼近世日本社会整体，关注传教的社会影响、基督教的渗透程度、信仰的各种表象等。其中，巴黎城市大学教授娜塔莉·库阿梅（Ms. Nathalie Kouamé）和法国远东学院准教授马丁·诺盖拉·拉莫斯（1985 ～，M. Martin Nogueira Ramos）的研究值得关注。

前者并不局限于吉利支丹史，在一般意义上的宗教社会史研究方面业绩卓著。库阿梅教授的方法论的特点在于，将近世日本的宗教现象与信仰分离，只是从社会学观点，或是政治学观点进行分析。为此，开展了与那些醉心于宗教的研究者们充满同情意味的言说完全不同的、讽刺意味十足的研究。比如，有关方济各·沙勿略（1506 ～ 1552，Francis Xavier）在日本的行动、与佛教徒的对话、大村纯忠改宗、吉利支丹镇压等问题的探讨，她都有独得之见。而这些研究实际上则是基于她对于通行学说的怀疑。库阿梅教授不认为日本人中存在着认识到基督教的绝对价值，而那些宗教性行为是出于他们的信仰的。库阿梅女士在着手进行吉利支丹研究之前，曾研究过四国巡礼活动、水户黄门德川光圀（1628 ～ 1700）的宗教政策等。对于她完全摒弃了信仰心而得出的研究结论，必须说，还是有历史学者表示怀疑的。目前，她作为项目主持人，正在倾全力从事"横跨非洲、美国、亚洲的史学史（historiography）百科全书"这一共同研究，动员了众多的研究者，致力于让欧美的研究者能够更好地理解中国、朝鲜、日本的史学史研究方法和成果。

后者诺盖拉·拉莫斯准教授在博士论文中探讨了江户时代及明治初期的隐秘吉利支丹的动向。在早稻田大学接受大桥幸泰教授的指导时，拉莫斯的关心点在于作为民众信仰的基督教。他充分运用为数不多的资料，追问在德川幕府的监视下，被称为吉利支丹的农民们是如何使这一根植于外国的宗教在日本存续下来的。拉莫斯也研究初期吉利支丹，运用梵蒂冈的耶稣会文书、巴黎外国传教会、荷兰东印度公司等保存下来的资料，从不同的视角，探讨九州村民的基督教信仰。

本节最后介绍一下在宗教和美术史领域颇有作为的法国国立远东学院教授弗朗索瓦·拉肖（1967 ～，M. François Lachaud）的研究。拉肖最初关注的是佛典以及佛教文学中有关死体腐烂（尤其是女尸）的象征体系。从佛典及日本的战后文学中收集相关的描写以及各类映象，根据这些材料，分析有关腐尸的信仰和功能，写出了一篇史无前例的博士论文。拉肖研究的特色在于，不问东亚还是西欧，也不拘泥于时代，从众多的文学作品及美术作品中寻找素材，考察日本文化，尤其是与佛教文化之间的密切关系。拉肖的研究课题中，还包括黄檗宗禅僧、卖茶翁传说等。拉肖会在探究这些课题的根源的同时，关注与黄檗宗相关的思想、文化。

五　近世史・文化史・美术史研究

关于近世日本的研究，研究者人数也有所增加，视角和方法也比较丰富，但主要还是集中在文化史方面，政治、社会、经济方面的研究可谓是凤毛麟角。其中，社会科学高等研究院教授吉约姆・卡内（1970 ～，M. Guillaume Carré）充满开拓性的研究令人瞩目。卡内是在东京大学吉田伸之教授的指导下研究近世都市史的，毕业后也与吉田教授及同门弟子进行过不同的尝试，在都市史研究方面留下了与众不同的业绩。他关心的范围极为广泛，一贯重视与欧洲史的比较视角。他研究的出发点是在金泽经营药材的石黑家文书，其后从各种角度考察了日本的通货制度，还动员了日法两国的历史研究者，开展了近世传统都市的比较研究，共同编著的《传统都市比较：饭田与沙勒维尔》（『伝統都市を比較する：飯田とシャルルヴィル』東京：山川出版社，2011）是用日法两种语言出版的。2010 年以后，又将兴趣移向朝鲜，2019 年出版了《暴风雨前夜：直面日本威胁的朝鲜（1530 ～ 1590）》（法语），以《朝鲜王朝实录》等文献为依据，研究丰臣秀吉侵略之前的朝鲜王朝的军事、货币政策等。他还对日本与清朝的关系有所涉及。

关于近世时期，科学史、美术史、技术史也引起了法国研究者的兴趣。在科学史、科学思想领域，堀内・安妮可教授（1959 ～，Ms. Annick Horiuchi）、美惠子・马塞教授（Ms. Mieko Macé）、马赛厄斯・维古鲁教授（1978 ～，M. Mathias Vigouroux）等在数学史、医学史方面所做的基础性研究不容忽视。巴黎城市大学的堀内教授的博士论文（有英译）考察了活跃在和算全盛时期的关孝和（1635？ ～ 1708）与建部贤弘（1644 ～ 1739）在数学方面的贡献，结合 17 世纪末 18 世纪初的社会背景及知识背景，对他们的贡献进行了历史定位。其后，堀内教授以 18 世纪后期荷兰语翻译以及荷兰学者为中心，多方位探讨近代意识的萌芽。2019 年以后，她与巴黎城市大学的朝鲜史专家皮埃尔 – 伊曼纽尔・胡（1979 ～，M. Pierre-Emmanuel Roux）合作，关注九州在东亚地区所具有的"结节点"这一特性，动员了日本内外的研究者，调查九州特有的文化、知识、技术积累以及人员往来。

美惠子·马塞与堀内的方法比较接近，在研究医学史的过程中，时刻关注文化背景的差异。她的重点在于研究日本对西欧医学的接受上，通过新的医学用语的形成等细节，关注近世、近代的医学状况。现为二松学舍准教授的维古鲁，是从全球化的角度，考察针灸技术如何从中国、朝鲜传到日本，又从日本传往西欧的，并进一步探索这一过程中传播内容与途径上的差异。这样的研究目前还非常罕见，今后的深入与展开值得期待。

关于近世美术史研究，法国这方面的专家为数不少。现任法国国立远东学院的克里斯托夫·马尔克（1965～，M. Christophe Marquet）的研究尤为卓越。他的兴趣广泛，从研究明治时代的美术出发，关注日本文化遗产的保存、日本美术史的变迁、美术教育史、明治时期的西洋画家兼工艺家浅井忠的功绩等研究领域，目前从事以浮世绘、插图绘本、大津绘为代表的近世庶民绘画研究，也参与浮世绘、以日本主义为题材的绘画作品的展览策划。他与克莱尔－碧子·布里塞（Ms. Claire-Akiko Brisset）、玛丽安·西蒙－及川（Ms. Marianne Simon-Oikawa）共同编撰了《探讨日本文字文化：从日法的视点出发》（『日本の文字文化を探る：日仏の視点から』，勉誠出版，2010），与林洋子一同编著了《编织文本与映像：出版文化的日法交流》（『テキストとイメージを編む：出版文化の日仏交流』，勉誠出版，2015）以及专著《大津绘 民众的讽刺世界》（『大津絵 民衆の諷刺の世界』，角川学芸出版，2016）。

与马尔克类似，独立于正统的美术史，克莱尔－碧子·布里塞和玛丽安·西蒙－及川二人都是根据丰富的资料，对文本和映象进行具体分析研究的。她们都曾供职于巴黎第七大学（现为巴黎城市大学）文学部的"文象研究所"（Centre d'étude de l'écriture et de l'image），在长期担任该研究所所长的安妮·玛丽·克里斯汀（1942～2014，Ms. Anne-Marie Christin）独特的方法论的引导下，从事日本美术和文学的研究。她们的方法便是，跨越国界，关注所有文本和映象的形状，着眼于它们之间的联系，或是探讨文字、映象的构造性、物质性、象征性意义。

布里塞在博士论文阶段研究了巧妙使用文字的大和绘的一种"苇手"，其后从事了各种研究，其中，针对被称为"判物"（判じ物）的、文字与图像融为一体的作品，动员了东西方的专家开展了共同研究。诸多出版物中，其与他人共著的《〈酒饭论绘卷〉影印与研究》（『酒飯論絵巻 影印と研究：

文化庁本・フランス国立図書館本とその周辺』，臨川書店，2015）颇受关注。《酒饭论绘卷》一直被认为是 16 世纪珍贵的风俗画之一，相关研究著作也众多。但这部绘卷作品之所以被关注，得益于下文将要提到的布里塞与艾斯特尔・鲍尔（Estelle Bauer）、维罗尼克・贝兰格（1969 ~，Véronique Béranger）的共同研究，其时，他们将文本翻译成法语，对绘画本身及其文化背景等进行了多方位的分析探讨，在法国获得了很高的评价。

任职于巴黎城市大学的玛丽安・西蒙 - 及川的研究与布里塞有不少共同点，她关注近世以及现代的文学作品、出版物中对文字、绘画的利用。在上文介绍布里塞时提到的"判物"（判じ物）应该是个很好的例子，这项共同研究很大程度上依赖于西蒙 - 及川的思路。具体来说，她既关注以文字绘、游戏绘为代表的江户时代的绘画，还着眼于 20 世纪的视觉诗、象形诗。西蒙 - 及川曾考察过法国前卫诗人皮埃尔・加涅尔（1928 ~ 2014，Pierre Gagnaire）与日本诗人新国诚一（1925 ~ 1977）的交流，也出版了关于法国的视觉诗人皮埃尔・阿尔伯特・比罗（1876 ~ 1967，M. Pierre Albert-Birot）的专著。除了上文提到的出版物以外，被翻译成日语的编著还有《文本与映像：献给安妮・玛丽・克里斯汀》（『テクストとイメージ：アンヌ＝マリー・クリスタンへのオマージュ』，水声社，2018）、《绘画》（『絵を書く』，水声社，2012）。后者是关于法国文学的论著，有助于了解她的研究方法。

法国国立东方语言文化学院教授艾斯特尔・鲍尔（Ms. Estelle Bauer）的研究，属于正统的美术史研究，她的主要研究对象是古代、中世时期的绘画。她的研究大致有两个方向，其一是通过与法国美术史的技法或者是与西方美术品进行比较，来探讨日本绘画的特点。2011 年参与策划的题为"贝约（Bayeux）的挂毯与绘卷：中世的动画"展就是一例。其二便是调查欧美的图书馆、美术馆中收藏的日本美术品，挖掘那些已经被遗忘的或者是根本无人知晓的作品。有关法国国立图书馆藏《酒饭论绘卷》的研究、策划枫丹白露宫所藏日本美术品的展览便是这方面的例子。鲍尔的研究中尤其获得赞许的是有关《源氏物语》绘画的研究。2007 年，她挑选了与《源氏物语》各场景相对应的未公开的源氏绘，搭配勒内・希费尔（1924 ~ 2004，René Sieffert）的《源氏物语》译文，出版了《紫式部的源氏物语 传统绘画插图本》（*Le dit du Genji de Murasaki Shikibu illustré par la peinture traditionnelle japonaise*）。

六　中世至近世的文学研究

法国的日本古典文学研究非常盛行，也不乏杰出的专家。这些专家大都是深受巴黎第七大学（现在的巴黎城市大学）的名誉教授杰奎琳·皮若（1939～、Ms. Jacqueline Pigeot）课堂感化的皮若的弟子们。即使是在皮若离开教职以后，也与其弟子寺田澄江、米歇尔·维耶尔－巴隆（M. Michel Vieillard－Baron）、丹尼尔·斯特鲁夫（1959～、M. Daniel Struve）以及上文已经介绍过的克莱尔－碧子·布里塞等进行共同研究，翻译出版了《海道记》、鸭长明的《无名抄》以及江户时代的文学评论集。

皮若自身的研究中，尤其令人关注的是关于"道行文"（みちゆきぶん）这一中世特有的文学形式的研究。她一方面分析其作为诗歌的结构，另一方面追寻《万叶集》以及平安文学中地名以及"道行"表达的谱系，展现了其博学且缜密的分析技巧。遗憾的是，她 2009 年再版的《道行文：日本古典文学中行路诗学》（法语）迄今没有日译本和英译本。皮若还关注日本中世时期（11 至 13 世纪）的女性，以文学文本为基础，调查了有关游女、白拍子、巫女的描写以及她们的社会地位，汇集成了专著。她的日语理解深刻，文本解读的严密性和准确性出类拔萃。她自身的文体简洁精炼，所翻译的法译日本古典文学获得非常高的评价。译著有藤原道纲母的《蜻蛉日记》、鸭长明的《发心集》、作者不详的《关东纪行》《福富草子》等多部。翻译成日语的研究著作有《类聚：日本的修辞法传统》（『物尽し——日本のレトリックの伝统』，平凡社，1997）。

寺田澄江（1948～）是在皮若的指导下获得博士学位的，学位论文题为《日本诗歌的映像：锁连歌的起源》（法语，2004）。其后寺田加入了《源氏物语》共同研究小组，认为有必要重新开展这一作品的研究，参与到连接欧美及日本众多专家的共同研究中。虽然早在 1970 年代，勒内·希费尔就翻译出版了《源氏物语》，但其后，译者们仅仅尝试部分重译。共同研究小组在从事研究的同时，正在推进整部作品的重译工作。他们通过设定研究题目、关键词来接近作品，其成果的一部分已经在日本出版，如《源氏物语的透明性与不透明性》（『源氏物语の透明さと不透明さ：場面・和歌・語り・時間の分析を通して2008 年パリーシンポジウム』，青簡舍，2021）、《身与心的位相：以源氏物语为起点》（『身と心の相位：源氏物语を起点と

して：2020 年国際オンラインラウンドテーブル』，青簡舎，2021）等。

同为皮若的弟子，与寺田一同主持《源氏物语》研究项目的有巴黎城市大学的丹尼尔·斯特鲁夫教授。斯特鲁夫教授的专业是近世文学，他的博士论文考察了井原西鹤的"小说"这一文学体裁产生的文化遗产、时代背景等。他的方法论是正统的，重视文本，细致地解读作者的手法、文体、主题以及隐藏于背后的经济思想。西鹤可以说是他的终生研究课题，虽然他之后也涉及其他文学作品、作家（《源氏物语》、芭蕉、西川如见、上田秋成等）的研究，但对于西鹤的文体、创作思想的理解一直是其研究的出发点。被翻译成日语的论文有《西鹤晚年好色物中男性的容止及其在叙事中的功能》（「西鶴晩年の好色物における「男」の姿と語りにおける機能」，『アジア遊学』195 号，勉誠出版，2016）、《〈西鹤大矢数〉与西鹤文学的移动与交换》（「『西鶴大矢数』と西鶴文学における移動と変換」，篠原進他編『ことばの魔術師西鶴：矢数俳諧再考』，ひつじ書房，2016）等。

最后，介绍一下在文学与思想史之间、在明治时代与江户时代之间自由往来的尼古拉斯·莫拉德（1972 ～，M. Nicolas Mollard）。现在是国立里昂第三大学准教授的莫拉德在日内瓦大学和东京大学学习日本文学，在博士论文中考察了文学家幸田露伴的现代性的自我认同的形成，其后关注曲亭马琴（1767～1848）、为永春水（1790～1843）等为代表的近世后期文学中的"虚构文学作家"。莫拉德还不拘泥于时代和文学体裁，对 20 世纪的作家桥川文三（1922～1983）也表示关切。他在文化史方面的研究也值得关注，有论文考察了由萨摩藩与琉球的文人交流而诞生的本草著作《图鉴本草》（『質問本草』）。

如上所述，法国的日本学研究中，从事近现代文化研究的也不少，限于篇幅，本文无暇具体涉及。总体来说，与中近世的研究相比，出现了新的研究课题，比如：明治政府的教育、宗教、殖民政策、社会结构的变化（性别差异、家族制度）、天皇制等。其中，取得了卓越研究成果的有如下共同研究。

图卢兹第二大学的克里斯蒂安·加兰教授（1960 ～，M. Christian Ga-lan）、伊曼纽尔·洛泽兰教授（1960 ～，Emmanuel Lozerand）主持的共同研究所出版的题为《日本的近代家族：话语与讨论》的论文集。这是一本近700 页的大部头论集，从文学、教育、法律、政治、媒体各个方面，解读了明治时期"近代家族"的形成过程。收录的论文虽然并不都在探讨"家族"

问题，但从中可以了解法国学者对近代日本的关注点。

这项共同研究的主持者之一克里斯蒂安·加兰教授被誉为是法国研究日本教育制度、教育史的第一人，获得非常高的赞许。他的著述众多，其中专著《日本的读写指导：政治与教育》（法语）尤其重要。通过在小学执行的读写指导的实践例子，详尽地探讨了自明治维新至 20 世纪 90 年代的教育制度以及指导方法的变迁，是加兰此后的日本教育论的原点。

最后介绍一下原波尔多蒙田大学准教授克里斯汀·莱维（1955~，Ms. Christine Lévy）主持的共同研究来结束本文。这项共同研究成果的一部分，是将刊物《青鞜》的部分内容翻译成法语，也出版了论文集，讨论《青鞜》刊登的女性的代表性言论、20 世纪初女性文学中的女权主义等内容。这些出版物生动、形象地传递了《青鞜》的"现代性"，打破了法国对日本文化所抱有的偏见，具有积极意义。

The Current Situation and Trend of
Japanese Studies in France

荷兰的日本研究[*]

〔荷〕辛西娅·维亚勒 著[**]　　刘玥扬 译[***]

一　莱顿大学的日本研究

考虑到日本和荷兰之间长期而独特的关系，欧洲首个日语专业的教席设立在莱顿大学也不足为奇。1855 年，曾在维尔茨堡大学学习古典语言学的前歌剧演唱家约翰·约瑟夫·霍夫曼（Johann Joseph Hoffmann, 1805 ~ 1878）成为第一位被任命的教授，讲授、研究汉语和日语。1830 年，通过偶然机会在酒店与菲利普·弗朗茨·冯·西博尔德（Philip Franz von Siebold）会面之后，霍夫曼决定放弃他的歌手生涯，跟随冯·西博尔德来到了莱顿。冯·西博尔德希望霍夫曼能够为他的巨著《日本，描述日本的档案》（*Nippon, Archiv zur Beschreibung von Japan*）翻译日语资料。为了霍夫曼能顺利完成任务，冯·西博尔德教给他一些初级日语。冯·西博尔德的中国助理，出生于广州的郭成章用中文讲授一些日语，这为霍夫曼日后更为系统地学习日语铺平了道路。借助类属词典、汉日词典、日汉词典、百科全书和同义词词典，霍夫曼孜孜不倦地编纂了一部语法书《日语语法》（*Japansche Spraakleer*，1867 年以荷兰语和英语双语出版）和词典（1875 年出版）。他的其他出版物也涉猎广泛。1846 年，霍夫曼获得了伦敦国王学院的汉语

---

[*]　原文为 Cynthia Vialle：「Japanese Studies in the Netherlands」，国際日本文化研究センター『世界の日本研究』，2013。
特别感谢莱顿大学现代日本研究教授、日本研究硕士项目负责人卡塔日娜·奇维尔特卡（Katarzyna Cwiertka）教授提供了关于莱顿大学日本研究现状的宝贵信息和资料。

[**]　辛西娅·维亚勒（Cynthia Vialle），莱顿大学历史学院（Institute for History）研究员。

[***]　刘玥扬，哈尔滨工业大学（深圳）讲师。

专业教席，但是在殖民地部长 J. C. 波特（J. C. Baud）的斡旋下，国王威廉三世任命其为荷兰政府日语翻译官，使得霍夫曼能够继续留在荷兰。九年后，霍夫曼被授予教授头衔，他在莱顿大学的职责是为荷兰政府培养日语、汉语翻译官。

由于荷属东印度群岛有着超过一百万的华裔，相较日语，荷兰更重视对汉语的研究。霍夫曼去世近 40 年后，下一任日语专业教授才得以被任命，他就是马里纳斯·德维瑟（Marinus Willem de Visser, 1875 ~ 1930）。德维瑟在莱顿大学学习古典语言学，1900 年其论文《关于非拟人化希腊诸神的研究》（"De Graecorum diis non referentibusspeciem humanam"）参加了答辩。对民族学的兴趣促使他学习汉语，就像莱顿大学民族学教授 J. J. M. 德赫罗特（J. J. M. de Groot，中文名：高廷，译者注）一样，德维瑟起初是中国研究者。1904 年，对德维瑟而言日语变得格外重要，因为他开始担任荷兰东京大使馆的学生口译员。1910 年回到荷兰后，他被任命为莱顿国家民族博物馆中日分馆馆长。该分馆收藏了扬·科克·布洛霍夫（Jan Cock Blom-hoff）、约翰内斯·弗雷德里克·范奥弗米尔·费瑟尔（Johannes Frederik van Overmeer Fisscher）以及菲利普·弗朗茨·冯·西博尔德（Philipp Franz von Siebold）的珍贵日本藏品。七年后，德维瑟被任命为日语语言文学专业教授。他的就职演讲题目是《中国与印度对日语语言文学的影响》（De invloed van China en Indië op de Japansche Taal en Literatuuur）。德维瑟的研究兴趣主要集中在佛教和民间传说，他针对这些研究对象发表了一些重要的著作和论文。

德维瑟于 1930 年早逝后，约翰内斯·拉戴尔（Johannes Rahder, 1898 ~ 1988）继承了其教席。拉戴尔不仅具备佛教专业知识，还擅长多种语言——梵语、巴利语、汉语和日语。1926 年，拉戴尔就论文《关于大藏经的文字版本研究》（"A Text Edition of the Dasabhumikasutra"）在乌得勒支大学进行了答辩。1930 年，乌得勒支大学任命拉戴尔为梵语、阿维斯陀语、古波斯语及印度 - 日耳曼语语言学原理等专业的教授。一年后，为了弥补因德维瑟去世而空缺的教席，拉戴尔来到了莱顿大学。

1937 年至 1938 年，拉戴尔在檀香山担任客座教授，其间荷兰皇家印度群岛军（KNIL）的前军官沃特·范德普尔（Wouter van der Poel, 1883 ~ 1961）代替拉戴尔讲授日语课程。范德普尔曾跟随德维瑟学习日语，并在日本生活了数年。拉戴尔回归后，范德普尔继续担任讲师。但是 1940 年，随着德军对莱顿的占领，大学被关闭，直到 1945 年 9 月才得以重新开放。拉戴尔于 1946 年辞职，随后加入夏威夷大学，一年后他入职耶鲁大学。

拉戴尔辞职后，1946 年弗里茨·福斯（Frits Vos, 1918~2000）被任命为日语专业的讲师。福斯首先在莱顿大学跟随拉戴尔学习汉语和日语。在德军占领了莱顿，大学被迫停止办学后，福斯前往乌得勒支大学继续进行课程学习。德军占领期间，福斯聘请私人教师学习韩语。成为莱顿大学日语讲师的一年之后，福斯开设了韩语与韩国历史课程。朝鲜战争的爆发令福斯的学术生涯走上了一条不同于预期的道路。朝鲜战争爆发后，1950 年 10 月至 1951 年 11 月，福斯以特种部队上尉的身份加入了驻扎韩国的联合国荷兰分遣队。回到莱顿后，1957 年福斯就其博士论文《伊势物语的研究》（"A Study of the Ise Monogatari"）进行了答辩。次年，他被任命为日本与韩国研究专业的教授，并在莱顿大学工作至 1983 年退休。沃斯的就职演讲题目是《同一种族？：关于韩日文化语言类同问题的几点思考》（"Volken van één stam?：Enige beschouwingen over de problemen van een Koreanans-Japanse kultuuren taalverwantschap"）。

福斯的学生威廉·扬·布特（Willem Jan Boot, 1947~）继承了福斯的教席，于 1985 年成为日韩语言与文化专业的教授。1983 年，布特为他的博士论文《日本新儒学的接受与改编：藤原惺窝和林罗山的作用》（The Adoption and Adaptation of Neo-Confucianism in Japan：The Role of Fujiwara Seika and Hayashi Razan）进行了答辩。布特就职演讲的主题是《作为政治家的语言学家》（"De filoloog als politicus"）。2012 年 6 月，布特亲密的同事和曾经的博士学生送给布特一本纪念论文集，从其标题《未知的领域：江户时代知识分子的生活——致敬 W. J. 布特的论文》（Unchartered Waters：Intellectual Life in the Edo Period. Essays in Honour of W. J. Boot）也可以看出，该论文集总结了布特研究工作的重点。布特于 2012 年 12 月 21 日发表了他的告别演讲。

20 世纪 80 年代至 90 年代，日韩研究中心扩大了规模，增加了三个教席，前两个是正教授的教席（现代日本历史和韩语语言文化专业），第三个是个人教席（personal chair，艺术史专业）。同时，教职工和学生人数也大幅增加。

由于人们对亚洲现代史的兴趣日益浓厚，莱顿大学在 1987 年设立了现代日本历史专业，并引进了教授。该专业的首位教授是来自图宾根（德国）

的库尔特·W. 拉德克（Kurt W. Radtke, 1945 ~）。拉德克从澳大利亚国立大学获得了博士学位。1988 年，他发表了就职演讲，其题目是《日本与和平之梦》（Japan en de droom van vrede）。1999 年，拉德克离开了莱顿大学，前往早稻田大学任职。

1994 年，韩语语言文化专业设立了独立的教席，并任命博杜安·C. A. 沃尔拉文（Boudewijn C. A. Walraven, 1947 ~）为该专业首位正教授。沃尔拉文是弗里茨·福斯的学生，他的博士论文为《巫歌：朝鲜巫堂之歌》（Muga: The Songs of Korean Shamanism），并于 1985 年获得了博士学位。沃尔拉文的就职演讲主题是韩国历史（Koreaanse geschiedenissen）。沃尔拉文退休后，其学生雷姆科·布鲁克（Remco Breuker）于 2011 年成为新一任韩国研究教授，使韩国研究在莱顿大学得以延续。

1995 年，莱顿大学为国家民族博物馆前馆长威廉·R. 范古力克（Willem R. van Gulik, 1944 ~）设立了个人教席。作为沃斯的学生，范古力克于 1982 年通过论文《刺青：日本的皮肤纹理》（Irezumi: The Pattern of Dermatography in Japan）的答辩，获得了莱顿大学博士学位。范古力克的教学内容是艺术史和东亚的物质文化，其就职演讲的题目为《想象的实现，现实的再现》（Verwerkelijking van de verbeelding, Verbeelding van de werkelijkheid）。2009 年，范古力克退休。

在 21 世纪的头十年，更多的教师加入了莱顿大学。2002 年，莱顿民族博物馆日本分馆馆长马蒂亚斯·F. M. 福雷尔（Matthias F. M. Forrer, 1948 ~）被任命为冯·西博尔德教席特别教授（Special Professor of the Von Siebold Chair），主要从事近现代日本物质文化图形艺术领域的研究。这位特别教席由莱顿民族学基金会（Leids Ethnologisch Fonds）提供固定期限的资助。福雷尔在莱顿大学获得了日本学学士学位，并在阿姆斯特丹大学获得了东亚艺术史硕士学位。1985 年，他在莱顿大学就博士论文《永乐屋东四郎，一位名古屋出版人：对 19 世纪日本出版史的贡献》（Eirakuya Tōshirō, Publisher at Nagoya: A Contribution to the History of Publishing in 19th Century Japan）进行了答辩。福雷尔发表了题为《日本国内外的古董和稀有物品》（Out- & Zeldzaamheden in en buiten Japan）的就职演讲。范古力克的退休和福雷尔的特别教席聘期结束意味着当前艺术史与日本物质文化专业不再有专任教师。然而，艺术史仍是课程的一部分，目前由近年引进的讲师来负责讲授。

2007 年，布特的学生伊沃·B. 斯密茨（Ivo B. Smits, 1965 ~）成为日

本艺术与文化专业的教授。1994 年，布特就博士论文《孤独的追求：中世纪日本的描绘自然的汉诗与和歌，约 1050～1150 年》（The Pursuit of Loneliness: Chinese and Japanese Nature Poetry in Medieval Japan, ca. 1050 – 1150）进行了答辩。斯密茨的就职演讲题目是《未见：作为异文化的古典日本》（Niet gezien: het klassieke Japan als andere cultuur）。

1999 年拉德克离开莱顿大学前往早稻田大学之后，日本近代史的教席出现了空缺。2001 年，牛津大学现代史博士（1993 年获得）瑞奇·克斯滕（Rikki Kersten, 1960～）被任命为现代日本研究专业教授。一年后，克斯滕发表了她的就职演讲《战败与战后日本的知识文化》（Defeat and the Intellectual Culture of Postwar Japan）。她于 2006 年离开莱顿大学，后成为澳大利亚国立大学亚洲研究学院院长。

克里斯托弗·后藤－琼斯（Christopher Goto-Jones, 1974～）接替了克斯滕的职位。他先后就读于剑桥大学、牛津大学和庆应义塾大学，撰写了博士论文《战争中的思想：西田几多郎与共荣圈的哲学语境》（Ideas at War: Nishida Kitarō and the Philosophical Context of the Co-Prosperity Sphere），并于 2002 年获得了牛津大学博士学位。后藤－琼斯于 2007 年发表了他的就职演讲《什么是现代日本研究？：对认知暴力的建设性批评》（What is Modern Japan Studies?: Towards a Constructive Critique of Epistemic Violence）。三年后，他离开该系，成为成立于 2010 年 9 月的海牙莱顿大学学院的首任院长。

2011 年初，卡塔日娜·J. 奇维尔特卡（Katarzyna J. Cwiertka, 1968～）接替了后藤－琼斯的职位。她拥有华沙大学（波兰）和筑波大学（日本）两个大学的硕士学位。奇维尔特卡撰写了博士论文《日本现代烹饪传统的形成》（The Making of Modern Culinary Tradition in Japan），并且于 1999 年在莱顿大学进行了答辩。她于 2011 年 11 月发表了就职演讲《普通人的智慧：现代日本研究的前景》（The Wisdom of the Ordinary: A Prospect for Modern Japan Studies）。

这些年来，日语专业的院系名称及教职工的岗位设置发生了一些变化。目前的院系名称是日本学研究或者日本研究（Japanese Studies/Japanstudies）。其培养方案是亚洲研究学院（SAS）的一部分，隶属于莱顿大学区域研究所（LIAS）人文学院。日本研究专业所提供的课程领域广泛：涵盖文学、语言学、历史（现代和前现代）、艺术史与物质文化、哲学、宗教、政治和国际关系、社会学和人类学。

从 2012 年 9 月起，新的一年制硕士项目与开设已久的两年制硕士项目同时进行。两年制硕士项目最多有 17 个名额，同时该项目要求学生在读期间必须前往日本留学两个学期。然而，赴日交换留学所产生的费用已成为学生沉重的负担，因此学校引入了新的一年制硕士项目，在新的项目中赴日留学的时间被缩短至两个月。一年制硕士项目要求的日语熟练程度是 JLPT 2 级，而两年制项目则要求 JLPT 1 级。

近期的另一个发展是引入了主题项目。在荷兰，大学的教学和研究往往基于学者自己的兴趣，这意味着学科之间联系非常少或几乎没有联系。近期，最近学校已采取措施，将重心放在交叉学科研究领域的创建。与此同时莱顿人文学院将关注亚洲的现代性与传统性，关注不同时代的人、文化及权力的全球互动，以及关注世界语言的多样性。在所有新的举措中，日本研究专业的学者都发挥着积极作用。

日本研究专业每年吸引着约 100 名新生，其中 35 名学生最终获得相应学位。2011 年，新生人数为 130 人。同时，三年制学士课程和两年制硕士课程的学生总和约为 200 人。日本研究依然是一个流行的专业，能够比中国研究吸引到更多的学生。这一代年轻人对日本流行文化，特别是对漫画着迷，这是日本研究专业能够吸引众多学生的理由。从教学和科研的表现可以看出，他们对现代日本表现出强烈的兴趣。

荷兰政府根据在读学生数量和获得学位的毕业生数量，对莱顿大学等公立大学进行拨款。这与教学人员的规模以及他们投入科研的时间息息相关。政府不断减少对大学的资金投入，严重影响了教师的科研时间。曾经科研在时间上占 40% 的比重，然而现在却已降至 25%。对于日本研究专业，政府资助的减少也意味着博士名额的减少。外部资金资助为年轻毕业生提供了开展研究以准备攻读博士的机会。日本研究专业成功获得了包括荷兰科学研究组织（NOW, Nederlandse Organisatie voor Wetenschappelijk Onderzoek）、东芝国际基金会（Toshiba International Foundation）和日本国际交流基金（Japan Foundation）在内的众多著名组织的研究基金资助。获得基金资助的项目有："亚洲景观：当代东亚媒体中心"（Asiascape：Contemporary East Asia Media Centre）；"现代东亚研究中心"（MEARC, Modern East Asia Research Centre）；"欧洲学术网络的现代日本研究"（European Academic Network in Modern Japan Studies）；"日本的武士伦理学——作为思想史的武士道"（Warrior Ethics in Japan — Bushidō as intellectual history）；"超越乌托邦——日本新政治、知识政治和科幻领域"（Beyond Utopia — New Politics, the Politics of Knowledge, and the Science Fictional Field of Japan）；"近世知识分子与'商业社会'的对抗"（Early-modern Intellectual Confrontations with "Commercial Society"）；"寻找日本家庭：当代日本的现代性、社会变迁和女性生活"（In Search of the Japanese Family：Modernity, Social Change, and Women's Lives in Contemporary Japan）；"持续性总体战：日本及韩国的军事化、经济动员和社会变革（1931～1953）"［Sustaining Total War：Militarisation, Economic Mobilisation and Social Change in Japan and Korea（1931～1953）］。

日荷关系史一直都是莱顿大学历史系的教学和研究内容。这要归功于莱昂纳德·布鲁塞（Leonard Blussé, 1946～）的工作。作为一名汉学家，布鲁塞曾于 1972 年至 1975 年在京都大学人文科学研究所担任研究助理。1986 年，他在莱顿大学进行了博士论文答辩，题目为《奇怪的一群人：在东印度公司巴达维亚的中国移民、麦士蒂索女人和荷兰人》（Strange Company：Chinese Settlers, Mestizo Women and the Dutch in VOC Batavia）。在 1997 年被任命为荷兰皇家科学院（KNAW）欧亚关系史专业特聘教授（Extraordinary Professor）之前，布鲁塞曾在莱顿多个研究机构担任过各种职务。2001 年，布鲁塞由特聘教授转为正教授。他的大部分研究主要是基于荷兰东印度公司（VOC）在平户和长崎所开设的工厂的原始资料档案。1984 年，他发起了出岛日记项目（Deshima Diaries Project），目标是将荷兰工厂负责人在出岛所写的官方日记里加上英文注释后进行出版，使得非荷兰本土学者也能够接触到荷兰的日本档案资源。资金由总部位于莱顿的艾萨克·阿尔弗雷德·艾利恩基金会（Isaac Alfred Ailion Foundation）提供，该基金会从 1984 年至 2010 年一直慷慨地提供资金支持。2010 年，受全球经济下行的影响，该项目的资金支持中断。迄今为止，出岛日记项目已经出版了1641～1670 年、1680～1700 年、1700～1740 年、1740～1800 年几个时间段的日记，其中 1641～1670 年和 1740～1800 年两个时间段的日记整理得较为全面。

日本历史学家也认识到了出岛日记和荷兰东印度公司档案资料的重要性。东京大学史料编纂所的两位学者，松井洋子教授和松方冬子教授正在致力于出版荷兰原稿的抄本和带有大量注释的日语翻译本。与此同时，莱顿大学项目组（辛西娅·维亚勒，Cynthia Vialle）、史料编纂所和现已解散的东京日兰学会（伊莎贝尔·田中-范·达伦，Ms. Isabel Tanaka-van Daalen）之间始终保持着密切的合作。

布鲁塞为访问荷兰的日本学生和学者开展多种不同的历史研究提供了帮助，因此在访荷的日本学生及学者之间具有一定的影响力。2010年，已毕业的日本学生和在日本工作的外国人向布鲁塞赠送了纪念论文集，题为《大而广泛：荷兰对近世亚洲影响，纪念莱昂纳德·布鲁塞的论文集》（*Large and Broad: the Dutch Impact on Early Modern Asia. Essays in Honor of Leonard Blussé*），由日本东洋文库出版。纪念论文集的12篇文章中有9篇与日本历史有关。以东京大学史料编纂所的松方冬子教授和京都国际日本文化研究中心的弗雷德里克·克林斯教授（Frederik Cryns）为首，包括新加入的年轻学者在内的小组大多数成员都始终坚持原有的研究方向，正准备出版一系列关于江户时代日荷关系的一手资源书籍（日文）。这一新的出版项目的主旨是让年轻学者有更多的机会向更广泛的读者展示他们的研究的同时，让日本普通公众对日荷关系研究产生更多的兴趣。

布鲁塞于2011年6月退休，由于历史系不再拥有具备日语语言能力或日本历史专业知识的教师，他的退休可能标志着莱顿大学近世日荷关系研究的终结。

二　荷兰其他大学的日本研究概况

莱顿大学并不是唯一一所拥有日本研究专业的大学。1930年，乌得勒支大学设立了日语语言文学专业的特别教席（special chair）。德维瑟的学生扬·洛德维克·皮尔森（Jan Lodewijk Pierson，1893~1979）成为乌得勒支大学日本研究专业的第一位教师。1929年，皮尔森对以《万叶集》为主题的论文进行了答辩，是莱顿大学首位研究日本的博士生。虽然在1933年，皮尔森与乌得勒支大学董事会发生冲突而辞职，但他继续从事《万叶集》的翻译工作。1966年，辞职30年的皮尔森终于完成了《万叶集》的翻译。

德维瑟的另一位学生卡雷尔·科恩拉德·克里格（Carel Coenraad Krieger，1884~1970）填补了乌得勒支大学教席的空缺。克里格1940年完成的论文是关于18世纪欧洲文明对日本的渗透。克里格一直在皇家海军服役至1927年，随后被任命为莱顿国家民族博物馆中日分馆馆长。他于1933年被任命为乌得勒支大学日语语言文学专业讲师，15年后他成为远东艺术史及日语专业的副教授。他一直担任这一职务，直到 1955 年乌得勒支大学取消日本研究专业。

20 世纪 70 年代和 80 年代，阿姆斯特丹大学还设有东亚艺术史的教席。1970 年，教育科学部允许阿姆斯特丹大学设立考古学与东亚艺术史的教席，但是阿姆斯特丹大学直到 1973 年才任命该专业首位教授。在阿姆斯特丹大学而不是莱顿大学设立东亚考古学与艺术史教席的原因之一是阿姆斯特丹大学靠近荷兰国立博物馆，该博物馆收藏了荷兰最好的亚洲艺术品。此外，阿姆斯特丹大学还设有南亚及东南亚考古学与艺术史教席，1959 年至 1983 年，约翰娜·E. 凡·洛赫伊曾·德莱乌（Johanna E. van Lohuizen-de Leeuw）担任该专业教师。阿姆斯特丹大学的新型学习方式叫作"头部研究"（kopstudie），即学生必须先从艺术学院的另一个专业获得学士学位（kandidaats），然后才有资格学习东亚艺术史，并获得硕士学位。

1973 年至 1986 年，亨利·阿尔伯特·范奥尔特（Henri Albert van Oort, 1916~2001）是考古学与东亚艺术史专业唯一的教师。虽然范奥尔特一直在考古学与东亚艺术史专业工作到 1986 年退休，但是他并不是通过知识学习才成为日本学家或汉学家。范奥尔特最初在新加坡担任银行职员，在那里他对中国艺术产生了兴趣。第二次世界大战爆发之时，范奥尔特加入了荷兰军队，战后他仍然选择留任军队，最终以上校军衔退役。范奥尔特在莱顿大学攻读文化人类学，并于 1970 年通过了博士论文《洪宪的瓷器：袁世凯称帝时期（1916）景德镇瓷器的社会文化背景及特点研究》［The Porcelain of Hung-Hsien: A Study of the Socio-cultural Background and Some Characteristics of the Porcelain Produced at Chingtechen During the Imperial Reign of Yüan Shih-k'ai (1916)］的答辩。莱顿汉语系 W. R. B. 阿克（W. R. B. Acker）教授担任了范奥尔特的论文指导教师。虽然范奥尔特的背景更倾向于中国艺术史，但是他的教学任务还包括了日本和韩国艺术史。对于需要独立完成这一切，没有帮手的范奥尔特而言，这是一项艰巨的任务。范奥尔特的大部分学生都拥有汉语或者日语的学士学位，这主要是因为当时的莱顿大学没有亚洲艺术史专业，很多莱顿大学的学生虽然对亚洲艺术史这一领域有着巨大兴趣，却只能成为汉语或日语专业的学生。范奥尔特的两个学生均以日本为主题写了硕士论文。他们分别是撰写关于印刷品论文的马蒂·福雷尔（Matthi Forrer）和撰写关于漆器论文的辛西娅·维亚勒（Cynthia Vialle）。范奥尔特退休后，相关专业被取消。这并不是因为办学不成功，而是因为当时阿姆斯特丹大学决定更多地关注欧洲研究，进而取消了与亚洲研究相关的院系。

目前，莱顿大学是荷兰唯一一所可以获得日本研究专业学士学位的大学。不过，位于马斯特里赫特的高等职业教育学校祖伊德应用科技大学（Zuyd Hogeschool）也提供日语技能课程。祖伊德应用科技大学东方语言与传播学院有一个为期四年的课程，旨在培养学生获得足够的语言技能，成为国际公司、政府机构和非营利组织的口译员和联络官。虽然格罗宁根大学日本研究中心也提供现代日本课程，但是不能授予学士学位，课程只能作为区域研究专业中的非西方研究辅修项目。

最后，还应该提到的是荷兰日本研究协会（NGJS, Nederlands Genootschap voor Japanse Studiën）和《荷兰日本评论》（*The Netherlands-Japan Review*）。《荷兰日本评论》是一本关于日本的期刊。荷兰日本研究协会成立于1976年，作为一个学者协会，其成员活跃于荷兰境内广泛的日本研究领域。学会并没有要求成员具有日本学背景，因为该协会的目标之一是通过举办讲座和座谈会来激发群众对日本研究的兴趣，包括日荷之间的历史关系和兰学，进而促进荷兰日本研究的发展。荷兰日本学学者近期的研究兴趣主要在于出版关于日本的数字期刊，即《荷兰日本评论》。虽然《荷兰日本评论》是面向荷兰国内的季刊，但是投稿可以使用荷兰语或英语。而且，虽然该期刊面向普通读者，但是其来稿论文都具有深厚的学术功底，并具有扎实的日本语言、历史和社会知识基础。《荷兰日本评论》的第一期于2010年春季首次出版。

参考文献

Duyvendak, J. J. L. "Levensbericht van Marinus Willem de Visser." Handelingen van de Maatschappij der Nederlandsche Letterkunde te Leiden en Levensberichten harer afgestorven medeleden, 1930 – 1931, pp. 164 – 73. The digitized version at www. dbnl. org.

http: //hum. leiden. edu/lias/research/sas/japanese. html（last update：25/3/2010）.

http: //magazine. sieboldhuis. org/ http: //www. ngjs. nl.

http: //www. otcmaastricht. nl: Zuyd Hogeschool, Faculteit International Business and Communication, School of Oriental Languages and Communication.

http: //www. rug. nl/let/onderwijs/onderwijscentra/japanstudies/index: Center for Japanese Studies. Rijksuniversiteit Groningen.

Japanese Studies: Master of Arts, Faculty of Humanities, Universiteit Leiden.

Kern, H. "Levensbericht J. J. Hoffmann." Jaarboek. Amsterdam, 1878, pp. 1 – 20. The pdf version published by www. digitallibrary. nl.

Poorter, Erica de, ed., "Life and Publications of Frits Vos." In As the Twig is Bent... : Essays in Honour of Frits Vos, Amsterdam: J. C. Gieben, 1990, pp. ix – xxvii.

Smits, Ivo. "Japanese Studies in the Netherlands." In Leonard Blussé, Willem Remmelink, and Ivo Smits. Bridging the Divide. 400 Years The Netherlands-Japan, Hotei Publishing, 2000, p. 241.

Talen en culturen van Japan: Bachelor of Arts, Faculteit der Geesteswetenschappen, Universiteit Leiden.

Viallé, Cynthia and Christine van der Pijl-Ketel, eds., "Geschiedenis van de studierichting Kunstgeschiedenis van Oost-Azië." In Aspecten van de moderne Chinese en Japanse kunst. Jubileumboek ter gelegenheid van het 10-jarig bestaan van de studierichting Kunstgeschiedenis en Archeologie van Oost-Azië aan de Universiteit van Amsterdam (1973 – 1983), Amsterdam: Vakgroep Kunstgeschiedenis van Oost-Azië, 1983, pp. 1 – 8.

Vos, Frits. "Mihatenu Yume — An Unfinished Dream: Japanese Studies until 1940." In Willem Otterspeer, ed., Leiden Oriental Connections 1850 – 1940, Studies in the History of Leiden University 5, Leiden: Brill, 1989, pp. 354 – 77.

Vos, Frits. "Japanese Studies in the Netherlands." Japanese Studies in The Netherlands in an International Perspective, Leiden: The Netherlands Association for Japanese Studies, 1999, pp. 31 – 35.

Japanese Studies in the Netherlands

俄罗斯日本研究的历史与现状*

〔俄〕叶卡捷琳娜·什马耶夫斯卡娅 著**　范晓雅 译***

现在的俄罗斯掀起了一股"日本热"。例如，据日本国际交流基金的报告显示，进入 21 世纪后，俄罗斯参加日语能力测试（JLPT）的人数增加了将近两倍，切实反映出俄罗斯对日语教育的高度关注。①众所周知，包括俄罗斯在内的东欧，日本研究的中心是日语教育。

本文概述了俄罗斯日本研究的历史，聚焦现状和问题，分析了近年来主要的日本研究著作。

一　从 18 世纪到 20 世纪前半期

在俄罗斯的东方学中，日本学起步较晚。日本研究和日语教育应该是 18 世纪初日本人出现在俄罗斯才开始的。18 世纪初，彼得一世将来到堪察加的日本水手传兵卫经西伯利亚接到莫斯科，由此开始，传兵卫在 1710 年，接受了东正教会的洗礼并改名"加弗里尔"。最初的日语学习者只有士兵出身的三四人，教师则数年如一日只有传兵卫一人。继传兵卫之后被送到圣彼得堡的日本人是一个叫撒尼玛的人。1729 年的夏天，17 名日本人来到堪察加，其中索扎和贡扎两人被送到圣彼得堡，开始学习俄语。1736 年，索扎和贡扎成为附属科学院日语学校的教师，开始教授日语。此后直到 18 世纪中叶，始于日本水手的日语教育断断续续地进行着。直到 1907 年，由于

---

* 本文原文为 Yekaterina Shmaevskaia：「Roshia ni okeru Nihon kenkyu no rekishi to genzai」，国際日本文化研究センター『世界の日本研究』，2014。

** 叶卡捷琳娜·什马耶夫斯卡娅，俄罗斯莫斯科科学院亚洲研究所研究助理教授。

*** 范晓雅，北京外国语大学北京日本学研究中心博士研究生。

① Japan Foundation Annual Report, 2002. The Japan Foundation, 2002, p. 73.

师资不足，俄罗斯不再开设日本相关的各种课程。

18 世纪后半期，日俄确立了外交关系，日语教育得以继续。① 19 世纪 90 年代开始，俄罗斯的日本研究开始活跃起来。1890 年，德米特里·斯密尔诺夫出版了第一本日语词典。② 20 世纪初，圣彼得堡的日本研究者德米特里·波兹多涅耶夫（1865～1937）研究日本的地理学、历史学、文化和语言，取得了丰硕成果。

在俄罗斯远东，日本研究和日语教育始于 1899 年东方学院成立之际。远东地区离日本最近，从 19 世纪后期开始开发，随着日俄经济和文化交流的发展，学院需要日本专家。③ 东方学院与莫斯科和圣彼得堡不同，不以理论课为中心，而是重视日语训练。学生们在掌握日语后，才被教授与日本相关的理论知识，被培养成日本研究的专家。20 世纪前半期的日本研究者中，有很多东方学院的毕业生。其中最重要的研究者是 E. G. 斯巴达文（1872～1933），他从圣彼得堡大学毕业后，被派往日本进修一年半。此后，在东方学院负责了 25 年的日本学，并开发了许多独特的教材。他编写的日语教材内容和结构都很系统，莫斯科和圣彼得堡等地的大学都在使用。

日俄战争（1904～1905）刺激了俄罗斯对日本历史、政治、外交的研究。后来，成为 20 世纪日本研究领域的三位巨人都毕业于圣彼得堡大学。E. D. 波利瓦诺夫（1891～1938）是语言学家，从比较语言学的视角研究日语。N. I. 康拉德（1891～1970）是东方学者，研究日本和中国的语言、历史、文学。这两位学者都从诸多角度讨论了日语。另一位是 N. A. 涅夫斯基（1892～1937），在研究阿伊努语、宫古岛语和日本民俗方面采用了崭新的方法而广为人知。如今，在日本，正在进行关于 N. A. 涅夫斯基的传记研究。

俄国革命后的政治状况非常困难，许多有外语知识或曾在外国留学的专家被指控为间谍，遭受严酷镇压而遇难，其中也有著名的日本研究者，

---

① В. М. Алпатов. "Изучение японского языка в Россиии СССР" 〔ответственный редактор И. Ф. Вардуль；рецензенты В. И. Подлесская，Е. В. Стругова〕，Москва："Наука,"Глав. ред. восточной лит－ры，1988，стр. 12－14.

② 吉町义雄对这本词典进行了详细的分析。〔日〕吉町義雄：「露都創刊日本語典—百年前の国語」，日本語学会編『近代語研究』第 5 集，武蔵野書院，1977。

③ 关于俄罗斯远东地区的日本研究的调查。〔俄〕A. ディボフスキー：「極東ロシアにおける日本研究と日本語教育の行方—東洋学院（1899－1920）の日本学を中心に」，『言語文化研究』No. 35（2009 年）、大阪大学大学院言語文化研究科，第 95～117 頁；A. ディボフスキー：「旧ソ連諸国における言語状況の若干の傾向について—言語のステータスの問題をめぐって」，『言語文化研究』No. 29（2003 年），第 289～308 頁。

日本研究领域蒙受了巨大损失。

此外，20世纪前半叶的日本研究者中有许多才华横溢的人，他们给俄罗斯的日本研究带来了新途径。他们研究日本文化，在日本进行田野调查，积极介绍日本人的研究书籍。A. A. 霍罗道维奇、Y. M. 科尔帕克奇、N. I. 费尔德曼、A. E. 古尔斯基纳、I. A. 博洛尼纳、N. A. 西罗亚特尼科夫、A. 帕米科夫斯基等人经过不懈努力，奠定了现在俄罗斯研究日本的基础。

20世纪40年代，莫斯科是日本研究的中心。1941年创立了科学院东方学研究所，此后又成立了东方语言研究所（现莫斯科国立大学附属亚非学院）。它们在培养日本研究专家方面发挥了重要作用，甚至在俄罗斯的日本研究中也占有重要地位。太平洋战争（1941～1945）后的20世纪50年代，是对历史问题认识加深的时代。其中一个原因是，资料的收集范围扩大了。也就是说，作为终战的结果，关于战前的许多文件和日本的战争史等相关资料的访问变得容易多了。关于日俄关系（1905～1945）、日本在中国大陆的战争（1937～1945）以及关于太平洋战争的若干论文相继出版，在1945～1955年的10年间，学界进行了大量关于战后日本形势的研究。第二次世界大战结束后，俄罗斯的日本研究重新找回力量，研究领域也从语言、文学、历史扩展到地理、民族、宗教等学科。

1955～1965年，俄罗斯对日本的研究重点是日本的外交政策问题，主要是关于日美关系。这些问题的提出和研究，无疑受到了世界军事政治情况的影响。这种状况直到20世纪80年代中期都没有改变。1965～1980年是全世界关注日本经济快速发展的时期，许多俄罗斯科学家也对日本的经济、社会问题进行了研究。当时，在日本外交政策领域，对中日关系问题的研究尤为突出。现在这个时代，正如许多俄罗斯科学家所承认的那样，是一个重视日本军事问题的时代。以此为基础，进入20世纪80年代，俄罗斯的各种学校和研究所都从事日本研究。除了历史和经济，日本的文学和语言也取得了进展，出版了日本古典文学方面的译书、词典，以及日语学习的教材。此外，也出现了很多问题。20世纪80年代中期，日本研究在科学和社会领域迎来了转机，而社会科学在独特的意识形态下则出现了倒退。

从1970～1990年这20年间获得学位的博士论文可以看出，俄罗斯与日本相关的研究首先是在政治学领域，然后是历史学领域和经济学领域，人文学科的语言学、文学、艺术学等主题很少见到。这种状况不仅限于日本研究领域，可以说是当时苏联所有学科的特征。

20 世纪 90 年代，苏联解体后，全俄罗斯从事日语学习和日本研究的人数进一步增加。

二 俄罗斯日本研究现状

进入 20 世纪 90 年代，日本学取得相当大的成果，并确立了庞大的计划。当时，俄罗斯全国兴起了"日本热"。但由于经济危机，做学问的境况恶化了很多。由于走向市场经济，政府削减了用于学术研究的经费，导致研究者的工资急剧下降，出现了严重的人才流失。而且，现在以日本研究为目标的年轻学者很少，日本研究的专家大多是中老年学者，这与俄罗斯全体研究者的高龄化是一致的。

圣彼得堡大学的日本研究久负盛名，但现在研究活动并不活跃。莫斯科的日本研究机构主要有三所：东方学研究所、世界经济与国际关系研究所和远东研究所。与苏联时期相比，21 世纪的研究者数量减少了 30% ~ 50%。与此相反，对日本感兴趣的人越来越多，教授日语的教育机构也越来越多。另外，莫斯科国立语言大学设立日语系（1990），俄罗斯科学院东方学研究所设立了日本研究中心（1992），俄罗斯国立人文大学的语言学院新设立了东方历史语言专业（2004）。

如上所述，尽管存在财政上的困难，但 20 世纪 90 年代，俄罗斯的日本学学术论文通过同行评议的数量和刊行数量还是非常多的。① 研究主题广泛，涉及诸多领域。特别是日本古代史的研究取得了显著进步，与西方古代史的研究相比，其成果更为显著。

关于日本古典文学的解释、翻译开始大量出现是在 20 世纪 60 年代左右。1954 年，在两位译者的努力下，日本古典诗歌选集出版了。这两位译者，一位是 A. E. 古尔斯基纳先生，另一位是马尔科娃先生。进入 60 年代，有关日本古典文学的书籍，例如《出云国风土记》出版；到了 70 年代，《万叶集》《枕草子》以及芭蕉俳句的俄语版也相继出版。马尔科娃先生翻译的芭蕉俳句受到了极大欢迎，当时的知识分子都热衷于阅读和背诵，有

---

① P. Werner and F. Robaschik, "East Asian Studies in Russia," *ASIEN*, No. 88（July 2003）, pp. 51 – 62.

不少作家在自己的作品中引用芭蕉的俳句。据说他的翻译对后来的俄语俳句运动产生了影响。现在，俄罗斯掀起了俳句热潮，创作俳句的人很多。

20 世纪 90 年代出版的日本最古老的史书的注释、翻译版本，其译者如下：《古事记》（E. 皮努斯、L. 叶尔马科娃、A. 梅舍利亚科夫）、《日本书纪》（L. 叶尔马科娃、A. 梅舍利亚科夫）、《祝词与宣命》（L. 叶尔马科娃）①。20 世纪 90 年代，日本文学相关的书籍也大量发行。例如，索科洛娃·德留西纳翻译的《源氏物语》全 4 卷于 1991 ~ 1992 年出版。另外，最近在莫斯科和圣彼得堡设立了几家出版社，出版日本古典文学的译文版。前述三所主要的日本研究机构也在近十年出版了有关日本经济、政治、社会等方面的专著和论文。

另外，在过去 15 年，俄罗斯关于日本语史、日本古代学以及古典文学的研究论文数量几乎为零。现在的学生和年轻的研究者不选择这些领域的主要原因大概有以下几点：

·必须学习日语，需要较强的语言能力；

·即使研究成果可以在本国发表，也很难达到在日本被认可的水平；

·难以证实研究意义。

但是，海外的日本学也是重要的研究领域之一。可以说，加深对日本的理解，对研究者的国家来说很重要，同时，在了解与日本人不同观点的解释上，对日本人研究者来说也很重要。

2002 年 2 月在莫斯科召开的“日本文化和日本史”第四次例行会议，围绕古代和中世纪的日本展开了热烈的讨论。但是，对于日本历史的其他时代，特别是平安时代到江户时代这一漫长的时期，却很少有人研究。

最后，日本政府向对日本研究做出贡献的多位俄罗斯学者授予了勋章。1970 年康拉德获得旭日章，1989 年伊奥菲获得瑞宝章，1990 年古尔斯基纳获得瑞宝章，1997 年戈雷格里亚德获得旭日章，2008 年索科洛娃·德留西娜获得旭日章。②

---

① 〔俄〕アレクサンドル A. ドーリン：『第 29 回日文研フォーラム ソビエットの日本文学翻訳事情—古典から近代まで—』，国際日本文化研究センター，1993。

② Djyakonova, Mescheryakov and Streltsov, "Japanese Studies in Russia," *Bulletin of the European Association for Japanese Studies 60*（June 2002），pp. 49 – 59.

结 论

在俄罗斯的东方学中，虽然日本研究是一门起步较晚的学科，但在研究者和教师的努力下，成功地将实践性的日语教育与学术的理论性训练相结合。

现在，俄罗斯有多所日本研究院和日本研究中心。首先，俄罗斯核心地区的代表机构如莫斯科国立大学亚非学院、俄罗斯国立人文大学、莫斯科国立国际关系大学、俄罗斯科学院东方学研究所、俄罗斯科学院远东研究所、圣彼得堡国立大学、俄罗斯科学院东方古文献研究所。

其次，乌拉尔地区的乌拉尔国立大学，西西伯利亚地区的新西伯利亚国立大学，东西伯利亚伊尔库茨克国立语言大学、远东地区的远东联邦大学也各自设立了日本研究中心或日本研究院。据说各中心开展日语教育，使本科生和研究生的人数得以增加。

远东国立人文大学以学生为对象进行的问卷调查显示，学生们学习日语的动机大致分为三种："对就业有帮助""对不同文化有兴趣""对不同语言有兴趣"。另外，调查时，经常听到有人说"日语是世界上最难的语言，想要征服它"，看来战胜困难也成为学习日语的一个目标。

History and Present Situation of Japanology in Russian

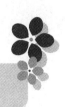

日本语言与教育

"－主義"与"－イズム"的竞争[*]

——以日本大正时期新词词典『新しい言葉の字引』两版比较为中心

邓　牧[**]

【摘　要】日语中的"－主義"和"－イズム"①作为"－ism"的对应词缀积极参与社会思想领域术语的创制。大正时期新词创制方式逐渐发生转变，即音译片假名数量超过了之前的汉语词造词。在这一背景下，"－主義"和"－イズム"分别代表的意译词和音译词呈现出竞争态势。本文通过调查比较两版大正时期代表性新词词典可知，大正时期"－主義"和"－イズム"在新词创制过程中多数情况互为补充，但在竞争中"－主義"比"－イズム"更胜一筹。同时，相比增补版，大增补版中造词趋于复杂，音拍呈增长趋势，且一个音译词对应多个意译词的现象增多。

【关键词】"－主義"　"－イズム"　新词词典

引　言

外来词词典和新词词典于大正时期之后开始陆续问世。松井荣一将新词词典定义为从大正初年至昭和10年的约30年间出版的以新词为中心的小

---

* 本文系湖南省哲学社会科学基金一般项目"中日两国'主义'的概念史研究"（项目批号：19YBA354）的阶段性成果之一。

** 邓牧，博士，中南大学外国语学院日语系副教授，主要研究方向为日语词汇学。

① 严格来说，英语中的后缀"－ism"对应"－イズム"或"－ズム"，本文统一为"－イズム"。

型词典，书名多使用新词、摩登词、尖端词、现代词、流行词、新闻词、社会词等①。松井荣一、曾根博义、大屋幸世从这 30 年间出版的百余种新词词典中严格筛选，由大空社精编复刻出版了『近代用語の辞典集成』。本文选取的就是此集成的第 2 卷和第 3 卷。

　　大正时期以"大正民主"和"大正浪漫"为时代特色，崇尚自由民主和个人解放，政治、社会、文学等多领域的思想和学说竞相出现。这也使得大正时期开始兴起的新词词典中收录了大量以"－主義"和"－イズム"为后缀的社会思想领域的术语。

一　词典介绍和调查词的抽出

1.『新しい言葉の字引』系列词典

　　一般认为，日本最早的新词词典为大正 3 年（1914）4 月出版的『ポケット 顧問 や、此は便利だ』。稍晚于该词典，大正 7 年（1918）10 月由实业之日本社出版了『新らしい言葉の字引』（以下略称为『新字引』），这也是畅销系列词典『新字引』的开端。『新字引』系列词典的编者是服部嘉香和植原路郎。服部嘉香毕业于早稻田大学文学部英文专业，明治时期诗人；植原路郎毕业于早稻田大学政经学部，另著有『明治語典』『そば辞典』等②。『新字引』被认为是近代新词词典的代表主要基于以下理由。

　　首先，问世时间早。『新字引』的出版仅次于最早的新词词典『ポケット 顧問 や、此は便利だ』。两种词典均成为畅销词典，诱发了日后新词词典的热潮。

　　其次，独创性强。根据松井荣一的调查，『新字引』与更早些发行的『ポケット 顧問 や、此は便利だ』在收词和释义方面少有重复③。

　　再次，发行量大。『新字引』第十二版的序中说道："本书自发行以来，4 月间售罄十一版，如此盛况编者深感意外。"『新字引』和『ポケット 顧問 や、此は便利だ』也是唯一增补再版的新词词典。

---

① 〔日〕松井荣一：「新語辞典の性格：大正期を中心に」，『山梨大学教育学部研究報告』1988 年第 39 期。
② 〔日〕松井荣一：『新語辞典の研究と解題』，東京：大空社，1996，第 153～154 頁。
③ 〔日〕松井荣一：『新語辞典の研究と解題』，東京：大空社，1996，第 12～14 頁。

最后，影响力大。后续的同类词典在收词和释义方面或多或少借鉴或参考了『新字引』，其影响力甚至超过了先行出版的『ポケット 顧問 や、此は便利だ』。

作为近代新词词典的代表，『近代用語の辞典集成』中收录了两版『新字引』，分别是第 2 卷和第 3 卷。第 2 卷『訂正増補新らしい言葉の字引』于 1919 年 3 月由实业之日本社出版，本文将该版『新字引』称为"增补版"。1925 年 3 月出版发行的『大増補改版新しい言葉の字引』为第 3 卷，收录词数大增，本文将 1925 年 3 月的该版『新字引』称为"大增补版"。

2. 调查词的抽出

在抽词之前，本文先从词源分类的角度调查两版词典所收词条，从宏观上对词典整体进行把握。考虑到新词词典的收词特征，收录词除了和语词、汉语词、外来词和混合词，还包括词组、惯用语和句子。本文将词组等单位总括为"词以上单位"。表 1 将增补版、大增补版和两版合计的各类比例分别进行了统计。

表 1　两版词典所收词条分类

分类	增补版词条数（％）	大增补版词条数（％）	两版合计词条数（％）
和语词	79（3.4）	96（2.9）	175（3.1）
汉语词	812（34.8）	1119（33.3）	1931（33.9）
外来词	1147（49.1）	1770（52.7）	2917（51.2）
混合词	238（10.2）	296（8.8）	534（9.4）
词以上单位	58（2.5）	78（2.3）	136（2.4）
合计	2334（100）	3359（100）	5693（100）

由表 1 可知，1919 年增补版收录 2334 词，大增补版中增至 3359 词。从各类比例来看，增补版、大增补版和两版合计中均是外来词最多，汉语词次之，混合词和和语词分别列居第三、第四，词以上单位的词数最少。外来词比例约为 50％，汉语词均超过了 30％，印证了前人研究关于大正时期汉语词造词逐渐向音译片假名造词转换的结论。[1] 此外，两者合计占词典整体的八成以上，说明外来词和汉语词是大正时期新词创制的主力军。

---

① 宮島達夫：「現代語いの形成」，『ことばの研究』1967 年第 3 期。

接下来进行调查词的抽出工作，本文从两版『新字引』抽出所有以"－主義"和"－イズム"为后缀的词。以『新字引』中收录的下列词条为例。

【アナクロニズム①】Anachronism（英）「時代錯誤」を見よ。

【客本主義】何本主義といふ言葉が流行るので、民本主義あたりをもぢつたに違ひない。お客本位の主義といふ商賣上の標語の一つ。松坂屋呉服店が云ひ出した語。

【インディヴィデュアリズム】Individualism（英）「個人主義」を見よ。

【個人主義】Individualism（英）自我を以て己の生活を以て統一し発展せしめようとする主義。傳来の道徳・習慣を無視し、因襲的の権威に屈従せず、自己の思ふままに生活する態度。

从上述词条可分别抽取出以"－主義"和"－イズム"为后缀的"客本主義"、"個人主義"和"アナクロニズム"、"インディビデュアリズム"。另外，"インディビデュアリズム"和"個人主義"同作为"individualism"的对应译词，可抽出一组音译意译词"インディビデュアリズム－個人主義"。另外，"個人主義"既作为词条收录，同时也作为"インディビデュアリズム"释义中的对译词出现，这种情况不重复计数。按照以上抽出方法，从『新字引』抽出以"－主義"和"－イズム"为后缀的词以及音译意译词组，其结果如表2所示。

表 2 调查词数量

		"－主義"	"－イズム"	音译意译词组
增补版	词数	72	45	27
	词例	古典主義 新浪漫主義	エゴイズム ウェルテリズム	ニヒリズム－虚無主義 テクテクズム－徒歩主義
大增补版	词数	84	68	37
	词例	伝統主義 一夫多妻主義	スケプティシズム マンモニズム	ミスティシズム－神秘主義 ヘドニズム－快楽主義

① 词典的引用完全依照原文，不进行调整和修改。下划线为作者所加。

由表2可知，两版中以"－主義"为后缀的词数最多，其次是以"－イズム"为后缀的词，音译意译词组最少。本次从两版『新字引』总计抽出以"－主義"为后缀的词156词，区别词数97词；以"－イズム"为后缀的词113词，区别词数为69词。以下将按照后缀"－主義"、后缀"－イズム"、音译意译词组的顺序展开分析。

二 后缀"－主義"

本节将从"－主義"后缀的构词、来源和是否仅有意译词三方面来进行分析。

1. 词源分类和构词特征

如表2所示，增补版、大增补版中"－主義"后缀构成的词分别为72和84。下面将这些词先按照词源进行大分类，再将其中的汉语词按照字数进行小分类，见表3。

表3 词源分类和构词分布

		增补版		大增补版	
		词数	词例	词数	词例
汉语词	四字汉语词	54	厭人主義	57	拜金主義
	五字汉语词	2	無政府主義	3	美至上主義
	六字汉语词	7	徹底自然主義	11	科学万能主義
	七字汉语词	0	—	1	徹底的自然主義
混合词及词组		9	マルサス主義	12	モトクラ主義
合计		72		84	

首先可以看到，增补版和大增补版中汉语词占绝大多数。混合词和词组数量有限，但构词方式丰富，如"－主義"与和语词（"モトクラ主義"）、外来词（"マルサス主義"）以及多种造词成分组合构词（"でもくらしいい主義"）。考察五字以上汉语词和混合词、词组合计数量，可知增补版、大增补版分别为18（25.0%）和27（32.1%），大增补版中造词趋于复杂，音拍有增长趋势。

2. "－主義"的来源

一般来说，"－主義"作为后缀"－ism"的译词参与新词的创制。『新字引』中以"－主義"为后缀的词是否都源自对外来概念的翻译？日本独自创制的词有多少？本文对两版词典的"－主義"构词的来源进行调查，将其中日本独自创制的词总结如下，见表 4。

表 4 日本独自创制的"－主義"

	词数	词例
增补版	16 （22.2%）	温情主義 客本主義 鶏卵主義 事大主義 重箱主義 刹那主義 对等主義 敵本主義 徒步主義 女人主義 白紙主義 薄利主義 無菜主義 モトクラ主義
大增补版	16 （19.0%）	あるとくらしいい主義 温情主義 客本主義 鶏卵主義 三益主義 事大主義 重箱主義 刹那主義 でもくらしいい主義 徒步主義 女人主義 白紙主義 無菜主義 モトクラ主義 山手至上主義

增补版中的日本独自创制的"－主義"为 16 词，占比 22.2%，大增补版中同为 16 词，占比 19.0%。总体上看，两版词典中日本独自创制的"－主義"总计 32 词，区别词数为 21 词，约占以"－主義"为后缀的词的 2 成。

从词义来看，日本独自创制的"－主義"有以下几种类型。

（1）利用已有日语词或外来词创制的，带来时尚、摩登感的**新感觉词**，如"モトクラ主義""あるとくらしいい主義""でもくらしいい主義"。

（2）反映大正时期流行和世态等时代特征的**流行词**，如"客本主義""徒步主義""白紙主義""無菜主義""薄利主義""山手至上主義"。

（3）表示新学说、新主张的社会思想领域的**新概念词**，如"温情主義""鶏卵主義""三益主義""事大主義""重箱主義""刹那主義""女人主義""对等主義""敵本主義"等。

按以上三个类别从『新字引』中分别引用词条如下。

【モトクラ主義】手近な眼前の用事を侮つて遠き将来を夢み憧れる主義。燈臺下暗しから出た言葉。

【無菜主義】下田歌子女史の実践女学校では、戦時に於ける欧米諸国の範に倣うて節約をせねばならぬとあって、毎金曜、畫食には、病者を除き職員七十餘名全校千三百名の生徒全部に菜の物を取ることを禁じ、即ち一週一食無菜主義を励行することにしてゐる。この日を名づけて菜無デーと呼んでゐる。

【刹那主義】刹那刹那の気分・情調を尊重し、その間の断定によつて生活する主義。人間の心は、刹那刹那に變化のあるものだから、一定の方針などは有り得べからざるものだといふ立場である。

最后选取『日本国語大辞典』（2000～2002 年以下略为『日国』），考察以上日本独自创制的"－主義"是否留存在现代日语中。经调查发现，21 词中有 8 词，如"温情主義""客本主義""事大主義""重箱主義""刹那主義""敵本主義""白紙主義"等被收录在『日国』中，其中，6 词属于新概念词，2 词属于流行词。

也就是说，以"－主義"为后缀的约二成词为日本独自创制的新词，可分为新感觉词、流行词、新概念词三类，其中表示新概念的词数量最多，这类词相较其他两类更容易被固定留存下来。

3. 仅有意译词的"－主義"

如前所述，以"－主義"为后缀的约二成为日本独自创制的新词，约八成是源自对外来概念的翻译。这些翻译外来概念的"－主義"意译词在新词词典中能否找到与之对应的音译词？首先可以看到『新字引』中收录了如下词条。

【浪漫主義】ロマンティシズム（其項参照）の當字である。夏目漱石の發案であるが餘り用ひられない。語の内容から考へても「浪漫」には概念が表はれてゐない。それに「浪漫」はローマンであるが、正しい發音はロマンである。

【徹底自然主義】Konsequenter Naturalismus（独）自然主義は現実の真を忠實に描寫するといふ其の一點に拘泥し、其の理論を押し進めて、自然の再現したといふ許りでは出来ない、直に自然そのものに近づくに従つて芸術の価値が高くなるとの主張をしたのが、ドイツのアルーノー・ホルツ（Arno Holz）である。

"浪漫主義"的释义中记述了其作为假借字的用法以及对应音译词"ロ

マンティシズム"，"徹底自然主義"的释义介绍了该词源自德语"Konse-quenter Naturalismus"，但未见音译词信息。本文将"浪漫主義"看作与音译词共存的概念，"徹底自然主義"看作仅有意译词的"－主義"概念。表5是两版词典中仅有意译词的数量和具体词例。

表5 仅有意译词的"－主義"

	词数	词例
增补版	14 (19.4%)	異教主義 科学万能主義 享楽主義 禁欲主義 克己主義 実利主義 制欲主義 徹底自然主義 天才主義 伝統主義 唯美主義
大增补版	16 (19.0%)	異教主義 科学万能主義 享楽主義 克己主義 実利主義 社会改良主義 制欲主義 精力主義 徹底的自然主義 天才主義 伝統主義 美至上主義 唯美主義

从词数上看，两版词典中的仅有意译词的"－主義"比例差别不大，均接近20%。整体上看，两版词典中仅有意译词的"－主義"总计30词，区别词数为20词，约占全体的二成。

从语义进行分析，可以将仅有意译词的"－主義"进一步细分为不存在音译词和优先意译词这两类。

【天才主義】天才自身が自己の卓越せる天分、常人の追随を許さぬ特質を、自己の標識として、些些たる習俗・謬信を超越して自己の歩む道を勇進する主義。「超人主義」を見よ。

【禁欲主義】Asceticism（英）人間の感覚的方面から来る欲望を悉く不浄不潔なものとしてこれを固く禁ずる主義。「克己主義」を見よ。

【制慾主義】生慾・性慾を節制して、放縦・淫蕩といふことから退く主義。「克己主義」を見よ。

如被尼采视为理想的"天才主義"作为新思想、新概念引入日本的时候，没有采用将原词进行音译的外来词，而是选择了以"－主義"为后缀的意译词。同属于此类词的还有"徹底（的）自然主義""科学万能主義""社会改良主義""伝統主義"等。

除了上述不存在音译词的情况之外，还有优先意译词这一类。以英语的"asceticism"为例，日语中存在与其相对应的音译词"アセティシズ

ム",调查『日国』可知其首次出典为『新しき用語の泉』（1921）。笔者调查该词在先行词典『外来語辞典』①（1914）中已有收录，释义中使用了对译词"難行苦行""制欲主義"。也就是说，"asceticism"在大正时期被引入日本时，创制出了多种译词，且没有固定译词。大正时期新词词典相比音译词，更倾向于介绍"禁欲主義""制欲主義""克己主義"等意思相近的意译词。同属于此类别的还有与"aestheticism"对应的"唯美主義""美至上主義""享楽主義"，与"energism"对应的"精力主義"等。

最后选取『日国』，考察以上仅有意译词的"－主義"是否留存在现代日语中。经调查发现，20词中有12词——如"享楽主義""禁欲主義""克己主義""実利主義""社会改良主義""制欲主義""精力主義""超人主義""伝統主義""唯美主義"等被收录在其中，超过一半。

新词词典『新字引』两版中收录的"－主義"中约二成仅存在意译词，其中包含不存在音译词和优先意译词这两类。这种在音译词和意译词竞争中呈现优势的词，过半数都留存在了现代日语中。

三 后缀"－イズム"

以"－イズム"为后缀的外来词的构词比较单纯。增补版中总计收录45词，除复合词"イエロー・ジャーナリズム"和派生词"ネオ・ロマンチズム""ポスト・インプレッショニズム"之外，其余42词全部为单纯词。大增补版总计收录68词，以上3词全部收录在该词典中，其余65词全部为单纯词。接下来将从"－イズム"的来源和仅有音译词的"－イズム"两方面展开讨论。

1. "－イズム"的来源

"－イズム"对应外来词词缀"－ism"，『新字引』中收录的"－イズム"为后缀的构词中是否全部都是源自外来概念？有没有日本独自创制的词？经调查发现，增补版中仅有1例"テクテクズム"，大增补版中除了"テクテクズム"之外还收录了"モモタリズム"。也就是说在『新字引』两版中共收录了2例日本创制的词。以下是词典中收录的"テクテクズム"

---

① 『外来語辞典』（1914）关于"アセティシズム"的释义为：アセチシズム（Asceticism）〔英〕難行苦行。制懲主義。

和相关词条。

【テクテクズム】京都家政女学校主唱にかかる**徒歩主義**の標語の一である。テクテク歩くといふ意味に主義という「ズム」の字をつけたものである。また同校では「テクテクズム」と称する唱歌を作つて遠足の時など歌はせてゐる。

【てく】徒歩の意味に用ひてゐる、「てくてく歩く」といふところから、名詞にも用ひ、又「てくる」「てくつく」などと動詞にも用ひる。

【テクシー】徒歩のこと。てくてく歩くこと。タクシー（其項参照）をもぢつたもの。

【テクモビル】テクテクズム、又はテクシーと同義。徒歩のてくを、オートモビル（其項参照）にもぢつて言ふ。

从释义中可以看到，"てくてく"表示"连续走相当长距离"，其缩略形"てく"作为词条收录，表示"徒步"。在"てく"后加上和语词构词成分"る""つく"构成"てくる""てくつく"，或者模仿外来词"タクシー""オートモビル"造出"テクシー""テクモビル"，或者与表示"主义"的"ズム"结合构成"てくてくズム"，同为表"徒步"或"提倡徒步走"的含义。这一方面反映了当时社会关注的问题和世态，另一方面也反映出大正时期对新词极高的关注度使得相关新词大量出现。以上相关新词通过检索『日国』，可知"てく""てくる""てくつく""テクシー"4 词收录在其中，而"テクテクズム""徒歩主義""テクモビル"未见收录。

与由日本独自创制的"－主义"相比，大正时期表达新思想、新概念的"－イズム"虽然已开始独自创制新词，但数量非常有限，"－イズム"的本土化程度远不及"－主义"。

2. 仅有音译词的"－イズム"

如前所示，后缀"－イズム"构成的词绝大多数是源自外来的概念。接下来讨论『新字引』中的「－イズム」是否存在对应的意译词，仅有音译词的数量有多少。

【アセイズム】Atheism（英）「無神論」を見よ。エイシーズムと讀むのが正しい。

　　【スケプティシズム】Scepticism（英）懐疑説。（其項参照）

　　【ポスト・インプレッショニズム】Post impressionism（英）「後期印象派」を見よ。

　　【ジャーナリズム】Journalism（英）<u>新聞業</u>、<u>新聞調</u>、<u>雑誌式</u>、<u>新聞中心</u>、<u>雑誌向き</u>などといふ意味。

　　【エロー・ジャーナリズム】イェローが正しい。Yellow journalism（英）「黄色新聞調」を見よ。

　　【ヹェルテリズム】Weltalsim（英）ゲーテの傑作小説、『若きヹェルテルのなやみ』の主人公ヹェルテルより出づ、「恋故に生く」といふ主義。

　　从『新字引』收录的以上词条可以看到，一方面，"－イズム"多与"－主义"相对应，同时也存在与"－論"（"アセイズム－無神論"）、"－説"（"スケプティシズム－懐疑説"）、"－派"（"ポスト・インプレッショニズム－後期印象派"）对应的情况。另一方面，如"ジャーナリズム""イエロー・ジャーナリズム"等词在现代日语中几乎失去对应意译词[①]，『新字引』中则可以看到释义中意译词的使用。而"ウェルテリズム"从释义可以判断为仅有音译词的"－イズム"。两版词典除了"ウェルテリズム"，还有以下词是仅有音译词的"－イズム"，见表6。

表6　仅有音译词的"－イズム"

	词数	词例
增补版	6 (13.3%)	ウェルテリズム　エクスプレッショニズム　サッフィズム　ディレッタンティズム　マンネリズム　バハイズム
大增补版	6 (8.8%)	ウェルテリズム　カイゼリズム　サフレジェティズム　ディレッタンティズム　バハイズム　メンデリズム

---

① 『日国』中关于"ジャーナリズム""イエロー・ジャーナリズム"的释义为（书证略去）：ジャーナリズム〔名〕（journalism）新聞、雑誌、ラジオ、テレビなど時事的な関心を主体とするマスコミュニケーションの媒体機関の総称。また、その世界で行なわれる活動。イエロー・ジャーナリズム〔名〕（yellow journalism）扇情的な記事に重きをおく、興味本位な新聞編集の行き方。また、その新聞。

从整体上看，两版词典中仅有音译词的"－イズム"总计 12 词，区别词数为 9 词，约占后缀"－イズム"构词的一成，也就是说约九成的音译词是与意译词共存的。

从语义上看，全部 9 个词都是表示新概念的词，其中文学艺术领域的词 5 个，政治领域的 2 个，还有宗教领域和生物学领域的词各 1 个。另外，通过调查『日国』可知，其中的 6 个词被收录在词典中，超过了半数。

四　音译意译词组

在『新字引』两版中对应同一概念的"－主義"和"－イズム"看作一对音译意译词组，将词典中全部的词组抽出，其结果可以整理成表 7。

表 7　音译意译词组

	词数	词例
增补版	27	アイディアリズム－理想主義　アナーキズム－無政府主義 インディビデュアリズム－個人主義 インプレッショニズム－印象主義　エゴイズム－主我主義 クラシシズム－古典主義　コスモポリタニズム－世界主義 シンボリズム－象徴主義　センチメンタリズム－感傷主義 ナチュラリズム－自然主義　ニヒリズム－虚無主義 ヒューマニズム－人道主義　プラグマティズム－実用主義、実際主義 ペシミズム－厭世主義　マテリアリズム－物質主義、唯物論 ユニバーサリズム－世界主義 リアリズム－現実主義　ロマンチシズム－浪漫主義 ネオ・ロマンチシズム－新浪漫主義 テクテクズム－徒歩主義
大增补版	37	アイディアリズム－理想主義、唯心論①　アナーキズム－無政府主義 アニマリズム－半獣主義　インディビデュアリズム－個人主義 インプレッショニズム－印象主義 エゴイズム－主我主義、利己心、自利心、自分勝手、自己本位 クラシシズム－古典主義　コスモポリタニズム－世界主義 シンボリズム－象徴主義　センチメンタリズム－感傷主義 ナチュラリズム－自然主義　ニヒリズム－虚無主義 ヒューマニズム－人道主義　プラグマティズム－実用主義、実際主義 マテリアリズム－物質主義、唯物論 リアリズム－現実主義、写実主義

① 下划线为大增补版中释义中新增的译词或是新收录的词条。

续表

	词数	词例
大增补版	37	ロマンチシズム－浪漫主義　テクテクズム－徒歩主義 アニミズム－生気主義、萬有精神論、生気崇拝教 エクスプレッショニズム－表現主義　エピキュリアニズム－快楽主義 ヘドニズム－快楽主義、快楽説 ポジティビズム－積極主義、実証論、実験哲学 マンモニズム－拝金主義、蓄財主義　ミスティシズム－神秘主義 ユーティリタリアニズム－功利主義

从词例可以看出，音译意译词组存在"アナーキズム－無政府主義"这种一一对应的情况，也存在一个音译词对应多个意译词的形式，如"ポジティビズム－積極主義、実証論、実験哲学"。从词典的纵向比较可知，增补版的 27 组词中，一对多组仅为 3 组，而大增补版中增加到了 14 组，发生了显著的变化。以下从两个方面分析译词增加的原因。

1. 多义词

以"アイディアリズム""リアリズム"为例来进行说明，以下是增补版和大增补版中的释义。

【アイディアリズム】Idealism（英）「理想主義」を見よ。

【アイディアリズム】Idealism（英）「理想主義」及び「唯心論」を見よ。

【リアリズム】Realism（英）「現實主義」を見よ。

【リアリズム】Realism（英）「現實主義」「写實主義」を見よ。

"アイディアリズム""リアリズム"和对应的意译词都不是进入大正时期之后引入日本的，大增补版中的"アイディアリズム"新增的"唯心論"和"リアリズム"新增的"写實主義"分别是哲学和文学领域的意译词。也就说，原词为多义词的情况下，使用领域和语义的不同产生了新的意译词。

2. 未固定译词

以上提到的多义词不仅在大正时期新词词典中出现，在现代外来词词典中也存在。这里要说的未固定译词是大正时期新词词典中译词增加的主

要原因。以下以"マンモニズム""アニミズム"为例进行说明。

　　【マンモニズム】Manmonism（英）拝金主義。蓄財主義。
　　【アニミズム】Animism（英）萬有精神論。生氣主義。生氣崇拝
教。世界の各地方に散在する原始的種族の間に行はれる迷信の稱。
日月・星辰・山川・草木・禽獣・蟲魚は皆悉く何等かの威力（善意
又は悪意）を有するものと信じ、人間の病気・不幸・災難は皆これ
ら外界の威力によるものと信ずるものを云ふ。

　　调查『日国』中"マンモニズム"的首次出典在『外来語辞典』（1914），
是大正时期的新概念。大增补版中使用两个近义译词"拝金主義"和"蓄
財主義"来释义。调查大正时期相关词典①可知"アニミズム"的首次出典
为 1925 年的大增补版。正因为此，释义中出现的"生氣主義"等多种译词
均属于新概念引入初期创制出来的新词，尚未被大众熟知和接受，更谈不
上成为固定译词。同时，这也与荒川提及的大正时期和昭和初期出现的
"翻译词无限"现象密切相关。这一时期，"不仅是词典编纂者，文学家和
执笔者也无一不在翻译词创制的竞技场里策马，竞相创制新词"②。也就是
说，大正时期虽然已逐渐由汉语词造词转向音译片假名造词，但基于汉语
词创制的意译词仍广受青睐。

结　论

　　本文通过调查大正时期代表性新词词典『新字引』的增补版（1919）
和大增补版（1925），抽出其中所有以"－主義"和"－イズム"为后缀
的词，从意译词和音译词竞争的角度进行考察，得出以下结论。
　　从『新字引』整体来看，（1）两版词典中"－主義"的造词均多于"－

---

①　本文通过调查 10 种大正期新词词典和外来词词典确认首次收录时间。词典的基本信息如下：
　　『日用舶来語便覧』（1912）、『文学新語小辞典』（1913）、『外来語辞典』（1914）、『ポケ
　　ット顧問や、此は便利だ』（1918）、『現代新語辞典』（1919）、『訂正増補新らしい言葉の
　　字引』（1919）、『新しき用語の泉』（1922）、『英語から生れた新しい現代語辞典』
　　（1925）、『大増補改版新しい言葉の字引』（1925）、『最新現代用語辞典』（1925）。
②　荒川惣兵卫：「翻訳語の敗退（2）」，『外来語研究』，东京：平野书店，1936 年，第 66 页。

イズム"的造词。（2）日本独自创制的"－主義"约占二成，而"－イズム"仅发现2例，"－主義"的本土化程度远高于"－イズム"。（3）仅有意译词的"－主義"约占二成，仅有音译词的"－イズム"约为一成。也就是说，大正时期"－主義"和"－イズム"作为"－ism"的对应词缀在新词创制过程中多数情况互为补充，但不可否认"－主義"比"－イズム"的造词数量多，本土化程度高，造词能力强，所以说两者竞争中"－主義"更胜一筹。

从两版词典的纵向比较来看，（1）大增补版中造词趋于复杂，音拍呈增长的趋势。（2）大增补版中音译意译词组中一对多的现象显著增多，印证了大正时期"翻译词无限"的现象。

The Competitionbetween "－主義" and "－イズム":

Focus on the Comparison between the two Editions of New Words Dictionary

Abastract：As the corresponding affix of "－ism", "－主義" and "－イズム" actively created a large number of terms in the field of social thought. The Taisho period is the key period of the transformation from Kango to Gairaigo. Free translated words and transliterated words represented by "－主義" and "－イズム" present a competitive situation. Through the investigation of the two editions of new words dictionary, in the Taisho period, "－主義" and "－イズム" complement each other, and "－主義" is superior to "－イズム" in the competition. And also, compared with 1919 editon, word formation structure tend to be more complex, length of words become longer, the phenomenon of one transliterated word corresponding to multiple free translated words increases in 1925 edtion.

Keyword："－主義"；"－イズム"；New Words Dictionary

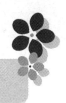

日本文学与文化

上田秋成的《故乡》与中国文学

——知命保身思想的渊源及安分意识

岳远坤*

【摘　要】本文以上田秋成晚年的赠序体散文《故乡》为研究对象，以"知命保身"为关键词，通过与原典《送李愿归盘谷序》的比较，结合上田秋成的阅读视野中的《古文真宝后集》与韩愈谪居时的其他散文，同时参照苏轼的诗文、扬雄的《反离骚》以及朱熹、李贽、日本古学派学者等对《反离骚》的评价和他们对屈原的认识，将本文置于近世东亚的思想文脉当中，联系上田秋成早年的小说和晚年的其他作品，考察《故乡》中所体现的"知命保身"思想的渊源及其形成的语境，并分析其中所体现的安分意识。

【关键词】上田秋成　知命保身　安分意识　阳明学左派《反离骚》

引　言

上田秋成是日本近世著名的文学家，因其小说多改编自中国文学作品，受到中日学界广泛的关注，而其更适合直接表达思想的散文作品与中国文学作品或晚明思潮也有着千丝万缕的联系，但是在中日两国学界，尤其是在国内学界，几乎没有得到相应的关注。上田秋成晚年的歌文集《藤篓册

---

* 岳远坤，北京大学日本语言文化系、北京大学东方文学研究中心助理教授，研究方向为日本古典文学、中日比较文学、文学翻译理论与实践。

子》中有不少仿照唐宋散文创作的作品，如《应云林院医伯之需拟李太白春夜宴桃李园序》《故乡——效韩退之送李愿归盘谷序》等在标题中表明其为仿拟之作的散文；也有如《古战场》《砚台》《枕流》等散文作品，虽未标注仿拟，但其构思分别来自李华的《吊古战场文》、唐庚的《古砚铭》和欧阳修的《秋声赋》。而以上作为原作或出典的五篇脍炙人口的唐宋散文作品，均收录于江户时期流传十分广泛的《古文真宝后集》。① 此外，卷四的《初秋》和《中秋》两篇作品，也被认为受到《古文真宝后集》中苏轼的前后《赤壁赋》的影响。②

关于《故乡》一文表达的思想，日本学者铃木米子认为，《藤篓册子》中很多文章都表现了上田秋成晚年的不遇、薄命意识及其对老衰的思考，而以不遇者为题材的中国古典散文作品作为出典的《故乡》一文，浓厚地表达了上田秋成的不遇意识。③ 山本绥子在《藤篓册子〈故乡〉的自我像》中，主要通过考证《故乡》与《徒然草》的出典关系，说明了上田秋成的隐者观，同时指出《故乡》与《送李愿归盘谷序》的不同，认为上田秋成晚年留在京都而没有选择返回故乡大阪，实际上是出于追求风雅之心，出于主观的意志，而非客观条件所致。④ 本文主要从《故乡》的文本出发，通过与原作《送李愿归盘谷序》的比较，结合上田秋成的阅读环境及其阅读视野内的《古文真宝后集》《唐宋八家文读本》，联系韩愈谪居时所作的《送区册序》、苏轼的《定风波》，并以扬雄的《反离骚》以及朱熹和李贽等人对《反离骚》的评价等作为参照，从近世东亚文脉的梳理中，考察《故乡》中所体现的"知命保身"思想的渊源及其思想形成的文化语境，分析其中体现的安分意识。

一 作为思想表达手段的赠序体散文

《送李愿归盘谷序》原为韩愈为即将归隐的友人李愿写的一篇赠序，收

---

① 〔日〕倉本昭：「秋成和文の方法——『古文真宝後集』利用の一側面」，『近世文芸　研究と評論』45，1993，第 34 頁。

② 〔日〕長島弘明：「秋成の和文——『藤簍冊子』を例に」，『秋成研究』，東京：東京大学出版会，2000，第 329 頁。

③ 〔日〕鈴木よね子：「秋成散文の表現——『藤簍冊子』の自己言及」，『見えない世界の文学誌』，東京：ぺりかん社，1994，第 341～354 頁。

④ 〔日〕山本綏子：「『藤簍冊子』「故郷」の自己像」，『鯉城往来』4，2001，第 27～40 頁。

录于《古文真宝后集》（卷之三）。所谓赠序，是中国古代散文文体的一种，起源于六朝时的饯别诗序，但唐代以后，赠序文逐渐发展成一种独立的文体，多数文章中已经没有饯别诗歌，但仍为饯别友人时所作。罗灵山指出，促使赠序这种文体脱离诗歌而走向独立化，除了很多人开始主动请人为自己做赠序之外，另一个重要原因就是"韩、柳等古文家赋予了它更多的社会内容"，从而"改变了单叙亲朋故旧私情的作风，而每每反映了作者的一些政治思想见解"。① 《送李愿归盘谷序》正是这样一种包含更多"社会内容"，表达作者思想的作品。亦是因为丰富的思想性，这篇赠序在历代受到了高度的评价，成为脍炙人口的古文名篇。而上田秋成的《故乡》一文，是效仿韩愈的《送李愿归盘谷序》而作的一篇日文文言散文。上田秋成的朋友力斋主翁向他提起韩愈的这篇文章，并跟他提起苏轼对此文的称赞："余谓唐无文章，惟韩退之《送李愿归盘谷序》而已。平生欲效此作一文，每执笔辄罢，因自笑曰：不若且放，教退之独步。"② 这段话在其晚年的随笔集《胆大小心录》中亦有提及，可见苏轼的这段评价对上田秋成的影响之大。力斋主翁希望上田秋成能仿照这篇赠序为其作文一篇。从主动请人作序这一点上来说，上田秋成的这篇和文与《送李愿归盘谷序》本质上是相同的，并非单纯表达送别亲友的离愁别绪，而是一篇包含丰富的社会内容、表达作者思想、作为独立文体的赠序体散文。

二 知命保身思想的渊源与近世东亚文脉中的屈原观

在《送李愿归盘谷序》中，韩愈首先对友人李愿隐居之地盘谷的秀丽风景进行铺陈，然后借李愿之口述怀，将世上的人分为三类：第一类为得势之人，知命于天子而施展抱负。第二类为不得势则"我则行之"，回归自我，归隐山林之人。而第三类人则为"伺候于公卿之门，奔走于形势之途，足将进而趑趄，口将言而嗫嚅，处污秽而不羞，触刑辟而诛戮，侥幸于万一，老死而后止者"，不得势却蝇营狗苟、趋炎附势、不择手段之人。李愿认为前两类人都是在传统儒家思想中被视为理想人格的"大丈夫"，而第三类人则为人所不齿。他指出自己之所以选择归隐山林，"非恶此而逃之，是

---

① 王凯符、张会恩主编《中国古代写作学》，中国人民大学出版社，1992，第417页。
② 此句见于宋人胡仔纂集的诗话集《苕溪渔隐丛话》前集卷十八韩吏部下。

有命焉，不可幸而致也"。①

李愿称自己并非不愿"遇知于天子、用力于当世"，实在是"命"之所致。上田秋成在《故乡》中对这句感慨进行了敷衍，整篇文章都围绕"命"这一议题展开。众所周知，"命禄"一词出自王充的《论衡》，上田秋成晚年频繁使用并受其影响，这一点已经是学界的共识。稻田笃信认为上田秋成使用的"命禄"一词，意为人之遇与不遇受到天命的支配，不以个人意志为转移。② 长岛弘明则对上田秋成文学中"命禄"一词的用例进行梳理，认为宽政九年妻子瑚琏尼的去世和十年的双眼失明，上田秋成在老衰和贫困潦倒中认识到"命禄"的存在，并认为"命禄"是贯穿《春雨物语》的重要主题。只是，他同时指出，让上田秋成认识到"命禄"、让他的文学观从"发愤著书"转变为"安不遇"的，并不仅仅是生命的老衰和生活的贫困，更根本的原因应该是他在《安安言》中如"古古而今今之安安才是庶民之分度"所示的分度意识。③ 而此处所谓的分度，意指本分，指符合某种身份、地位与境遇。他在这里认为，时代发展的潮流不可逆转，安于时代而不是幻想复古，将美好的幻想寄托于古代，才是百姓的本分。由此可见，其知天命的思想与安分意识是息息相关的。

按照长岛弘明整理的用例，"命禄"一词最早出现在游记作品《山里》中。④ 上田秋成早年的作品中虽然没有使用"命禄"一词，但在其创作《雨月物语》的时期其实就已经意识到"命禄"的存在，比如《贫福论》中这样写道：

> 品行端正，亦有至诚之心，却穷困潦倒。（这种人）乃因生来受天苍氏恩赐较少，即便劳其精神，终老亦无法得到富贵。⑤

---

① 其中《送李愿归盘古序》的文本引用对照早稻田大学馆藏古籍『古文真宝後集諺解大成』（林羅山諺解；鵜石斎梓），寛文三年刊（1663）。

② 〔日〕稻田篤信：『名分と命禄——上田秋成と同時代の人々』，東京：ぺりかん社，2006，第 127 頁。

③ 《安安言》写作于 1792 年，以对本居宣长的古道论批判为中心，阐述了秋成自己的历史观和学问观，批判了本居宣长的复古主义思想，表明了上田秋成的反复古主义的思想。本句引用的日语原文为：古古而今今之安安ヲコソ、庶民ノ分度ナルベケレ，意为将古代当成古代，将今日当成今日，安于今日之安稳，乃庶民之分度。

④ 〔日〕長島弘明：「秋成と『論衡』——命禄を中心に」，和漢比較文学叢書 7『近世文学と漢文学』，東京：汲古書院，1988，第 149～168 頁。

⑤ 本文中引用的上田秋成作品中文译文，均由笔者译自中央公论社《上田秋成全集》，但因文本分析需要，个别地方会依据原文直译或照搬原文的汉字用词。

此处所说的"天苍氏"指造物主或天帝，假托钱神之口，指出富贵与福报乃是命中注定，可求但不一定可得；而《菊花之约》中亦提到"死生有命，富贵在天"。因此可见，上田秋成在写作《雨月物语》时就流露出这种"命禄"的思想。只是随着晚年遭遇的不幸越来越多，他更加频繁地使用"命禄"一词，认为人的命运被不可知的力量左右，是不可预知的。可以说，《送李愿归盘谷序》中反复提及的"命"，正是此文打动上田秋成并使其产生强烈共鸣的重要原因。

在《故乡》的第二段和第三段中，上田秋成集中论述了知天命的思想，将世上的人分为两类，一类是得遇之人，一类是不遇之人。他认为人能获得成功或得势，关键不在于聪明或愚笨，而在于能不能遇。能不能遇，并非可以通过主观努力求得，往往是命运的安排。接着，他又通过中日两国的历史人物阐述知天命的思想，即人生由一种"不可知"①的力量即命运来安排。上田秋成肯定人们追求富贵的欲望，同时也认为富贵在天，强求不得，正如《贫福论》中钱神所说："古代贤人，求而得益则求，求而无益则不求，随自己的喜好遁隐山林，安度一生。"在《故乡》一文中，他也表达了同样的观点，具体如下：

> 出而不遇则退，获举则进，此乃世人立世之心，守住自己的分度。强行归隐也不是正确的选择。当进而退，错失了自身前程，就再也没有挽回的余地。而失去隐退的时机，无辜蒙冤受罪，那该如何是好？像那折东篱之菊、朝夕远望南山的人，归隐于山石之间者，是守住了自己的分度，乐享安逸。遭罢官而不悲戚之人，尤其可贵。而那逆势而为、入水自尽之人，不能说其愚笨，但一定是被理所逼吧。那窃声悲叹，愿以无罪之身到青山之中沧海之滨赏月的人，必有难言之隐，而非对朝廷不忠。

此处的论述与《雨月物语》中《贫福论》中钱神的观点相互照应。他认为得遇之时则进，不得遇之时则退，是人平安生活在这个社会上的立足

---

① 日野龙夫指出考察徂徕学与本居宣长的影响关系时指出，不可知的思想也是徂徕学和本居宣长的共通点之一，详见〔日〕日野龍夫『宣長と秋成——近世中期文学の研究』，東京：筑摩書房，1984。

之本。不该退隐时不强退，该退隐时毫不犹豫地退隐，不因为不得遇而伤
心难过。他盛赞陶渊明退隐之后依然能够平心静气地享受生活的态度。其
后举出与此对照的反面事例，所谓入水自尽之人是屈原，而愿以无罪之身
到海滨赏月所指乃是源显基。源显基是日本平安时代的公卿，"愿以无罪之
身"一句最早出自《江谈抄》第三卷第十五条，在各种说话文学作品中广
为传颂，在近世更是脍炙人口，而此处的引用与表达的隐逸思想则直接出
自《徒然草》。

> 因遭遇不幸而深陷忧虑之人，不应轻率地剃发为僧。宜闭门隐居，
> 不问世事，无所期待，悠然度日。显基中纳言有云：愿以无罪之身，
> 赏配所之月。诚然如此。

《徒然草》第五段①

关于"愿以无罪之身"一句的意思，解释不尽相同。但上田秋成在
《故乡》中，是通过前后对照的方式，将屈原和源显基与陶渊明的选择进行
对比，对屈原不能审时度势而入水自尽的选择和源显基未能退隐或没有及
时退隐而蒙受莫须有的罪名、无法自由自在地安享归隐的生活表示惋惜。
源显基惨遭流放，并非因为他对朝廷不忠，而是因为当归隐时未选择归隐。
而屈原得不到昏庸的楚王的重用，谏言得不到采纳，遂悲愤投江。上田秋
成认为不能说他的行为愚蠢，只是所谓的"理"束缚了他，对屈原的选择
表示否定。那么，上田秋成对屈原的这种评价是他独特的认识吗？以下通
过上田秋成的阅读环境和东亚文脉中屈原言说的梳理，考察上田秋成这种
思想形成的时代语境。

如前文所述，《古文真宝后集》在日本近世刊行各种版本，成为人们的
必读基础书目，而《藤篓册子》中的散文创作有七篇直接或间接受到《古
文真宝后集》的影响。有关屈原的作品，《古文真宝后集》卷一和卷二分别
收录了《渔父辞》和《吊屈原赋》。其中《渔父辞》一说为屈原本人所作，
所谓渔父"盖亦当时隐遁之士，或曰亦原之设词耳"（王逸）。对于屈原的
主张，渔父认为"圣人不凝滞于物而能与世推移，世人皆浊何不淈其泥而

---

① 此处由笔者翻译。底本为：『新編日本古典文学全集』44『方丈記・徒然草・正法目蔵随
聞記・歎異抄』，東京：小学館，1999。

扬其波？众人皆醉，何不铺其糟而歠其醨？何故深思高举，自令放为？"屈
原和渔父其实代表了两种不同的世界观，文中并未做好坏之分。林罗山所
注《古文真宝后集谚解大成》中高度评价屈原的精神"洁白高上"，因此选
择自尽，而渔父的说法是"隐者之词"。但其后引用宋人葛立方所著《韵语
阳秋》（第八）列出了反面观点，内容如下：

> 余观渔父告屈原之语曰：圣人不凝滞于物，而能与世推移。又云：
> 众人皆浊，何不淈其泥而扬其波；众人皆醉，铺其糟而歠其醨？此与孔
> 子和而不同之言何异。使屈原能听其说，安时处顺，实得丧于度外，
> 安知不在圣贤之域。而仕不得志，狷急褊躁，甘葬江鱼之腹，知命者
> 肯如是乎？故班固谓露才扬己，忿怼沉江。刘勰谓依彭咸之遗则者，
> 狷狭之志也。扬雄谓遇不遇命也，何必沉身哉。孟郊云：三黜有愠色，
> 即非贤哲模。孙邰云：道废固命也，何事葬江鱼。皆贼之也。①

葛立方首先指出渔父所言与圣人孔子的观点无异，认为如果屈原能听
从渔父的劝说，其选择也符合圣贤之道，在"圣贤之域"，而他投江的做法
则是"知命者"所不会选择的；后面则引用班固、刘勰和扬雄等人的说法，
否定屈原的选择。历史上对屈原的选择持否定态度的，最著名是扬雄的
《反离骚》，其评价如下：

> **夫圣哲之不遭兮，固时命之所有**；虽增欷以於邑兮，吾恐灵修之
> 不累改。昔仲尼之去鲁兮，斐斐迟迟而周迈，终回复于旧都兮，何必
> 湘渊与涛濑！溷渔父之铺歠兮，絜沐浴之振衣，弃由聃之所珍兮，踞彭
> 咸之所遗！
>
> （汉）扬雄《反离骚》②

扬雄认为，自古圣人均有不遇，以孔子为例说明，指出孔子在鲁国不
被重用，便选择离开，直到知遇，才又回到故国。他主张屈原应该学习圣
人的做法，不必为保全名节而投江。在此文的序言中，扬雄还指出，"君子

---

① 林羅山諺解，鵜石斋编『古文真宝後集諺解大成』（卷一），寬文三年刊（1663）。此处由
　笔者翻录为简体中文，并加标点。以下凡引古籍，均依此处理。
② 文本引用自张震泽校注《扬雄集校注》，上海古籍出版社，1993，第171页。

得时则大行，不得时则龙蛇。遇不遇，命也，何必湛身哉"以及"以神龙之渊潜为懿"，即不遇时选择归隐并不以为悲，反而能够自得其乐，这两句话所体现的知命保身的思想，与《故乡》上述引用部分"归隐于山石之间者，是守住了自己的分度，乐享安逸。遭罢官而不悲戚之人，尤其可贵"几乎表达了同样的观点。

扬雄非常喜欢屈原的赋，为屈原的死感到惋惜，因此作文凭吊，其中表达的观点直到宋代并未受到太多非议，也没有引起太大的争论。但宋代理学的出现，将这位"离经叛道"的《反离骚》作者推上了风口浪尖。朱熹认为"雄固为屈原之罪人，而此文乃《离骚》之谗贼矣"（《楚辞后语》卷第二《反离骚》第十六），对扬雄及其《反离骚》极尽讽刺。他虽然也认为屈原过于愚忠，却从道学家的角度对屈原忠君践道的做法进行辩护与褒奖，这样写道：

> 夫屈原之忠，忠而过者也。屈原之过，过于忠者也。故论原者，论其大节，则其它可以一切置之而不问。论其细行，而必其合乎圣贤之矩度，则吾固已言其不能皆合于中庸矣，尚何说哉。（中略）盖原之所为虽过，而其忠终非世间偷生幸死者所可及。
>
> （宋）朱熹《楚辞后语》卷第二《反离骚》第十六①

朱熹从道学家的立场肯定了屈原以死尽忠保节的做法，认为屈原的选择符合儒家思想中的圣贤之道，绝非那些贪生怕死苟且偷生之人可比，并对扬雄的人格及其说法进行了猛烈的抨击。朱熹认为扬雄没有在王莽篡位时"自死"，而后却死在王莽当政之时，讽刺其所谓"不遇则退"的说法，认为"不必沉身"的主张是"妾妇儿童之见"。而对于扬雄所说的孔子不遇而退的做法，朱熹也进行了反驳，认为孔子与鲁国不同姓，可以去，但屈原与楚同姓，所谓："同姓无可去之义，有死而已。"他从儒家伦理道德的角度指出以死殉道是屈原在那种情况下的唯一选择。②

---

① 蒋立甫校点，朱熹撰《楚辞集注》，上海古籍出版社，2001，第235页。

② 关于中国古代有关屈原的争论，黄中模有详细的梳理，参见黄中模《屈原问题论争史稿》（第八章，扬雄的《反离骚》及其引起的争论），北京十月文艺出版社，1987，第208～220页。而关于扬雄《反离骚》所表达的思想，许结的论文《论扬雄与东汉文学思潮》（载《中国社会科学》1988年第1期）中有详细考察，其中亦提及相关的论争。

对于扬雄的《反离骚》和屈原本人的做法，阳明学左派学者们也从人性的角度进行了关注，尤其是李贽，在《焚书》（读史卷五）中作文三篇，其中《反骚》一文为扬雄辩护，认为扬雄才是真正爱屈原的人（"正为屈子翻愁结耳"），认为那些假道人既不理解扬雄，也不理解屈原（"彼假人者岂但不知雄，然亦岂知屈乎"），对于屈原，"盖深以为可惜，又深以为可怜"。在接下来的《史记屈原》一篇中，李贽认为屈原"虽忠亦痴"，而在《渔父》一篇中，评价《史记》中《渔父》一篇，认为渔父对屈原说的那些道理，屈原心中自然明白，但他依然以杀身殉道，是"愚不可及"。

虽然李贽一生激进，狂狷不羁，最后以言论获罪，因不堪羞辱而自杀于狱中，但他在自己的著述中却主张知命保身。这种知命保身的思想源自阳明学左派的创始人王艮。激进的阳明学左派一方面拥有狂者精神，主张人格的自由和独立，"甘居素位而又勇于承担"，"可转化为急人之难的侠义精神"；另一方面又主张尊身与安身。对于这种看似矛盾的两极，正如中国文学研究者左东岭所指出的，王艮的"安身并非单指修德，亦有肉体生命保障之意"，"不是令人屈从媚世甚或助纣为虐而苟活，而是在保障肉体生命的同时，更需得到人格之尊重"。①

上田秋成在《雨月物语》的《菊花之约》中曾塑造了一个扶危济困、甘于清贫却有着侠义精神的人物左门，体现了这种理想人格。在《故乡》中未曾论及狂者侠义之精神，但在主张人格独立、人格尊严以及知命保身方面，与阳明学左派尊身与安身的思想是相通的。

日本古学派的儒学者伊藤仁斋（1627～1705）也曾就屈原的问题进行过评论。在《童子问》②中，继第十章论及"知命"之后，第十一章着重批判了宋儒以身殉道的主张。他认为"以一木支大厦之倒，君子不为"，主张"智者不强为"，"宋儒谬解中庸明哲保身之旨，贻害善类甚大也"。其中伊藤仁斋所说的"善类"是指方孝孺和李东阳。方孝孺原仕建文帝，后朱棣发动靖难之役，取得帝位。方孝孺入狱，后经多名大臣联合为其求情，朱棣决定免其死罪，并想重用他。但是他却刚正不阿，对朱棣破口大骂，因此获死。伊藤仁斋认为这种做法是不正确的。而在十四章中，伊藤仁斋否定屈原的做法，引用《渔父》中渔父的话，认为屈原"之所以自取其祸"

---

① 本段引文均引自左东岭《李贽与晚明文学思想》，人民文学出版社，2010，第34页。
② 刊行于1707年。伊藤仁斋的代表作。全书以汉文写成，以问答的形式阐释了仁斋对儒家思想的思考。

是因为"众人皆醉"他"独醒",没有看清时势,而认为"渔父"的"与世推移"即顺应时代的潮流,不强行逆潮流或强权而动,才是真正的"智者之言"。他认为当国家失道时,应该"默足以容",这才是"学问之所成,道德之所熟","非屈子之所能及"。他认为屈原的不足之处便是没有认清时势,白白牺牲了性命。①

荻生徂徕(1666~1728)虽然没有提及屈原的问题,但是在知天命与安分的问题上,与上田秋成的认识惊人的一致。他和上田秋成一样,认为人的命运乃是被一种神秘不可测的东西即"天"所左右的,认为人应该安于自己的身份、地位和境遇。关于以上两点,他的主张如下。

> 知命者,知天命也。谓知天之所命何如也。先王之道,本于天,奉天命以承之。君子之学道,亦欲以奉天职焉耳。我学道成德而爵不至,是天命我以使传道于人也。君子教学以为事,人不知而不愠,是之谓知命。凡人之力,有及焉,有不及焉。强求其力所不及者,不智之大者也。故曰,不知命,无以为君子也。后儒或曰知其所以然之理,或曰知吉凶祸福,或曰名利得失,毫不动心,皆不知道者之言也已。
>
> 荻生徂徕《辩名》上 智二则

> 天不待解,人所皆知也。望之苍苍然,冥冥乎不可得而测之。(中略)夫天之不与人同伦也,犹人之不与禽兽同伦焉。故以人视禽兽之心,岂可得乎。然谓禽兽无心不可也。呜呼天岂若人之心哉。盖天也者,不可得而测焉者也,故曰天命靡常,惟命不于常。(中略)宋儒曰,天即理也者,亦以私智测天者也。
>
> 荻生徂徕《辩名》下 天命帝鬼神十七则②

从以上两段话可以看出,徂徕批判了朱子学的天理观,认为"天不待解",认为天与人的关系如同人与禽兽的差别,二者不同伦,天命是人智所不能及的,是不可测的,不可知的力量。这即是徂徕的不可知论。他认为

---

① 本段引文均出自日本古典文学大系家永三郎など校注『近世思想家文集』,東京:岩波书店,1966。

② 本段「弁名」引自日本思想大系36『荻生徂徕』,東京:岩波书店,1973。在引用过程中笔者进行了简体转换,并对标点进行了改动。

天神秘不可测（不待解），但是又认为人应该"知天命"。日本学者田原嗣郎认为，"知天命"是"通过自己的行为和自己所处的客观位置和境遇，悟出上天赋予自己的使命"。① 这里所谓的"知天命"，是指安于上天赋予自己的境遇与地位，理解这是人智之"所不能及"的即知天之不可知，从而做一些以自己的身份、地位与境遇所能及的事情；而强求自己所不能及的，是不知命，不是君子所为。而在《论语征》中徂徕又指出："不知命，无以为君子也。命者，道之本也。受天命而为天子，为公卿，为大夫，士故学其政，莫非天职，苟不知此不以为天子也。"② 正如王青指出的，"徂徕认为天命虽然神秘莫测，但如果能够甘于自己先天的社会地位和身份，恪守社会准则，做好自己的本职工作，就是参与了先王之道，因为每个人的本职工作就是自己的天职"③。由此我们可以看出上田秋成与徂徕学思想的相似之处，即安分与知命：安分是安于自己的身份和境遇；而知命则是知天之不可知，命运非人力所能改变，也是安于自己的客观境遇。日野龙夫在指出儒学尤其是徂徕学对国学的影响时，便有不可知论这一条。④ 与本居宣长同时代的上田秋成，虽然与本居宣长有诸多争论，但是在天之不可知与安分这一点上，也同样明显受到徂徕的影响，有着浓厚的时代特征。

综上所述，上田秋成主张知命安分与保身保命，对屈原殉道的选择持否定态度，对陶渊明的选择却赞赏有加，赞赏其追求安适的生活以及辞官归隐后淡泊名利的生活态度。因此可以说，上田秋成在《故乡》中表达的安分意识、知命保身与否定殉道的思想，承袭扬雄的《反离骚》，与阳明学左派李贽等人以及日本的古学派儒学者伊藤仁斋和荻生徂徕的思想一脉相承。

三 作为秩序共同体的"故乡"与安分意识

在《故乡》中，上田秋成多次用到表示身份与"分度"的词语（"ほ

---

① 〔日〕田原嗣郎：『徂徕学の世界』，東京：東京大学出版会，1991，第110页。
② 『荻生徂徕全集』第四卷，東京：みすず書房，1978，第360页。原为影印，翻录与标点为笔者。
③ 王青：《日本近世思想概论》，世界知识出版社，2006，第45页。
④ 日本学者日野龙夫承认宣长思想的独创性，但是认为使宣长的理论构建成为可能的，是荻生徂徕的儒学学说的影响。这里的影响包括：文人意识、通过古语学习体验古代人的心的方法论、不可知论、道德的宽容主义、劝善惩恶的文学论的否定、注重表现美等（参见〔日〕日野龍夫『宣長と秋成』，東京：筑摩書房，1984，第192页）。

ど""ほどほど""身のほど")。如前所述，上田秋成认为每个人的地位、境遇和身份等都是命中注定，人们只有安于自己的地位、身份或境遇，才能保证自己在等级秩序森严的社会中生存下去，这种所谓的安分意识，与前面所说的获生徂徕的观点是一致的。如《故乡》中写道，古时有两个知识渊博的人，一个荣登高位，一个隐居山林，是因为身份、地位与境遇不同。同时他又指出，乡下的农民应该努力种田，操持家业，不厌弃寒冬炎夏，不因自己身份对应的"业"而烦忧，如武士应该治理国家，农民应该种田等，各安其分；继而抒发情感，认为自己住在贵族们居住的京都却感到孤独，大概是因为身份贫贱。上田秋成一方面道出自己移居京都时的孤独心境；另一方面指出人们应该住在与身份相符的地方，只有安于境遇，才能获得心安，否则会劳心伤己，进一步指出安于身份和境遇而不强求的重要性。知足安分以安身保身，可以说是上田秋成一贯的人生哲学。那么，他认为何处才能安身呢？从《故乡》的叙述中可以看出，他认为这个可以让人安身安心的地方是故乡，并认为此乃命之所归。这与其知命保身的思想是一致的。

上田秋成也曾应同一位朋友之约，仿李白的序文写过一篇《应云林院医伯之需拟李太白春夜宴桃李园序》①，题名几乎没有改动。而在这篇效仿韩愈序文写的《故乡》中，上田秋成不仅将原文的标题改成了《故乡》，而且在论述知命与安分的思想时，将笔墨重点放在对故乡的描述上，由此可以窥见上田秋成的主要意图。

原作《送李愿归盘谷序》中并没有出现"故乡"一词，而且韩愈在赠序中只有写到送隐士李愿归盘谷，并没有说送李愿归故乡。关于李愿其人是谁，曾有学者认为是"西平王李晟的儿子""因罪去职，所以到盘谷做隐士"，但是钱伯城通过对史料的考察，认为李愿另有其人。至于这位李愿是谁，至今尚无人得出可靠的结论。② 但是，不管这位李愿是谁，读者能确定一点：那就是他曾经入朝为官却不受重用，因此选择隐居，是一位隐士，而盘谷则是他的归隐处。

另外，汉语中的归，《说文解字》中解释为："归，女嫁也。"（二篇上）③是指归宿的意思。而《康熙字典》中，解释为"归，不返之辞"，"妇人谓

① 收录于《藤篓册子》卷五。
② 钱伯城：《泛舟集》，中国社会科学出版社，1997，第 44 页。
③ 许慎撰，段玉裁注《说文解字注》，上海古籍出版社，1982，第 68 页。

嫁曰归，反曰来归"（辰集下）①。因此可以看出，古汉语中的"归"并非强调返回故乡或出生地，大部分时候是找到归宿或者去了某个地方而不再回来，归附于某地或安于某地的意思。李白有一首题为《赠王判官，时余归隐居庐山屏风叠》的诗作。当时李白寻觅报国途径却无功而返，遂决定躲避战乱隐居于庐山。②众所周知，庐山并非李白的故乡，他只是暂时归隐庐山，仍用了"归"字。而在其寓居安陆（现湖北省安陆市）时，他写过一首《安陆白兆山桃花岩寄刘侍御绾》，其中亦有一句："归来桃花岩，得憩云窗眠。"这里亦用了"归"字。因此，可以说既没有任何材料可以证明李愿的出身和他的故乡，也没有任何迹象表明盘谷是隐士李愿的故乡。

但上田秋成不仅将自己的文章命名为《故乡》，而且花费大量的笔墨论述故乡的意义，比如以下这段，译文如下：

（1）那山谷深处的山民，心峭直，面目狰狞，言如鸟啼，难以交流。（2）只因彼处乃是故乡，回归故乡，是希望寻得心安。（3）若远走陌生的国度，遥远的他乡，那里崇山峻岭，海阔浪高，人民大概也是面目狰狞、心思歹毒，到了彼处，定无人照应。京都一带倒是山清水秀，草木的花朵殷殷含笑。目之所见，皆有情趣，令人流连忘返。（4）但即便在此向往的居住地，依然闷闷不乐，乃是因其有违寻求心安的初衷。看世间那些年轻男子，到寻欢作乐之人，能做到心满意足的，也不过十之一二。酒家笑脸相迎，歌妓尽心侍奉，那样称心的夜晚，倒能让他们兴趣盎然。可老后他们便（会自食恶果）知晓，隐忍愤怒，忍耐贫穷多么痛苦。

上田秋成主张安于故乡，即便故乡粗鄙而不风雅。这体现了他主张安于境遇和身份地位的思想。在《送李愿归盘谷序》中，韩愈也描述了隐居之地的各种好处。"穷居而野处，升高而望远，坐茂树以终日，濯清泉以自洁；采于山，美可茹，钓于水，鲜可食。起居无时，惟适之安。"上文中上田秋成对京都和他乡的描写，比如山清水秀、风景秀丽等，源自韩愈这段

① 《康熙字典》，中华书局，1958，第578页。
② 安旗、阎琦编著《李白诗集导读》，中国国际广播出版社，2009，第77页。

对隐居之地的描写。或者说，除了穷居野处和起居无时的不便之外，韩愈在赠序中着重描写了隐居之处风景秀丽、水和食物都很新鲜等诸多好处，以说明这是让隐居者"适之安"的原因。但秀丽的风景对于上田秋成来说却并不是最重要的。如本段第一句所示，上田秋成强调了故乡的种种不好，说那里的居民生性峭直，长相丑陋，说话像鸟语一般，无法交流。上田秋成通过将故乡的粗鄙和别处如京都的秀丽风景进行对比，强调了故乡的重要性不在于外在的风景美，而是因为故乡是人们的"心安之处"。

四　此心安处是吾乡——《故乡》与韩愈的《送区册序》、苏轼的《定风波》

上田秋成阅读的汉籍中，还有一部重要的作品，即在日本江户时代产生过重要影响的《唐宋八家文读本》。《藤篓册子》汉文序首句"古文云，文章穷而后工"即《唐宋八家文读本》卷十一中所收《梅圣俞诗集序》（欧阳修）提到的观点。① 而《唐宋八家文读本》中收录了韩愈的另外一篇赠序《送区册序》，在文字上也可以看出上田秋成的《故乡》受其影响的痕迹。② 相关段落引用如下。

> 阳山，天下之穷处也。夹江荒茅篁竹之间，小吏十余家，皆<u>鸟言夷面</u>。始至，<u>言语不通</u>，画地为字。
>
> 韩愈《送区册序》

由上面的引用可以看出，上田秋成对故乡之乡下人的描写"面目狰狞，言如鸟啼，难以交流"几乎可以看作是对上文画线部分"鸟言夷面"与"言语不通"两句的日文翻译。《送区册序》是韩愈被贬偏僻之地阳山时所作，当时"韩愈经过六十余日的跋涉，来到距京师长安三百八十余里

---

① 参见新日本古典文学大系《近世歌文集》中收录的《藤篓册子》注释。鈴木淳、中村博保校注『近世歌文集』下，東京：岩波書店，1997，第 265 頁。

② 明代文人茅坤编辑的《唐宋八大家文钞》、清沈德潜编撰的《唐宋八家文读本》中均收录《送区册序》，后者的和刻本赖山阳（1788～1832）增评的《增评唐宋八家文读本》（早稻田大学图书馆藏古籍『增評唐宋八家文読本』卷 1～30，沈德潜评点，頼裹增评）虽然出版于上田秋成去世之后，但作为大致同时代的古文选本，具有一定的参考意义。前者在日本现存明刊本、清刊本。

的阳山"①，因此韩愈在文章的开头抒发了自己无法适应当地环境和语言的苦恼。阳山并非韩愈的故乡，也不是他主动寻求的隐身安居之处，而是遭贬流放的之地。

但是，上田秋成在《故乡》中描写故乡的乡下人形容与言语粗鄙，指的是精神上的无法交流，这一点与韩愈的《送区册序》中原句所要表达的主旨完全不同。上田秋成在这里引用其中对阳山山民的描写，仅仅是用来形容故乡（乡下）的恶劣环境，并与风景秀丽的京都进行比较，强调故乡的环境虽然粗鄙，却可以让人心安。他在《故乡》一文中指出故乡之人或许没有文化，并因为文化层次的问题而无法交流，但是毕竟大家都相互熟识。正如池内敏所说："对于（江户时代的）人们来说，出生地即出生的地方，首先是一个能够唤起归属意识的地方。在那里，自己认识周围的人，周围的人也熟知自己。"② 从《故乡》一文中可以看出，上田秋成亦持这种观点，正如前述引用部分画线（3）指出，若是异地他乡，环境险恶之地，"定无人照应"；又如画线（4）指出，即便是在花好月圆、令人流连的京都，也常常感到闷闷不乐，是因这个地方与身份、地位不符，"有违寻求心安的初衷"。

上田秋成的《故乡》脱胎于韩愈的《送李愿归盘谷序》，但有些表达与《送区册序》有相似之处。《故乡》一方面继承了知天命的思想，另一方面将重点放在"安于故乡"即安分这一点上。可以说，《故乡》与韩愈的《送李愿归盘谷序》的最大不同便是强调"心安之处"。《故乡》中类似"心安之处"的表达出现过多次，而作者认为心安之处是故乡。

在苏轼的词作中，有一首广为人知的《定风波》，其中有一句"此心安处是吾乡"。前文提到宋人胡仔所著《苕溪渔隐丛话》中亦收录其词序，内容如下：

> 《东皋杂录》云：王定国岭外归，出歌者劝东坡酒，坡作《定风波》。序云：王定国歌儿曰柔奴，姓宇文氏，眉目娟丽，善应对，家世在京师。定国南迁归，余问柔："广南风土，应是不好。"柔对曰："此

---

① 卞孝萱、张清华、阎琦：《韩愈评传（附李翱评传）》（中国思想家评传丛书），南京大学出版社，2007，第104页。

② 〔日〕ひろたまさき編『日本の近世16　民衆のこころ』，東京：中央公論社，1994，第294頁。

心安处，便是吾乡。"因为缀此词云：常羡人间琢玉郎，天教分付点酥娘。自作清歌传皓齿，风起，雪飞炎海变清凉。万里归来年愈少，微笑，笑时犹带岭梅香。试问岭南应不好，却道：此心安处是吾乡。

（宋）胡仔《苕溪渔隐丛话·后集卷四十·丽人杂记》

王定国因为受到苏轼诗文案的牵连被贬到广南。世代住在京城的歌姬柔奴跟着王定国来到这个偏僻的广南，苏轼问其广南如何，柔奴便说了这么一句：柔奴认为虽然广南并非故乡，风土亦不好，但是这里能让她感到心安，她便把这个地方当成了故乡。虽然主旨与上田秋成的文章迥异，但是可以推测上田秋成把故乡作为心安之处的说法或许来源于苏轼的《定风波》。

晚年的上田秋成非常喜欢苏轼，在其有关茶的著述《清风琐言》中，多次提到苏轼有关茶的认识。德田武通过考证认为，上田秋成在晚年的写作中翻阅了很多关于苏轼的书籍，其中包括《东坡志林》和《东坡禅喜集》等书[1]。而宋人胡仔纂集的《苕溪渔隐丛话》前集侧重杜甫和苏轼，其中卷三十八到卷四十六、后集卷二十六到卷三十，记录了和苏轼有关的诗话，上面这首诗话出自后集最后一卷《丽人杂记》。上田秋成在《故乡》的开头引用的苏轼对韩愈《送李愿归盘谷序》的称赞亦出自《苕溪渔隐丛话》。因此不难推定上田秋成曾经读到过这首词或者知道有关这首词的逸事。

《故乡》正文之后，以一组长歌并反歌总结了这篇散文的主题，长歌描述了故乡的安稳生活和那些为了追求荣华富贵离开故乡的人，最后一句点题，认为人生的目的不过是在现实生活中求得心安。上田秋成六十岁时因生活原因离开大阪移居京都。这首和歌体现出上田秋成在京都的孤独心境以及思乡之情。在《故乡》当中，上田秋成亦提到一些追求风雅的文艺青年，喜欢京都的好山好水，沉溺于酒色之中，并说他们"老后方知"，这无疑是对自己年轻时"狂荡"的自责。

如果说"异乡"是欲望的象征，那么"故乡"就象征着现实，现实虽然粗鄙，却能够让生活在这里的人们平安无事，这种思考也构成了上田秋成早年作品《雨月物语》的一贯主题，《夜宿荒宅》《吉备津之釜》等作品都表达了相似的主题，而最具代表性的例子是《蛇性之淫》，丰雄与蛇妖真女子相遇的地点是粗鄙的乡下与京都交界处的新宫，而丰雄正是从"新宫"

---

[1] 〔日〕德田武:「上田秋成と蘇東坡」,『江戸風雅』(2),2010,第 49～57 頁。

这个地方，一步步走向不属于自己的彼方，享受了目之所见皆有情趣的他乡之乐，而回到乡里才摆脱了作为"欲望"象征的蛇妖，保得平安。小说最后一句提到回到故土的丰雄平安无事，具有重要的提示意义。而远走他乡的正太郎，却惨死厉鬼之手。上田秋成早年的这些虚构创作与其晚年的命禄思想、分度意识不谋而合，与这首长歌的主题也有异曲同工之趣。

结　语

总之，一方面，上田秋成对韩愈在《送李愿归盘谷序》中所表达的命运认识和人生观持有同感，并被他的思想深深打动。另一方面，上田秋成脱离了原作，将议论的重点放在故乡上，认为故乡才是人们安居、安身与安心的地方。本文通过对《故乡》的考察，指出了其中部分语句与《送区册序》的相似之处，并以文中体现的屈原观为切入点，从林罗山《古文真宝后集谚解大成》中的《渔父辞》注解出发，梳理了朱子学者和阳明学左派学者以及日本江户时代儒学者对屈原的认识，考察了其中的天命思想及其安分意识。通过考察可以发现，文中体现的知命保身的思想，尤其是其中对屈原等历史人物的认识，产生于同时代的思想语境之中，与中国晚明思想家的明哲保身论及李贽、伊藤仁斋、荻生徂徕的天命思想一脉相承。《故乡》一文继承了原作天命意识的同时，又主张保身安身，体现了上田秋成浓厚而一贯的安分意识。上田秋成的知命保身思想与安分意识在晚年时越发浓厚，但结合《雨月物语》可以发现，这种思想在当时就已经隐含在小说的创作之中。对知命保身的思想及安分意识的考察，也为对《雨月物语》等上田秋成早年作品的重新解读提供了一个新的视角。

Ueda Akinari's *Hometown* and Chinese Literature
——The Roots of *Chitenmei* and the Manifestation of *Anbun ishiki*

Abstract：This study focuses on Ueda Akinari's *Hometown* as a *zengxu*-style prose，i. e.，a style of prose written to friends at parting，and directs the attention specifically to two keywords：*Chitenmei* and Anbun ishiki，i. e.，"understanding destiny" and "awareness to be content with what one has" respectively. To begin with，*Hometown* was compared with *Preface of Seeing off Li Yuan*，*Who Is Returning* *to Pangu*, which is deemed as the originator of the *zengxu*-style prose, combined with Ueda akinari's reading vision in the Guwen Zhenbao Houji and other prose by Han Yu during his exile. In addition to that, this study also drew on Su Shi's poems, Yang Xiong's *Anti Li SAO*, critiques on *Anti Li SAO* by Zhu Xi, Li Zhi and scholars of Kogaku school of Japanese Confucianism, as well as these scholars' understanding of Qu Yuan, with the view to shifting the perspectives of this study towards the philosophical context of modern-era East Asia. On top of these, thoughts were also given to other works written by Ueda Akinari during his early and latter years to facilitate investigation and reorganization of the roots of *Chitenmei* and the manifestation of *Anbun* ishiki in *Hometown*.

Keywords: Ueda Akinari; Chitenmei; Anbun ishiki; Left Philosophical Genre of Yangmingism; Anti Li SAO

文化记忆视域下的柳田国男民俗学[*]

孙 敏[**]

【摘 要】柳田国男是一位伟大的思想者，他的思想体系庞大复杂。通过文化记忆理论，特别是文化记忆存储、传承、建构的三分结构，可以清晰把握柳田思想的主要框架。其早期的山民研究注重存储功能，致力于无文字记忆的文字化；后来的常民研究注重传承功能，使普通人的"日常"由遮蔽走向凸显。柳田一直致力于将民俗学升华为新国学，新国学则体现了文化记忆的建构功能。

【关键词】文化记忆 日本民俗学 柳田国男

引 言

柳田国男（1875～1962）是日本近代著名的思想家。他是日本民俗学之父，是民俗学届的泰斗。其思想体系庞大复杂，对他的研究长期以来集中于民俗学领域、思想史领域和其他诸领域。

首先是民俗学领域。1962年柳田逝世之后，日本民俗学界开始对柳田民俗学的理论和方法进行反思，对"重出立证法""周圈论""民俗资料"等展开了多角度的讨论，代表人物如有贺喜左卫门[①]、福田亚细男[②]。其次

* 本论文系国家社科基金一般项目"柳田国男民俗文学与日本神灵记忆的建构研究"（20BWW015）的中期成果。
** 孙敏，国际关系学院副教授，主要研究方向为日本文化。

① 〔日〕有贺喜左衛門：『一つの日本文化論——柳田國男に関連して』，東京：未来社，1981。
② 〔日〕福田アジオ：『日本民俗学方法序説』，東京：弘文堂，1984。

是思想史领域。1975 年，纪念柳田国男诞生一百周年的国际研讨会召开，掀起从思想史角度对柳田进行研究的热潮，按照其观点大致可以分为三类：一是在近代与反近代的矛盾冲突中探索柳田的积极意义，代表人物如桥川文三①、川田稔②。二是将民族主义与殖民主义结合起来，探讨日本近代柳田及其民俗学的政治性，反思柳田思想中的消极作用，代表人物如小熊英二③。三是在更广阔的思想视域内，如文化人类学的视角，探索柳田思想的可能性，代表人物如伊藤干治④。此外还有其他诸领域。由于柳田学的内容过于庞杂，经济、农政、教育等诸领域的研究也很多，代表人物如藤井隆至⑤、小山清⑥等。

中国学界对柳田思想的研究方兴未艾，以文本翻译、民俗学思想研究为主。2010 年之后，我国先后翻译出版了《民间传承论与乡土生活研究法》⑦、《柳田国男选集》（西南师范大学出版社，2017）、《柳田国男文集》（北京师范大学出版社，2018）等；同时，对柳田的民俗分类法、民俗学研究方法、柳田民俗学中的中国元素等开始了一系列研究，代表人物如乌日古木勒⑧、王京⑨等。

从整体来说，中国学界思想史领域的柳田研究尚不太多，日本思想史领域多在近代的社会语境中对柳田进行解读，探讨柳田思想的近代意义。本文也立足思想史领域，但跳出近代语境的束缚，从当下备受关注的文化记忆理论切入，将语境的时间线往前延伸至日本文化的"很久以前"，往后延伸至当下，借助文化记忆的三分结构，剖析柳田民俗学的内部构造，并超越近代，探讨柳田思想的当代意义。

---

① 〔日〕橋川文三：『柳田国男——その人間と思想』，東京：講談社，1977。
② 〔日〕川田稔：『柳田国男の思想史的研究』，東京：未来社，1985。
③ 〔日〕小熊英二：『単一民族神話の起源——〈日本人〉の自画像の系譜』，東京：新曜社，1995。
④ 〔日〕伊藤幹治：『日本人の人類学的自画像——柳田国男と日本文化論再考』，東京：筑摩書房，2006。
⑤ 〔日〕藤井隆至：『柳田国男 経世済民の学』，名古屋：名古屋大学出版会，1995。
⑥ 〔日〕小山清：『柳田国男八十八年史』，東京：三省堂，2001。
⑦ 〔日〕柳田国男：《民间传承论与乡土生活研究法》，王晓葵等译，学苑出版社，2010。
⑧ 乌日古木勒：《柳田国男与日本民间故事整理和分类法》，《民间文化论坛》2015 年第 6 期。
⑨ 王京：《明治时期的柳田国男与中国——从汉文典籍到怪谈、民间信仰》，《文化遗产》2021 年第 5 期。

一　文化记忆的三分结构

德国的扬·阿斯曼和阿莱达·阿斯曼夫妇共同奠基了文化记忆理论。扬·阿斯曼提出文化记忆概念，认为文化记忆是由特定的社会机构借助文字、图画、节日、仪式等形式创建的记忆，这种记忆构成了社会或时代的集体记忆，人群的成员在理解这些记忆时确认并强化自己的身份。[①] 扬·阿斯曼把"记忆"这一概念从个人的、生理的现象，拓展到了文化现象上，具有重大的开拓意义，不过，他将文化记忆的时间主要放在遥远的古代。而阿莱达·阿斯曼又将文化记忆的时间拓展延伸到当下，提出文化记忆的时间结构不再是神话性史前时代中绝对的过去，而是这些传承的全部内容在历史的嬗变中的不断阐释与更新。

阿莱达·阿斯曼进一步区分了记忆的两种模式——功能记忆与存储记忆。功能记忆是有人栖居的记忆，是经过选择并获得意义的记忆，是身份认同的基础；存储记忆是暂时无用、变得冗余的知识，不是身份认同的基础，但它包容了比功能记忆所允许的更多或者不一样的东西。存储记忆被放置在图书馆、博物馆、档案馆等存储器中，是未来的功能记忆的保留地。存储记忆不仅是"复兴"的前提条件，而且是文化更新的基本资源。存储记忆与功能记忆高度渗透，使文化保持更新的能力。[②] 文化记忆概念的提出，对厘清功能记忆和存储记忆这对概念具有重要的意义。它将历史与记忆定义为记忆的两种模式，消除了所谓真实"历史"与虚假"记忆"之间的二元对立，并将"传统与传统的发明""神话与神话主义""民俗与民俗主义"等概念统合起来，建立了更为清晰的、整体性的文化记忆的框架。

在功能记忆与存储记忆概念的基础上，我们可以进一步细分：文化事项作为功能记忆被保护、被复现，是文化记忆的传承；文化事项作为功能记忆被选择、被修改、被再阐释，是文化记忆的建构；文化事项作为存储记忆被搁置、被封存，是文化记忆的存储；文化事项作为存储记忆被遗忘、被销毁，是文化记忆的消亡。消亡的文化记忆已然不可考，因此，从功能

---

① 〔德〕扬·阿斯曼：《文化记忆：早期高级文化中的文字、回忆和政治身份》，金寿福、黄晓晨译，北京大学出版社，2019，第 370～371 页。

② 〔德〕阿莱达·阿斯曼：《回忆空间：文化记忆的形式和变迁》，潘璐译，北京大学出版社，2016，第 503 页。

来说，文化记忆就形成了存储、传承、建构的三分结构。

文字是文化记忆的重要媒介和载体，在文化记忆的发展史中举足轻重。在无文字时代，存储记忆和功能记忆都受到时间、空间的约束。文字出现之后，就可以超越时空的限制，以文本的想象实现存储记忆与功能记忆。文字使记忆的外化成为可能，同时也催生了一系列辩证关系：它既可以存储跨越千年的记忆，也可以将一些内容束之高阁而被遗忘甚至消亡，还可以将之改写、替换、再阐释。① 可以说，在文字诞生之后，文字文本在成为文化记忆载体的同时，也具有了对文化记忆存储、传承、建构的三分功能。

因此，当我们把柳田国男作为思想家进行分析时，透过文化记忆的三分结构，可以清晰地看到柳田民俗学的存储、传承、建构功能。

二 文化记忆的存储——从无文字记忆到文字记忆

存储记忆是无人栖居的记忆，有价值的知识无可挽回地逝去，但这些无人认领的遗留物可以得到保存，也可以得到整理，这使它们获得与功能记忆相衔接的可能性。② 柳田国男早期的民俗学研究关注无文字人群的文化，并致力于这些文化的文字化，使其成为稳定的存储记忆。

1. 田野调查法的确立

20 世纪 20 年代，马林诺夫斯基的功能主义人类学诞生，田野调查成为文化人类学的科学方法。柳田国男受西方文化人类学的启发进入民俗学领域，重视采集"文化残存""文化遗留物"。当他去日本边远山区调查，了解到刀耕火种的山民们的生活时，储存在山民世界的文化记忆便向柳田国男打开了大门。

> 我当时在农务省工作，为了制定日本的农业政策，到各地视察，结果收获了许多从书本上得不到的东西。明治 36 年为研究岛屿町村制而去了伊豆大岛。……四五年之后，去了熊本县。……在九州、四国

---

① 〔德〕扬·阿斯曼：《文化记忆：早期高级文化中的文字、回忆和政治身份》，金寿福、黄晓晨译，北京大学出版社，2019，第 15 页。

② 〔德〕阿莱达·阿斯曼：《回忆空间：文化记忆的形式和变迁》，潘璐译，北京大学出版社，2016，第 147 页。

逗留近三四个月，我在这些山村里获得的崭新的体验，都是书本上没有的。……只在中央活动、只读书都是不行的。而且，只知道某地的情况，也不能说全国都是那样的。①

柳田担任政府官员时走遍了日本各地。通过在各地视察，他清晰地认识到，日本各地的生活中存在着日本自古以来的生活方式，存储着不曾记载在书本中的知识。后来他在民俗学中提倡田野调查，组织了日本民俗学史上的"三大调查"，即山村调查（1934～1936）、海村调查（1937～1938）、离岛调查（1950～1952），使用《乡土生活研究采集手帖》，设定了100个调查项目，对调查笔记进行了统一和规范，要求调查者进行细致的调查和记录。这些记录使民间活态生息着的生活方式从无文字进入文字，形成稳定的存储状态。

在整理调查笔记的方法中，柳田提出"周圈论"和"重出立证法"。"周圈论"认为，文化是从中心往四周渐次传播的，因此考证偏远地区的文化"残存"可以知晓中心地区古时候的文化状况，也就是说，从偏远地区到中心地区文化的空间渐次分布，表现出文化从古至今时间上的渐次传播。"重出立证法"认为，通过考证各地的文化残存，分析其中的重合因素，经过多次的反复比较，可以分析出其中文化因素的发展变迁过程。虽然这两种方法后来都受到一定的批判，但当时对日本民俗学的发展起到了巨大的推动作用。柳田重视田野调查，重视采集口述历史、传说故事，重视那些只有通过口头询问才能浮出水面的回忆。对柳田来说，这些回忆和叙事建构起来的不仅仅是现时"底层"的历史，更是遥远古代时间里的"日常"的历史，换言之，这就是日本的文化记忆。

田野调查法是从无文字记忆生成文字记忆的重要方法。在无文字记忆中，记忆的媒介主要有图像、实物、仪式等。这些媒介的意义传播主要依靠身体和代际交流，是不稳定的。文字是更加稳定的记忆媒介。通过田野调查，搜集整理日本文化遗存的碎片，柳田国男试图从这些"储存记忆"中探寻日本的古代文化，并生成文本，使之"复活"成当下的功能记忆。

2. 山民研究

柳田民俗学研究初期的关注对象是山民。所谓山民，是相对于"平地

---

① 〔日〕柳田国男：『柳田国男全集29』，東京：筑摩書房，2002，第365頁。

民"而言的，指生活在大山里的、被主流社会排斥在外的、少数的边缘人群，主要包括山男、山女、受歧视部落等。《后狩词记》（1909）、《石神问答》（1910）、《远野物语》（1910）这三部书被称为日本民俗学创立的"三部曲"，标志着日本民俗学的诞生。在这些著作中，柳田的关注点是日本九州、东北等偏远地区的残存信仰，其民俗学的研究重心是生活在日本的边缘的山民。柳田当时提倡文化周圈论，主张偏远地区的现存文化是中心文化的古代残存，希望通过对边缘文化的研究寻求日本的固有文化。

《远野物语》记录了流传在日本远野地区的传说故事，记载了各种妖怪。柳田认为，这些妖怪是日本远古的众神，如山男、山女、山婆等是山神，河童是水神，狐狸是农神，座敷童子是家神，等等。在历史发展过程中，当山民流落到日本各隅时，日本占大多数的平地民的信仰挤压了山民的信仰，平地民的神灵变成了日本的神灵，而山民的神灵则成了妖怪，这些妖怪故事就流散在日本各偏远之地了。柳田认为，这些口传"妖怪"故事正是日本固有民族文化的"存储器"，如果不马上搜集整理，日本的古来信仰终将湮灭，因此后来柳田慢慢走上了搜集整理妖怪故事的道路。

1911 年，柳田发表论文《伊塔卡和山窝民》（「『イタカ』及び『サンカ』」）①，伊塔卡和山窝民都是居无定所的漂泊流浪长。柳田民俗学初期的关注对象都是这些"无文字"群体，在他们尚口传着自己文化的时候，柳田积极开始了采集整理工作，希望通过"文字化"将这些日本文化储存起来。

三　文化记忆的传承——"我们"的"日常"

扬·阿斯曼提出，每种文化都会形成一种"凝聚性结构"，它的凝聚作用表现在社会维度（共时）和时间维度（历时），② 在时空维度就表现为生活史与故乡。③ 集体以发生在过去的事件作为自己统一性和独特性的支撑点，在共同拥有的"过去"中，有着共同遵守的规范和共同认可的价值，这些条件界定了"我们"（社会维度），并将"我们"黏结在一起。

---

① 〔日〕柳田国男：『柳田国男全集 24』，東京：筑摩書房，1999，第 60~75 頁。
② 〔德〕扬·阿斯曼：《文化记忆：早期高级文化中的文字、回忆和政治身份》，金寿福、黄晓晨译，北京大学出版社，2019，第 6 页。
③ 〔德〕扬·阿斯曼：《文化记忆：早期高级文化中的文字、回忆和政治身份》，金寿福、黄晓晨译，北京大学出版社，2019，第 32 页。

柳田民俗学海量的乡村调查，就是要记录与研究日本人的"故乡"和生活史。"我们"是谁？"我们"的"日常"是什么样的？这是柳田民俗学最重要的内容。

1. 发现"常民"

继山民研究之后，柳田的研究重心逐渐转向"常民"（日文为"常民"）研究。在山民研究时代，"常民"是与"山民"相对的概念，是指以农耕为生、居所固定的人群，即普通农民。一直到 1934 年前后，柳田所说的常民都是这个意思。后来，1934 年民俗学初步体系化时，柳田把常民由实体概念上升为抽象的文化概念，常民就是"普通人"，指的是在文化上保持着日常性基层文化的人群。他说："常民一词，就像我多次提起的，也包括皇室在内。常就是平常、普通。……常民的常，在英语中用 common 表示，common 这一词语中没有低贱的意思。……常就是在这种意义上使用的。"① 这样，常民概念超越了阶级，成为一个文化概念。特权者和非特权者一样，都是过着日本式的普通生活的普通人，天皇和贵族都具有常民性，都是常民。②

"常民"是柳田民俗学的关键概念，从此，常民文化就成为日本文化的代名词。日本人被统合于"常民"，柳田也开启了常民文化研究之路。

2. "我们"的"日常"

传统的历史研究注目于精英，历史书写以王侯将相为主，与此不同，柳田将研究视线集中在常民，认为常民史才是真正的日本史。柳田将常民文化分为有形文化、语言艺术、心意现象三个层次，③ 具体记录、探讨了日本人的传统生活、社会组织、民俗信仰等。通过对常民文化分层次、分类别体系化的考察，柳田描绘了何为"我们"的"日常"。

首先在传统生活方面，考察了常民的衣食住行，如劳动服饰、休闲服饰、节日服饰，如日常饮食与节日饮食，如家宅布局等，考察了常民的道德观、伦理观、审美观等。其次在社会组织方面，考察了家族共同体中纵向的亲子关系和横向的子子关系，考察了村落共同体中按照年龄序列组成的组织"组"，如儿童组、青年组、姑娘组、壮年组、老人组等，提出人生礼仪是对个人的集体身份的认同，强调个人在共同体中的资格和责任，进

---

① 〔日〕柳田国男：『民俗学について』，東京：筑摩書房，1965，第 179~180 頁。

② 〔日〕柳田国男編『日本人』，東京：每日新聞社，1976，第 24 頁。

③ 〔日〕柳田国男：『柳田国男全集 8』，東京：筑摩書房，1998，第 10~14 頁。

而研究了常民社会中的共同体意识、交际伦理、内外意识、亲疏关系、上下秩序等。最后是信仰方面，柳田着重考察了氏神信仰，也就是祖先信仰，进行了深入而体系化的研究。氏神即祖先神，护佑子孙后代。常民以稻作农耕为基础，春夏秋冬的节日祭祀都是围绕着农业生活展开的，春天祈祷丰收，秋天感谢丰收，夏天祈祷防灾。柳田认为，氏神信仰是常民的核心信仰，是日本人之所以是日本人的根据。

柳田民俗学对常民的日常进行了全方位的考察，并探究了日本人思维深层的共同价值、规范等，在社会文化维度界定了"我们"，形成了扬·阿斯曼所说的"凝聚性结构"，由此将"我们"黏结在一起。

3. 习以为常之从"蔽"到"显"

文化的约定俗成、理所当然使文化隐藏而不可见，从而无法向个体传达关于"我们"的意识和认同。要实现融合必须使隐含的东西变得可见，必须使深藏不露的规范、价值体系变成编码的生活准则，要用一套符号体系去构建和传递这样一种集体认同。①

正因为"日常"是日常，所以才会"蔽"而不显。康敏曾提出"习以为常之蔽"② 的说法，指日常虽然形塑了"我们"，却不被"我们"察觉。"蔽"的"日常"即使不被察觉也会形塑"我们"，但这种形塑是消极的，只有"显"出来，才会发挥积极的形塑作用。这对"黏结""我们"是至关重要的。因此搜集"日常"，通过文字整理对其进行编码，形成体系，就可以使文化记忆变成可以流通的东西，从而保持和稳定民族认同。

柳田民俗学的体系化研究就是从习以为常之"蔽"到"显"的努力。通过民俗学的努力，柳田将"我们"的"日常"从遗存、口传，变成了文字，使"蔽""显"了出来，从而确立了"我们"的边界。日本近代史上曾风行"日本人论"，众多思想家纷纷提出日本文化的独特性，如新渡户稻造著《武士道》，冈仓天心著《茶之书》等，目的都是向西方宣扬日本文化。柳田国男亦致力于此，但其视野更加宽广，将整个常民史纳入视野，避免了日本人论的"标签化""以一概全"等缺陷。从"凸显""我们"这

---

① 〔德〕扬·阿斯曼：《文化记忆：早期高级文化中的文字、回忆和政治身份》，金寿福、黄晓晨译，北京大学出版社，2019，第 155 页。

② 康敏：《"习以为常"之蔽：一个马来村庄日常生活的民族志》，北京大学出版社，2009，第 16 页。

一意义上来说，柳田民俗学可纳入广义"日本人论"。

四　文化记忆的建构——新国学

文化记忆带有明确的政治和意识形态色彩。哈布瓦赫说，"过去"是一个社会建构物，其本质决定于当下对意义的需求及其参考框架。过去并非自然生成，而是由文化创造。① 阿莱达·阿斯曼说，功能记忆是有人栖居的记忆，它最重要的特点是群体关联性、有选择性、价值联系、面向未来。② 而柳田也多次宣称，日本民俗学不是复古的闲趣的，而是面向当下、面向未来的。在柳田民俗学后期，柳田直接称自己的学问是新国学，点明了学问的功能指向和终极目的。

1. 文化脱欧

认同的建立和维系，是通过对占统治地位的文化的反抗而实现的。③ 建构集体认同，必需的基本条件是"对抗主义"。④ 当柳田国男的研究视线从山民转向常民时，就是以西方为对抗对象的。柳田民俗学所致力的，是从常民文化"立国"。文化立国，首先从文化的独立性开始，柳田民俗学所做的，首先是切割日本常民文化和欧洲文化的关系，也就是文化脱欧。

柳田民俗学的思想受到欧洲文学的影响，代表其学问萌芽的《远野物语》（1910）就明显是受海涅《流亡中的众神》（1853）的影响。⑤ 在《流亡中的众神》中，基督教在欧洲迅猛传播，古希腊和古罗马的众神纷纷四散逃亡，被世人当作恶魔。在《远野物语》中，柳田也描绘了各种神灵沦落为妖怪的场景。

同时，柳田民俗学的研究方法是受到欧洲人类学影响的。前文提到，

① 〔德〕扬·阿斯曼：《文化记忆：早期高级文化中的文字、回忆和政治身份》，金寿福、黄晓晨译，北京大学出版社，2019，第41页。

② 〔德〕阿莱达·阿斯曼：《回忆空间：文化记忆的形式和变迁》，潘璐译，北京大学出版社，2016，第147页。

③ 〔德〕扬·阿斯曼：《文化记忆：早期高级文化中的文字、回忆和政治身份》，金寿福、黄晓晨译，北京大学出版社，2019，第162页。

④ 〔德〕扬·阿斯曼：《文化记忆：早期高级文化中的文字、回忆和政治身份》，金寿福、黄晓晨译，北京大学出版社，2019，第138页。

⑤ 孙敏、李晓东、杜洋：《〈远野物语〉中的"众神流亡"》，《外语学界》第2卷，2013，第214页。

柳田的田野调查法受功能学派马林诺夫斯基的影响，而"周圈论"和"重出立证法"受到传播论和进化论的影响。柳田的行文风格，例如旁征博引，随时列举各地的风俗习惯、传说故事，与弗雷泽的《金枝》如出一辙。

而且，在学问目的方面，柳田先后借鉴了英国民俗学和德国民俗学。英国民俗学主要通过"残存"探寻古代文化；而德国民俗学有着强烈的民族自觉性，致力于德国"全国一体的民族文化"。山民时代柳田民俗学的目的与英国民俗学一致；而到了常民时代，柳田民俗学明显是与德国民俗学一致的，致力于民族的文化认同。

虽然柳田民俗学从欧洲汲取了大量的营养，但柳田只在民俗学体系初成的 1934 年前后提及英国民俗学、德国民俗学等，之后都较少提到欧洲学问，而弗雷泽、泰勒、高莫等文化人类学者的名字，更是很少提及。这一切，正是柳田建构日本文化独立性的需要。

2. 氏神信仰论的建构

随着日本战败，美军占领日本，柳田敏锐地发现了日本民族的身份危机。他说："现在，人们担心政治、经济的殖民地化，而我最担心的是文化的殖民地化。"[①] "通过系统的知识与思考方式尽量振奋起战败后国民低沉的志气，这是日本民俗学被赋予的新任务。"[②] 在国家民族危机之时，柳田清晰地认识到民俗学的使命必须是成为"新国学"。

二战后，柳田以"新国学谈"为名出版了三部著作，即《祭日考》（1946）、《山宫考》（1947）、《氏神与氏子》（1947），从氏神祭祀的时间、地点、人群、仪式等，集中探讨了日本的氏神信仰。

> 日本并不是容易统一的国家。……自然的结合力未能更自然更简明地得以利用，……要注意组成单一民族国家的意义。……日本人独有的对事物的看法、感觉，现在仍大量存续着，家与灵魂的联系就是其中之一，无法言表的一些约束自古流传在村神和居民之间，指导着每年的祭典。[③]

---

① 〔日〕柳田国男：『柳田国男全集 32』，東京：筑摩書房，2004，第 529 頁。
② 〔日〕柳田国男：『柳田国男全集 16』，東京：筑摩書房，1999，第 56 頁。
③ 〔日〕柳田国男：『柳田国男全集 16』，東京：筑摩書房，1999，第 101 頁。

柳田试图将氏神信仰提高到民族"自然的结合力"的高度，以此统合日本民族。对柳田来说，民俗学探寻常民文化，归根结底是为了形成文化共同体，"自然统一国家""组成单一民族国家"。因此，柳田民俗学具有强烈的意识形态性，说到底，这是一场民俗学与国家的共谋。

哈贝马斯说："集体认同与其说是先天就有的，不如说是后来人为制造出来的。"① 爱德华·萨义德也说："自我身份或他者身份绝非静止的东西，而在很大程度上是一种人为建构的历史、社会、学术和政治过程。"② 在日本近代的时代背景下，柳田民俗学建构了日本的文化记忆，使其成为统合政治国家的黏合剂。"民俗""常民"等概念，都是在民俗学中存在的，而进入"新国学"时，在意识形态的凝视下，"民俗"上升为"国俗"，"常民"上升为"国民"。简言之，在柳田功能记忆的视野中，民俗学不能止步于民俗学，必须成为"新国学"的支撑。

五　柳田民俗学的意义——从传承到建构

从文化记忆的三分结构来看：民俗事象中储存着民族的文化记忆；民俗学则致力于将这些被遮蔽的事象显在化，实现文化记忆的传承；而柳田国男走得更远，他作为民俗精英，在传承的基础上，试图实现文化记忆的建构。

1. 从传承之学到建构之学

在日本民俗学的探索期，柳田将这门学问命名为"民间传承"，是有清晰的"传承"指向的。柳田的学问目的局限于将"存储"在民间的知识（或者称为残存、文化碎片、文化记忆）从面临消亡的险境中拯救出来，进入"传承"。"只知道某地的情况，不能说全国都是那样的。"③ 柳田的目的是了解日本全国各地各自的情况，为政策制定者提供资料支撑，因此注重地方的多样性。可以说，柳田在 20 世纪 30 年代提出"新国学"，基本是基于这一思考的。

但随着民俗学的发展，柳田逐渐摈弃了英国民俗学关注残存的研究路

① 〔德〕哈贝马斯：《后民族结构》，曹卫东译，上海人民出版社，2002，第 22 页。
② 〔美〕爱德华·W. 萨义德：《东方学》，王宇根译，三联书店，2000，第 427 页。
③ 〔日〕柳田国男：『柳田国男全集 29』，東京：筑摩書房，2002，第 365 頁。

径，走上了德国民俗学关注"一国全体"的路径，"常民"概念也由一个实体概念上升为文化概念，成为"日本全体国民"之意。民俗学"不单单是为一处乡土过去的文化建立一个不错的纪念塔，同时也是为着整个国家的学问"。①

> 虽然不知何时开始分散居住于远隔一二百里的地方，但……在无意识中都完全遵循着同样的模式，沿着一样的途径发展而来，……我们这些远远近近的百姓，从很久以前就是同族了。②

在柳田看来，民俗学不应该再关注日本的多样性，而是要寻找"日本全国的统一性"，这成为柳田民俗学的使命，"新国学"的含义也得到了再次升华。但日本的诸多民俗学者并没有按照柳田的设计，而是走向了日本的区域性研究和多样性研究。1957 年，民俗学研究所解散。1960 年 5 月，柳田国男做了题为"悲日本民俗学之颓废"的演讲，宣告了柳田式意识形态性民俗学的落幕。

可见，柳田民俗学的发展经历了从传承之学到建构之学的过程，在此过程中，柳田的观点从民族松散论走向民族凝聚论，从地方多样性走向全国一致性，也完成了民俗学从学科到意识形态、新国学从政策之学到记忆建构之学的升华及落幕。

2. 柳田民俗学的影响

从表面上看，柳田去世后，日本民俗学届对其理论、方法进行了反思和批判，民俗学走向了区域学、地方学，似乎完全摒弃了柳田对民俗学的建构。但事实上，日本国家在从经济大国试图迈向文化大国的过程中，提出文化立国战略，大力发展民俗文化、大众文化，打造日本文化 IP。时至今日，日本料理、和服、温泉、动漫、妖怪、节庆等，无不成为日本国家的名片，不仅对内塑造着日本民族的文化身份，而且对外彰显了日本民族文化的魅力。

因此，从本质上来说，作为传承之学的柳田民俗学在日本民俗学内部发展起来，而作为建构之学的柳田民俗学却真真正正成为国家之学，在国

---

① 〔日〕柳田国男：『柳田国男全集 18』，東京：筑摩書房，1999，第 546 頁。
② 〔日〕柳田国男：『柳田国男全集 4』，東京：筑摩書房，1998，第 136 頁。

家层面得到了实质性的继承和发展。

结论：作为记忆之学的柳田民俗学

综上，从文化记忆的三分结构，可以清晰看到柳田民俗学从存储、传承记忆，到建构记忆的发展脉络。柳田国男作为日本近代思想家获得了高度评价，但其实，他的思想的时代价值超越近代。通过记忆理论，将柳田民俗学置于文化记忆漫长的时间语境里，可以发现其更深邃的文化意义。

Kunio Yanagita's Folklore from the Perspective of Cultural Memory

Abstract：Kunio Yanagita is a great thinker. His ideological system is huge and complex. Through the theory of cultural memory, especially the tripartite structure of storage, inheritance and construction, we can clearly grasp the main framework of KunioYanagita's thought. His early studies on mountain people focused on the storage function and devoted to the writing of non-written memory; Later, the study of common people paid attention to the function of inheritance, which made the "Daily" of common people from obscuration to prominence; KunioYanagita has been committed to upgrading folklore to New National Studies, which embodies the construction function of cultural memory. KunioYanagita is an elite scholar carrying cultural memory. He surpasses a folklore scholar and becomes a great thinker of the times.

Keywords：Cultural Memory；Japanese Folklore；KunioYanagita

心身关系论在近代日本汉方医学
哲学中的中西汇通[*]

赵熠玮^{**}

【摘　要】作为传统中医学的重要分支，日本汉方医学的近代化不仅仅是药理、病理与治疗手段的近代化，更重要的是作为其理论基础的医学哲学的近代化与科学化。通过考察心身关系论在近代日本汉方医学思想中的变化过程可以看出，汉方医学哲学在坚持东方自然哲学式心身一体论认知的基础上，围绕神经这一概念，融合西方近代机械论式身体观，为传统医学的临床治疗扫清了伦理上的障碍，也在东西方医学知识体系之间架构了双向交流的桥梁，加速了整个汉方医学体系的近代化与科学化。日本汉方医学哲学是中医哲学与近代西方科学技术哲学融合的一次较为成功的尝试。

【关键词】中医哲学　汉方医学　近代医学　心身关系

引　言

从医学发展史的角度来说，东西方医学早期均与巫术密不可分，我国

---

* 本文系江苏高校哲学社会科学研究重点项目"明清江南考据学对日本十八世纪启蒙思想影响研究"（项目号：2018SJZDI025，负责人：赵熠玮）和中央高校基本科研业务费南京理工大学人文社科培育专项"江南考据学东亚传播影响史"（项目号：30921012104，负责人：赵熠玮）阶段性研究成果。
** 赵熠玮，博士，南京理工大学外国语学院副教授、日本研究中心主任，研究方向为日本思想史。

传统医学最初也带有强烈的形而上思想特质。伴随人类对自然及人体认知的深入，学科知识逐渐分化。传统中医学也细分出经络学、处方学、本草学等实践应用领域。其医学思想则随技术的进步和人类知识的积累而逐渐形成有别于其他学科的独特理论体系。但中医学的自然哲学特质始终非常显著①。中医学于外围绕人与自然的和谐统一，于内围绕人体内各脏器的动态平衡，主张辨证论治，强调作为人体的各有机组成部分的生克均衡。

与此同时，近代西方医学则逐步偏离原始医学理论，基于近代自然科学世界观建立了更为体系化的实证医学并迅速发展。随着物理学、化学以及解剖学的发展，近代西方医学早期根据机械论式身体观，将人体看作体液循环为中心的维持不同机械性运动机体的总和，因此在治疗过程中往往强调局部的表症治疗，强调药物的有效性与治疗的针对性，在强化临床试验、控制药物副作用、外科手术等方面有较大的优势，而对作为完整体的人的实体与内在精神的互动关系则相对轻视。

作为近代以前日本主流医学的汉方医学是日本原始医学与我国传统医学相结合的产物。在历史上，根据现存繁多的汉字文献，佛教、儒学与律令等传入日本的确切年代较为容易考证，而包括医学在内的自然科学领域则因为早期文献留存较少往往难以确定。但公元 891 年撰成的『日本國见在书目』中就已经记载有医学类书目 166 部 1107 卷，不乏葛洪的《肘后方》、陶弘景《本草经集注》等代表性中医学书目。同时，公元 931～938 年间日本人源顺（911～983）编纂的『倭名类聚抄』，以及日本现存最古中医养生名典『醫心方』（984）中均引用了《本草拾遗》等中医典籍，可见当时日本医学的发展已经与我国传统医学密不可分。尤其是江户时代前期，日本将李朱医学②指定为正统医学后，日本汉方医学长期被视为中医学的分支，《黄帝内经》《伤寒杂病论》《诸病源候论》《千金方》等中医代表性书籍及其传承的医学哲学理念也深刻影响了日本古代医学的发展方向。在 18～19 世纪的日本近代前期，日本医学界以"汉（中国）兰（西欧）折衷"为突破口，大规模地吸收了近代西方科学技术哲学思想。这使日本开辟了独

---

① 对此，近年来中外学者代表性论著可参阅李振良、孟建伟《从身心二分到身心合一——论医学观的转变》，《自然辩证法研究》2010 年第 11 期；〔日〕八木刚平、滝上紘之：『医学思想史——精神科の视点から』，東京：金原出版株式会社，2017，第 45 页。

② 指李杲与朱震亨，均为我国元代名医，与刘完素、张从正并称金元四大家，代表着当时中国医学的最高水平。

特的中医学近代发展阶段。引领这一阶段的重要医学思想是以机械论式身体观为核心的"身心二元论"思想。这使现存日本汉方医学在医学哲学领域偏离了中国传统医学。这一过程本身并不是由国家力量推动的自上而下的改革，而是日本医学界自身渐进式的理论革新。

当前，日本汉方医学与西方近代医学互为补充，共同构成世界领先的日本国民医疗保健体系。因此，考察汉方医学的近代化过程对解决当前我国传统医学发展过程中出现的争议与困难有一定的借鉴意义。本文以传统东方医学哲学核心论点之心身①关系论为切入点，探讨中医哲学在近代科学哲学推动下的一种发展路径。

一 中国哲学的心身关系阐释

中医哲学作为中国哲学的一个有机组成部分，是阐发传统医学之道的思想体系。它包括中医的思维模式、生命模型、医德伦理。② 尤其是其独特的天人关系与养生论等内容与中国哲学中对心身关系的探讨息息相关。

（一）中国哲学中的"心"与"身"

《说文解字》中将汉字"心"归类为象形字，主要指脏器之心。因此，心最初并不具有心性感情之意。而对于"身"字，《说文解字》解释说"躳也，象人之身"。这里的"躳"同"躬"。在篆文中，"身"是一个直立的人，因此狭义的"身"也仅指躯体。

但儒学中谈论的"心性""修身"等概念则并非仅指脏器与躯体，而是包括人的品行、德行在内的一个精神化概念。因此，在中国古典中，"心""身"所指不单包括血肉形躯，也包括心灵和精神，尤其重视心的德性和身的躬行。

在《荀子·解蔽篇》中有"心者形之君也，而神明之主也。出令而无所受令"。此处将"心"视为"形"（身体）与"神明"（精神）双方的主

---

① 一般而言，在汉语语境中"身心关系"是更为常见的说法，但日本古典医学文献频繁出现"心身"这一语序的构词，合理推测其在身心关系中更为突出"心"的作用，尊重原文起见，本稿采用这一提法。

② 熊江宁、赵威维：《中医哲学与佛教医学"身心观"刍议》，《中国文化研究》2018 年第 2 期。

体。在《庄子·齐物论》中也能看到"神明"一词相似的用法:"劳神明为一,而不知其同也,谓之朝三。"对此处"神明"一词,宋代的林希逸认为"犹精神也"(《庄子鬳斋口义》)。这与现代汉语中"精神"一词所指大体一致。而同样的用法在《易·说卦传》与《韩非子·内储说》里也可以找到。说明以"心"涵盖精神层面的内涵在先秦时期就已经相当普遍。

与此同时,《淮南子·原道训》认为,"夫形者,生之舍也;气者,生之充也;神者,生之制也,一失位则三者伤矣"。即是说身体作为"形",是生命所宿之处;同时,生命的实体则是"气",而制御"生"的则是"神"。"形""气""神"三者紧密联系而为一体。这体现出在传统中国哲学中,心与身、天和人是一体的,而不是二分的。

(二)内经医学的"心""身"关系

内经医学则对"心"与"身"做出了更明确而具体的描述。

首先,从天人合一的角度出发,内经医学中人的身体结构与自然是一一对应的,《黄帝内经·灵枢·邪客》有"天圆地方,人头圆足方以应之。天有日月,人有两目。地有九州,人有九窍。天有风雨,人有喜怒"一说。

其次,从阴阳二气的角度出发,《黄帝内经·素问·阴阳应象大论》说,"阴阳者,天地之道也,万物之纲纪,变化之父母,生杀之本始,神明之府也"。因此身体与世间万物一样,以阴阳为纲。《素问·宝命全形论》还说"人生有形,不离阴阳",将人体的各部分结构分别对应阴阳,如上为阳,下为阴,体表为阳,体内为阴,背部为阳,腹部为阴等。

最后,从五行生克的角度出发,《黄帝内经》把五行与五脏相对应,肝属木,心属火,脾属土,肺属金,肾属水。五脏与六腑也有对应关系,并进一步体现到人体其他部位。同时,传统中医哲学还将人与外部自然环境相联系,形成五方、五气、五化、五色、五味;将人与人体内部环境相联系,形成五脏、六腑、五体、五官、五液、五脉。中医哲学以五行阐述人体生理机能,构建了内外相关的天人合一五脏系统,从整体上把握人体的生理规律。[①]

通过上述三层次的理论构建,内经医学形成了疾病治疗的基本原则:既然人的正常生理机能是阴阳平衡之结果,那么治疗的目的自然是恢复阴

---

① 张艳婉:《医身体观的理论建构研究》,《武汉理工大学学报》(社会科学版)2016年第4期。

阳平衡，如所谓"阴平阳秘，精神乃治；阴阳离决，精气乃决"（《素问·生气通天论》）；又以五行相生相克的关系说明五脏六腑相互影响以及疾病发生发展的过程。可以说"阴阳平衡""五行相生""天人一体"是中医哲学人体观念中最基础之部分。

具体到"心""身"关系，内经医学认为人是形神合一的完整体，即心身一体。同时，两者相互影响，成一体两面。《灵枢·本神篇》指出："天之在我者德也，地之在我者气也。德流气薄而生者也。故生之来谓之精；两精相搏谓之神。随神往来者谓之魂；并精而出入者谓之魄；所以任物者谓之心；心有所忆谓之意；意之所存谓之志；因志而存变谓之思；因思而远慕谓之虑；因虑而处物谓之智。"

"神"为精气相缠而生，司掌精神活动，也即"心"；"神"内在于气血之中，随气血流于体内，使身体各部执行"心"（意识）所要求的活动；同时，身体又是"气"之归宿，"心"在气所构成的身体之中。如此，"气""心""身体"构成了一个完整的有机体。这一观念直接影响了中医具体的诊疗方式。

在内经医学看来，整个脏器系统并不是人体各部分的简单组合，而是相互生克。例如，"心"五行属火，在治疗"心"相关的疾病时，考虑对心（火）施以良好影响的肝（木）就必不可少；同时抑制攻心（火）的肾（水）的机能，也是治疗"心"所属疾病的一项重要措施。因此可以看出，在五行说之下，"心"不再是凌驾于其他脏器之上的"主"，而成为与其他脏器相生相克的所谓"五脏"之一。为调和其内在的矛盾，《灵枢·九针论》中解释说"五脏，心藏神，肺藏魄，肝藏魂，脾藏意，肾藏精"，通过"藏神"的概念将"心"的地位凌驾于其他四种脏器之上；进而在《灵枢·本神篇》中指出，"五脏之神不可伤也"。这无一不体现出一种五脏相生、心身一体的观念。

上述中医哲学的心身关系论在以曲直濑道三（1507～1594）为代表的日本中世主流汉方医师的著作［如《启迪集》（『啓迪集』）等］中广泛出现。

二　心身关系论在近代汉方医学的发展

基于中国传统医学的日本汉方医学本质上提倡的是与中医同样的天人

合一思想。因此在心身关系上也同样主张心身一体。但心身一体客观上常导致行医者无法迅速确定病灶主因并施以有针对性的治疗，而需整体把握对"心""身"之间以及"身"自身内在平衡的修复，对行医者的经验有着较高的要求。在日本江户后期，随着西洋医学传来，当时的汉方医可以从荷兰语书籍中看到很多描述心与身相互独立存在的"心身二元论"思想。彼时所谓"心身二元"是指身体的各种机能并不与"心"直接关联，也不需要考虑"身"各部分之间的阴阳平衡、五行生克，只遵守相应的物理法则而运行。心与身的关联仅集中于脑髓这一处，身与心借助神经系统这一介质相互影响。

此种基于近代物理学的西洋医学心身观与基于自然哲学理论的中医学心身观显然是格格不入的。如何调和"心身二元论"与"心身一体"传统医学思想的对立是近代日本汉方医学在思考中医理论与解剖实践矛盾的过程中不得不面对的一个问题，也是中医哲学自身在近代化、科学化过程中不得不面对的挑战。为调和两者之间的矛盾，汉方医学的理论构建经历了四个阶段。

（一）初期阶段：传统医学与解剖学的冲突

早期兰学传入日本时，临床解剖学书籍就对当时汉方医的汉方医学传统人体结构认知有了很大的冲击。而当时基于机械论式身体观的西方医学普遍认为身体构造本身是解释和治疗生理性疾病的唯一线索。[1] 这一点得到了强调实证主义的古方医派的认可。其代表人物山胁东洋（1706~1762）是一位积极推动汉方医学理论创新的改革派医学研究者。他于1754年在京都所司代[2]的许可下，全程记录了一次人体解剖过程，并于1759年出版《藏志》（『藏志』）。该书中有如下一段记录：

> 获蛮人所作骨节剐剥之书，当时愤愤而不辩。今视之胸背的诸脏而皆如其图。履实者万里同符，不敢不叹服。……心悬于肺中间，如未开之红莲。上系气道，下向隔膜。左右之两管分属两肺。一管别贯

---

① 〔日〕伊東貴之編『「心身/身心」と環境の哲学：東アジアの伝統思想を媒介に考える』，東京：汲古書院，2016，第370頁。
② 当时京都地方行政长官。

隔膜，通气于肝。[①]

从上述一段内容可以看出，虽然山胁东洋在现场观摩解剖，理应并未看到"气"从心脏通过管状物体通往肝脏，但仍然记录"通气于肝"，这显然是受到传统中国医学基于"气"的身体构造的影响。即便其记录已经偏于保守，《藏志》出版后依然受到传统汉方医的指责。1760 年，汉方医师佐野安贞（生卒年代不详）出版《非藏志》（『非藏志』）指出：

> 夫脏之为脏，非形象而谓。而以神气藏之也。神去则气散，脏仅虚器，何以知其所随之视听言动。[②]

佐野安贞认为，解剖人体时，尸体中神已去，气已散，仅剩残骸，已经无法证实中医学所谓五脏六腑。在其看来，五脏并非解剖学中所见真实之脏器，而是与司掌人体生命活动的"神气"相关的实体。因此解剖学知识对于理解汉方医学的人体构造并无意义。

从上述争论可以看出在当时的日本医学界，基于中医学思想的人体认知还有很强的惯性。包括山胁东洋在内的改革派汉方医即便看到了真实的人体解剖，依然没有给出对人体内部结构新的解释，尚囿于中国医学心身一体论的观念。但传统心身关系认知与临床解剖的具体差异已经在汉方医师群体中植下了疑惑的种子。

（二）第二阶段：以"心"为核心的"心身二元"

在山胁东洋解剖活动引起的巨大医学争议背景下，杉田玄白（1733 ~ 1817）进一步推动了汉方医学对人体结构的认知。这是由于杉田玄白自身掌握一定程度的荷兰语，可以直接阅读当时代表西方近代医学研究成果的荷兰语书籍。根据其撰写的《和兰医事问答》（『和蘭醫事問答』）描述，他在此前阅读过荷兰著名医学者 Stephen Blankaart[③]（1650 ~ 1704）的著书《新订解剖学》（『新訂解剖學』）（*De Nieuw Hervormde Anatomia*，*Amsterdam*，1678）。而 Stephen Blankaart 医师的医学思想深受笛卡尔机械论的影响。在

---

① 〔日〕山脇尚徳：『藏志』，国際日本文化研究センター 一藏本，1759，第六才頁。
② 〔日〕佐野安貞：『非藏志』，京都大学図書館富士川文庫藏本，1760 年，第三丁ウ D 頁。
③ 本稿中几位西方近代学者均未有常用中文译名，为严谨起见，以下外文名均使用原文。

《新订解剖学》中，Stephen Blankaart 从机械论角度描述了心脏的左右内部结构之后，以人体血液循环为核心解说了人体构造。杉田玄白在《和兰医事问答》中也说明了他对人体血液循环理论的理解，但他花了更多的篇幅去解释 Stephen Blankaart 本并没有重点论述的人体神经系统。

杉田玄白在《和兰医事问答》中称神经系统是与血液循环系统一样的遍布人体的网络结构。神经本身是中空的管状物体，其中流动的是被称为"神经液"的液体物质。他认为"神经液"由大脑分泌，经神经网络流动，就如血液系统一样遵循物理法则循环。如此一来，杉田玄白将人体结构从汉方医的"心身一体"转变为相联系的二元结构：身体器官的运作基于血液循环系统，心的作用则是基于神经循环系统。但他认为两者共同的核心是同时作为两者运动核心的"心"。

不仅如此，杉田玄白还根据荷兰语 zenuw 创制了对译汉字词"神经"。在《和兰医事问答》中，杉田玄白解释称：

> 是即脑髓液。其液传送于神经，传往八十大经，一身之动皆由此而出。其妙用如唐国所谓神气。故意译为"神"。……且又，其形与相闻之经脉而一，如十二经脉，元一身之最者，故下 zenuw"经"之字。①

此处引用之处可以看出"神经"一词是取"神气"之"神"与"经脉"之"经"相合而成。而"神气"本是中国传统医学中司掌精神活动的"气"，"经"则是由中医学中运行血气的"十二经脉"而来。杉田玄白鲜明地否定了中医学中认为"血"与"气"的运行通路一致的观点。传统中医学虽然区分"血"与"气"的机能，但经常有混同。例如在《黄帝内经·灵枢·营卫生会》中就有"岐伯答曰：'营卫者，精气也，血者，神气也，故血之与气，异名同类焉。'"杉田玄白通过对荷兰医书的解读，认识到"血"与"气"的区别，将中医中的"经脉"分开，将通行神气的称为"神经"，将通行血液的称为"血脉"。从这个意义上说，杉田玄白虽然批评了中医学的部分内容，但并未否定中医学思想的主体基盘。甚至可以说通过杉田玄白的改造，西方医学的解剖学认知被内化在了传统内经医学知识

---

① 〔日〕杉田玄白著，杉田伯元校『和蘭醫事問答』，東京大学附属図書館鸮軒文庫藏本，1795，第四〇四页。

体系之中。杉田玄白基于"气""血"双重循环构建的身体观已经偏离了他所阅读的 Stephen Blankaart 的《新订解剖学》的内容。

（三）第三阶段：以"气"为介质的"心身二元"

虽然杉田玄白通过构建以"心"为关联的两套循环系统的方式拆解了心与身的一体化，但考察杉田玄白所阅读的《新订解剖学》内容，可以看出有两大问题尚未解决：一是临床医学并未观察到神经液的存在；二是神经空洞说未得到观测证实。对此，原作者 Stephen Blankaart 在书中解释说神经空洞是肉眼无法识别的空间，而神经液也是极为细小的无法识别的物质。①

而同期另一位西方医学研究者 Johan Adam Kulmus（1689～1745）则认为，身体（身）与精神（心）是完全分离的两套系统，并不需要沟通身与心的媒介物质。身体运动起因于身体各部分的天然构造，精神（心）意志控制的运动由意志直接作用于身体各部分。② 所以，即便不存在可观察的神经液与神经空洞，身体的生理机能也并不受影响。对此，他还指出一些现象作为论据。

（1）用当时的任何显微镜都未看到神经空洞；

（2）无法说明神经液从脑传达到身体各部分的惊人流速；

（3）神经液在复杂的神经网络流动路径如果要最合理，则需要具有智能的判断器官。

导出结论一：不存在可以通过神经空洞瞬时流动至全身的神经液系统。

（4）无论是阻断血管抑或神经，身体的机能都会中止；

（5）神经液和神经同样具有物质性，精神（心）既然能控制神经液，则其也必然可以控制神经。

导出结论二：精神（心）并不控制神经液。③

根据杉田玄白所著的《兰学事始》（『蘭學事始』）的记录，他确曾阅

---

① 〔荷〕Stephen Blankaart, *De NieuwHervormdeAnatomie*，京都大学附属図書館藏本，1686，第180 页。

② 〔德〕Johan Adam Kulmus, *Ontleedkundigetafelen*，国際日本文化研究センター藏本，1734，第 104 页。

③ 〔德〕Johan Adam Kulmus, *Ontleedkundigetafelen*，国際日本文化研究センター藏本，1734，第 105 页。

读过 Johan Adam Kulmus 的上述论断。在译作《解体新书》（『解體新書』）中，他也翻译了 Johan Adam Kulmus 的解剖图表部分，却有意识地忽略了上述神经液说相关章节。这与他一再强调的医学必须坚持实证的理念不符。因此，杉田玄白选择性地忽略 Johan Adam Kulmus 对神经液说的质疑，可以合理推测，相对于纯粹的解剖观察记录，杉田玄白此时依然希望借助 Stephen Blankaart 的神经液说来坚持传统中医的"神气"思想，以"神气"为媒介，沟通汉方医思想与近代西方解剖学临床内容。可以说，杉田玄白并未直接接受 Stephen Blankaart 的纯粹机械论式身体观，而是在有意或者无意中改造了机械论式神经液假说，使其合理地融入传统中医学体系。这一点可以从其所著《解体新书》中得到验证。

在 Johan Adam Kulmus 的《解剖学图表》（*Anatomische Tabellen*，1722）原文中，关于脑的描述是"意识器官"，而杉田玄白则称"脑，意识藏于此"，仅仅是"藏于此"而不是"发于此"。这是因为传统中医学认为精神器官是心。《黄帝内经·灵枢·邪客》就有云："心者，五脏六腑之大主，精神之舍也。"因此，杉田玄白有意识地改动了《解剖学图表》中对脑的机能的定义。对此，杉田玄白在《和兰医事问答》中对"神""神气"特意做了如下的补充解释：

> 心藏神者汉说早已有之。于兰说，心则为配血之源，脑则为神气之源。既汉人之说中亦有天谷元神守之，自真舍人身中，上有天谷泥九，藏神之府也。[①]

从上文可以看出，杉田玄白一方面根据解剖学理论否定精神之源在心脏这一说法，同时又引用《黄帝内经》内容指出中国传统医学也有关于精神与大脑关系的论述，说明大脑作为精神器官的论断并非与内经医学完全矛盾。此外，他也指出，传统医学中虽然认为各脏器是作为特定"气"的归结之处来看待，但具体什么"气"归于什么脏腑却众说纷纭。因此，反过来说，中国传统医学也未曾否认脑与"精神之气"的关系。

另一方面，杉田玄白认为脑是"神气之源"。"源"并不仅仅指"神气"

---

① 〔日〕杉田玄白著，杉田伯元校『和蘭醫事問答』，東京大学附属図書館鷗軒文庫藏本，1795，第四〇五頁。

所处之所，也意味着其是体内神气流动的源头。因此，作为"源"的脑分泌的神经液流动依然可以作为机械性运动的一部分而存在于人体之中。从这个意义上说，杉田玄白的论述是在传统中医学理论框架体系之中尽其所能地接受西方近代医学机械论式身体观，是一种介于"心身一体"与"心身二元循环"之间的理论构建。虽然尚不完善且有逻辑缺陷，但其融汇东西医学于一体的倾向十分明显。

（四）成型阶段：含有形而上因素的"心身一体"

在杉田玄白以"神经液说"打破完全的"心身一体"论的基础上，其弟子宇田川玄真（1770～1835）对其理论进行了进一步发挥。宇田川玄真代表性作品《医范提纲》（『醫範提綱』，1805）是江户后期代表性的医学基本教科书，可以代表当时日本医学界的普遍认知。

宇田川玄真的《医范提纲》每章阐述一个器官，这与近代西方医学教科书是基本类似的，但章节顺序并不相同。近代西方医学教科书往往以体液循环顺序展开，而《医范提纲》则是从颅腔开始。不仅如此，在阐释颅腔的一章中他用了十个页面专门阐述了神经体系。他在该章中称：

> 上腔藏脑髓，含神灵，系性命。一身万机之政悉由此而出。脑髓者精神之府。造灵液，起神经，以发窍寐、动静、运化、生养之机。其在脊者为脊髓。灵液者精微之液也。神气所资，精妙所成，出脑及脊髓，注射神经。[1]

在上述文字中，宇多川玄真使用了"灵液"一词来替代杉田玄白的"神经液"概念。该词是"灵气"之"灵"与"液"合成之词。"灵气"是"精"的别称，作为君临全身之灵的"心"而存在的。而此"心"是往来于身体的"精微之气"，以此"气"的流动沟通了"身"与"心"。可以说，比起杉田玄白坚持的物质性的"神经液"，宇田川玄真的"灵液"概念自身就带有一定的非物理性质，这种双重属性给汉方医师调和东西方医学的矛盾提供了更大的回旋余地。

另外，玄真认为，上腔的一大功能是"造灵液"，这种以大脑作为神经

---

[1] 〔日〕宇田川玄真：『医範提綱』，京都大学附属図書館藏本，1805，一丁ウ～二丁才頁。

液的分泌器官的想法与 Stephen Blankaart 的说法是一致的。但是，Stephen Blankaart 所谓的神经液是完全遵循物理法则活动的液体物质，而玄真则认为"灵液"内含一种"神气"，加入了不可测的因素。针对这种"灵液"与"神气"的关系，宇田川玄真进一步阐述说：

> 灵液由脑髓与脊髓出。其质清晰，其性透窜也。其中，自然含神气，流通于神经而弥蔓全身。然，脑为灵液宗源，则常在脑中充盈统会，致神明不测之妙用。应感万物，总理众物，主宰百骸，此即精神。①

从这段话中可以看出，玄真认为的"神气"是内在于"灵液"之中的。同时在"神气"二字之上，又以日文假名标注了"タマシイ"，也即汉字"魂"的和训，作为 Stephen Blankaart 所谓"Ziel"的译语。作为西方近代医学术语的"Ziel"概念是指沟通精神与身体的部分，仅存在于脑髓这一处，其精神机能是被局限化的。玄真的"神气"概念则与此不同，"神气"与"灵液"一同遍布全身，是一个流动性的虚化概念。而 Stephen Blankaart 的"神经液"是仅遵守物理学法则运动的物质。这一"神经液"概念在宇田川玄真的《医范提纲》中已经难见踪影。

通过上述四个阶段的理论构建，江户末期的汉方医将中医学"心身一体论"与近代西方医学的机械论式身体观相融合，构建了一个可观测、可识别且又存在形而上因素的折衷式心身观。此种心身观的构建一方面强化了当时日本汉方医学界与西方医学界的信息沟通，提供了共通的医学术语，打破了两个医学体系之间的绝对界线；另一方面，也使汉方医可以在自身知识体系中理解近代西方医学，为临床解剖观测与传统医学人体认知之间的矛盾提供回旋的可能。可以说折衷式心身观的构建为汉方医学打下了近代化与科学化的医哲学基础，在近代后期汉方医学教科书〔如《皇汉医学》（『皇漢醫學』），1928〕等被广泛采用。

小结：传统医学发展的理论需求

传统中医哲学对生命现象和精神现象的探索以心身关系论作为逻辑的

---

① 〔日〕宇田川玄真：『医範提綱』，京都大学附属図書館藏本，1805，二丁ウ頁。

起点。可以说基于"天人一体""心身一体"的身体观是中医哲学的理论基础。① 中医认识身体是以一种哲学式、体悟式的思维方式，它的身体概念包含心神、气、经脉等抽象的方面。近代西方医学则是从细胞、分子、基因等具象层面研究人体。在医学史上，西方医学将心（精神）与身（物质）割裂为二，躯体得以离开精神成为科学研究的物质对象。这为现代医学，尤其是解剖学扫清了伦理与心理障碍。与此同时，心身二元也导致近代医学中疾病的心理因素和肉体因素被迫分离。超越了二元对立的、多元的"活生生的身体"（lived body）这一观念在 20 世纪下半叶以前的医学实践中往往是被忽略的。②

随着现代医学的发展，有学者认为基于知识论的医学观念是建立在传统科学观基础上的。在其指导下的医学，必然是以知识而不是以生命为中心，以疾病而不是以人为中心的。强调打破"心身二分"的机械论式身体观，回归以人的整体性为治疗对象的"心身一元"立场，③ 这种"心身一元"观念是以现代的文化论医学观为基础，以人本主义为特质的新医学思想，必然建立于治疗手段高度发达的当代医学环境中，是一种现代性的"心身一元"。就近代以前而言，从"心身一体"的自然哲学式医学走向"心身二元"的近代科学式医学无疑也是一种进步。而近代汉方医学将"身"与"心"从二元对立中解脱出来，将"心身二元"融入"心身一体"则是东方传统医学哲学的一次有益尝试。

日本汉方医学的近代化体现在医师制度改革、专业教育改革、药剂形式改革等多个方面。尤其是传统中药（日本称为汉方药）的剂型改革对我国中药行业的发展影响深远——日本采取高浓度粉末提取物替代传统煎服制剂，在粉末提取物基础上制作的中成药在我国被广泛使用。另外，日本也早已将汉方药纳入副作用通报体系，和西药一并接受同层次的监管，提高传统药材在全社会的公信力。这是传统医药在现代社会存续和发展的有益选择。

然而，无论是药理学上的近代化还是制度上的近代化，一大前提都是医学哲学上的近代化。日本近代汉方医学没有简单地固守传统中医哲学

---

① 〔日〕石田秀実：『中国医学思想史』，東京：東京大学出版会，1992，第 26 頁。
② 费多益：《身体的自然化与符号化》，《自然辩证法通讯》2010 年第 2 期。
③ 李振良、孟建伟：《从身心二分到身心合一：论医学观的转变》，《自然辩证法研究》2010 年第 11 期。

"心身一体"的理念,而是将近代西方医学的机械论式身体观内化吸收后融入自身医学哲学思想体系之中。这一方面为实证医学的进一步发展与外科手术治疗扫清了理论障碍,使汉方医学与西方医学界的学术交流成为可能;另一方面并未全盘否定自身理论体系,提高了汉方医学哲学的生命力,加速了以此为基础的整个汉方医哲学体系的近代化与科学化。

East-West Convergence of the Mind-Body Relationship Theory in Modern Japanese Kampo Medical Philosophy

Abstract:As an important branch of Traditional Chinese Medicine(=TCM), the modernization of Japanese Kampo Medicine(=JKM)is not only modernization in pharmacology, pathology, and treatment methods, but also the modernization and scientificization of medical philosophy based on its theoretical foundation. On the basis of insisting on the Mind-body theories of oriental natural philosophy, JKM integrates western modern medical mechanistic body view. It cleared the ethical obstacles for the clinical treatment of TCM, and also serves as a bridge for the two-way communication of Eastern and Western medical knowledge systems. It is a relatively successful attempt to integrate TCM philosophy with modern western philosophy of science and technology. It has reference significance for the current development of TCM.

Keywords:Traditional Chinese Medicine;Kampo Medicine;Modern medicine;Mind-body Theories

清初福建文人与琉·日文人的交流

——以王登瀛为中心

季龙飞[*]

【摘　要】日本国立公文书馆藏有一册清代康熙年间福建诗人王登瀛的诗集《柔远驿草》。王登瀛本人不见国内的史料记载，却多次出现在日本的馆藏汉文典籍中。《柔远驿草》是其中一种，另外还有和刻本的《晚香园梅诗》（闽人林潭著），萨摩诗人相良玉山的《梅花百咏》，琉球诗人蔡文溥的《四本堂诗集》都附有王登瀛的序文或跋文。那么王登瀛如何跨跃重洋与日本、琉球的文人产生联系呢？《柔远驿草》《晚香园梅诗》《梅花百咏》《四本堂诗文集》的背后又有什么样的关联？本文以新发现的史料考察这段古代东亚民间文学交流的史实。

【关键词】王登瀛　《柔远驿草》　《梅花百咏》　《四本堂诗集》

关于《柔远驿草》《晚香园梅诗》《梅花百咏》《四本堂诗文集》，中国、日本已有相关的先行研究。《柔远驿草》的研究成果以日本学者上里贤一的《作为文化交流据点的福州柔远驿——以王登瀛〈柔远驿草〉为中心》（「文化交流拠点として福州柔遠驛—王登瀛『柔远驛草』を中心に」）为代表。这篇论文从福州柔远驿是清朝与琉球文化交流的据点视角出发，阐述柔远驿在清朝与琉球的文化交流中起到的积极作用，并对《柔远驿草》内容做了介绍。《晚香园梅诗》的先行研究有国内学者李杰玲《小野湖山刊刻清诗的活动与闽人林潭的〈晚香园梅诗〉》。这篇论文考察了《晚香园梅诗》的刊刻过程以及内容，并对小野湖山与清代诗人的诗歌往来做了介绍。

---

*　季龙飞，男，清华大学历史系助理研究员（博士后），主要从事琉球研究。

日本学者池田温的《从〈梅花百咏〉看日中文学交流》介绍了日本德川幕府时期，萨摩藩士相良玉山的汉诗集漂洋过海来到福州，王登瀛又遥寄序文，中日两国诗人隔空交往的故事。北京大学钱志熙的《蔡文溥与〈四本堂诗文集〉》首次将琉球诗人蔡文溥的《四本堂诗文集》介绍到国内，对他的汉诗水平做了很高的评价。论文也对《四本堂诗文集》内容以及蔡文溥的个人情况做了介绍。总观这四篇先行研究，都只是对各自的研究对象做了考察，却未发现四部诗集以及作者之间的联系。特别是这四部来自不同国家的汉诗集中均有王登瀛作的序、跋，这背后的历史因缘就很值得挖掘。因此把这四部诗集综合起来考察有助于了解清前期中国、琉球、日本文人交流的历史细节。

一　王登瀛与《柔远驿草》

王登瀛，字阆洲，一字邦菴，福州人，大约生于顺治十七年（1660）。[①]王登瀛自述其生平："余曩昔者浪迹天涯，泛三巴之江，入五羊之城，登黄鹤楼、渡白马津。南驰北蹿，仆仆于风尘者几二十年。"[②] 可见年轻时的王登瀛游历四川、广东、湖北、河南等地，并没有在福州长期定居。"癸酉槐黄归自庐岳，因受刖，为诸及门所留，设绛于琼河柔远驿楼。"[③] 这说的是康熙三十二年秋（1693）王登瀛从江西科场归来，因科举不第遂受友人邀请，在柔远驿[④]设馆教授琉球人。自此，王登瀛以琉球人的私塾先生为业，一直持续到其晚年。雍正三年（1725），王登瀛（大约65岁）为琉球官生蔡文溥的《四本堂诗集》作序，这是文献所见最晚的王登瀛资料。综合起来看，王登瀛大致是前半生云游四方，后半生安稳地在柔远驿做琉球学子的私塾先生。

王登瀛的《柔远驿草》，实是《柔远驿草》与《柳轩诗草》，二者合为一册。《柔远驿草》于康熙三十三年（1694）结集，《柳轩诗草》略晚，大

---

① 季龍飛:「福州における陳元輔の交友関係——竺天植、林潭、王登瀛を中心に」,《琉球アジア社会文化研究》2019 年総第 22 期。

② （清）蔡文溥:《四本堂诗文集》1755 年刊本, 宜野湾: 榕树書林, 2003 年影印出版, 第 9 页。

③ （清）蔡文溥:《四本堂诗文集》1755 年刊本, 宜野湾: 榕树書林, 2003 年影印出版, 第 10 页。

④ 明清两代设在福州的琉球贡使来华停驻、存放贡品的宾馆。

致在康熙三十四年（1695）底结集。①《柔远驿草》有七绝 20 首。王登瀛以
"楼东十景"和"楼西十景"为题各做诗 10 首，描写柔远驿周围的风景。
《柳轩诗草》共收诗 32 题 44 首。44 首诗中反映王登瀛与琉球人交往的诗作
居多，共计 17 题 21 首。诗集中出现的琉球人多达 17 人，所以这薄薄一册
诗集却是反映清前期中国、琉球文人交流情况的珍贵文献。《柔远驿草》何
时传入日本尚难以考证，目前只发现一册藏于日本国立公文书馆。

《柳轩诗草》装订在《柔远驿草》中，从所载诗的内容分析，诗集大致
是按照时间顺序编次。诗集中有 17 个琉球人的姓名，这在中国文人的诗集
中是十分罕见的。这 17 名琉球人以身份分类的话可以分为：留学生（勤
学）、进贡使节（正议大夫、都通事、存留通事）。详细可以参考表 1。②

表 1　《柳轩诗草》中琉球人身份分类

序号	诗题	相关琉球人	创作年代
1	《冬夜同陈昌其王孔锡集梁得声山楼夜话和韵二首》	梁镛（得声）勤学	康熙二十七年（1688）
2	《同竺天植陈元声集饮驿楼陈鲁水以纸屏索诗并书芜读陈元声题屏诗句即席走笔附和》	陈其洙（鲁水）存留通事	康熙三十三年（1694）
3	《送郑克叙归中山》	郑士纶（克叙）都通事	康熙三十三年（1694）五月
4	《送陈鲁水（二首）》	陈其洙 存留通事	康熙三十三年（1694）五月
5	《送杨仲立》	杨仲立	
6	《春暮集饮周熙臣翠云楼》	周新命（熙臣）勤学	康熙三十三年（1694）春末
7	《立秋后二日集蔡天水山楼坐雨得青字》	蔡文汉（天水）勤学	康熙三十三年（1694）秋
8	《同程素文毛子翀郑克文陈楚水红尔吉驿楼分赋》	程顺性（素文）勤学、毛士丰（子翀）勤学、郑克文、陈其湘（楚水）勤学、红永祺（尔吉）勤学	康熙三十三年（1694）冬

① 季龍飛：「清代福州柔遠駅における文人交流について—康熙年間陳元輔を起点として」，
琉球大学人文社会研究科博士論文，2020，第 166 頁。

② 参照「清代福州柔遠駅における文人交流について—康熙年間陳元輔を起点として」，第
164～165 页制成。

续表

序号	诗题	相关琉球人	创作年代
9	《送蔡祚庵入贡》	蔡应瑞（祚庵）正议大夫	康熙三十四年（1695）初夏
10	《送梁得剡入贡》	梁成楫（得剡）都通事	康熙三十四年（1695）初夏
11	《送程素文郑克文入都》	程顺性（素文）勤学、郑克文（勤学）	康熙三十四年（1695）初夏
12	《送金浩然归中山》	金溥（浩然）存留通事	康熙三十四年（1695）六月
13	《送周熙臣》	周新命（勤学）	康熙三十四年（1695）六月
14	《送麻舜玉》	麻舜玉	
15	《怀梁得声》	梁镛（得声）	康熙三十四年（1695）
16	《寄程宠文》	程顺则（宠文）	康熙三十四年（1695）
17	《遥挽陈鲁水》	陈其洙（鲁水）	康熙三十四年（1695）末

  王登瀛作为琉球学子的私塾老师与琉球人有着怎样的互动，我们可以透过《柳轩诗草》窥见一斑。表 1 姓名后标注为"勤学"的人，大都是王登瀛的琉球弟子。同时期在柔远驿教授琉球学子的，还有他的好友陈元辅以及竺天植。由于篇幅有限，不能对以上诗一一分析，所以选取陈鲁水为代表。通过王登瀛与陈鲁水之间的汉诗作品窥探这位福州先生与琉球文人的互动情境。

  陈鲁水（1667～1694），名其洙，字鲁水，琉球国久米村士族。康熙二十三年（1684）奉王命随正议大夫郑永安来福州读书习礼（留学），在福州留学 6 年，康熙二十八年（1689）五月归国。康熙三十一年（1692）二月奉王命为存留通事随进贡正使马良象赴闽公务，康熙三十三年五月二十九日（1694 年 6 月 21 日）归国，在福州柔远驿勤务三年。① 诗集中有关陈鲁

---

① 　那霸市经济文化部历史资料室『那霸市史·家谱资料二』资料篇第 1 卷 6 卷，那霸市役所，1980，第 460 页。

水的三首诗《同竺天植陈元声集饮驿楼陈鲁水以纸屏索诗并书芜读陈元声题屏诗句即席走笔附和》《送陈鲁水》《遥挽陈鲁水》作于康熙三十三至三十四年间（1694～1695）。这也是陈鲁水作为存留通事最后一年至 1695 年去世的这段时间。存留通事是琉球进贡使团中排名第四的使节。进贡正使和副使以及都通事进京朝贡，存留通事则停留在福州柔远驿负责处理朝贡后续事务以及日常事务，一般任职三年。诗集中关于陈鲁水汉诗有 3 题 4 首，可见王登瀛与他的关系比较密切。另外王登瀛设馆柔远驿正好与陈鲁水任职存留通事的时期相重叠，因此二人日常有比较多的往来。首先看王登瀛赠予陈鲁水的留别诗《送陈鲁水》。

其一

湖海交游解佩攘，

经年下榻写心长。

诗成一字推敲细，

酒至千钟戏谑狂。

正喜弦歌调雅韵，

忍听骊唱动离肠。

匆匆别后如相忆，

莫厌双鱼远寄将。

其二

习习薰风柳影疎，

送君偏憶晤君初。

长亭把袂青山晚，

古驿留题午梦余。

惜别且倾今夕酒，

离群预定隔年书。

虽然一日堪千古，

难禁阳关泪满裾。

《送陈鲁水》的其一主要是回忆了王登瀛与陈鲁水交游时的旧事。康熙三十二年秋，王登瀛从江西秋闱返回福州。《柔远驿草》自序中说："甲戌岁，余别业其楼，风晨月夕得与金浩然、周熙臣、程素文、郑克文诸子凭眺江山。"[①] 这时候王登瀛住进柔远驿中教授金浩然、周熙臣、程素文、郑克文等琉球学子。这样算，实际上与陈鲁水交往的时间不足一年。但是从诗中回忆二人交往，王登瀛解下携带的配饰作为赠礼，切磋文学之时陈鲁水常为一字细细推敲，又在酒酣耳热之时二人放荡开怀等细节看得出二人友谊很深。不久陈鲁水的存留通事任期届满，王登瀛不得与友人离别。不过分别前也约定了归国后互寄书信。至少当时的情况下琉球每年都有船只往来于福州和那霸之间，通过进贡、接贡时的船只互寄信件完全是可行的。

---

① （清）王登瀛：《柔远驿草》，康熙年间福州刻本，东京：国立公文书馆藏，第 1 页。

《送陈鲁水》其二首句中"习习薰风柳影疏"描写的是初夏时节的景色。根据琉球久米村《陈氏家谱》，康熙三十三年五月二十九日，陈鲁水乘海船离开福州港，也正好是初夏的时节。因此临近陈鲁水出发前的某日，在柔远驿楼送别会上王登瀛即席作此二首，向陈鲁水表达不舍之情。特别在其二中再一次嘱托陈鲁水归国后一定要寄来书信。然而令王登瀛意想不到的是，陈鲁水归国后不到两个月，于1694年8月7日患上重病，11月1日猝然离世。王登瀛收到陈鲁水病故消息最快也要到康熙三十四年末了。悲痛的王登瀛写下《遥挽陈鲁水》并列于《柳轩诗草》的卷末以示悼念。《遥挽陈鲁水》如下：

> 客夏驿楼，陈子告归，离觞一举，两泪交颐，恋不忍舍。予谓陈子曰：古道交情离千里可同堂，异日再奉使至，握手话旧当不远也。讵意言旋未几忽而仙逝，予闻心中怆然，率尔成韵，用写悲怀并寄吊云：
> 忆汝琼河上，经年共著书。谁知归国去，竟卜业台居。
> 海外音容渺，楼头故旧疏。空留琴与剑，触目泪垂余。①

王登瀛悼念友人陈鲁水的文字情真意切。原本想着陈鲁水再次奉使进贡来闽时，还能与他把手言欢。未曾料想不出一年便阴阳两隔。陈鲁水病逝时年仅28岁。王登瀛在柔远驿睹物思人，不禁潸然泪下。

二 林潭与《晚香园梅诗》

关于《晚香园梅诗》作者林潭，《长乐六里志》中有如下记载：

> 林潭字二耻，高祥里黄石人。崇祯末诸生。明亡，弃举子业，携家隐大象山。草寇大巴掌作乱，尽室被掳。妻陈氏，有殊色，不受辱，骂贼寸磔死。潭誓不再娶，寄居文殊寺僧房以终其身。自号二耻者，耻不忠不孝也。著二耻斋集。②

林潭是崇祯末年诸生，经历了明清鼎革的大动乱时期。于是他放弃科

---

① （清）王登瀛：《柔远驿草》。
② 李永选：《长乐六里志》，福建省地图出版社，1989，第134页。

举携家隐居以表示不愿为清朝的臣民。清初活跃在长乐大象山附近的土匪大巴掌劫掠其家，只有林潭幸存。所以林潭一生颇为不幸。康熙三十三年（1694）林潭为王登瀛的《柔远驿草》作序，这是文献所能看到的林潭最后的活动记录。如果按照崇祯十七年（1644）林潭 18 岁算康熙三十三年林潭至少已经 68 岁。林潭另外著有《二耻斋集》不传于世，《晚香园梅诗》是林潭现存唯一的诗集。全集录有咏梅诗 6 首，其友人陈元辅为这六首咏梅诗做了非常详细的评注。评注中更包含不少林潭与陈元辅的事迹，是了解林、陈二人的生平的重要参考资料。据陈元辅的序文"康熙戊午仲冬年家同学弟陈元辅拜题"，可知《晚香园梅诗》在康熙十七年（1678）已结集。康熙六十年（1721）程顺则最后一次到访福建，将手中《晚香园梅诗》重新付梓，并带回了琉球。不多久《晚香园梅诗》从琉球传播到了日本。现存最早的刊本是日本享保十年（1725）京都积翠堂本，藏于关西大学图书馆和筑波大学图书馆。其他的日本馆藏版本有天保四年（1833）晚晴阁刊本和安政元年（1854）盘古书院刊本。

三　程顺则与王登瀛、林潭

　　程顺则（1662～1734）字宠文，号雪堂，琉球国大学者。康熙二十二年（1683），20 岁的程顺则随琉球进贡副使紫金大夫王明佐赴闽留学。初到福州的程顺则先拜宿儒竺天植为师。康熙二十三年（1684）春，程顺则跟随进贡使团上京，当年冬天回到福州后才继续自己的学业。也正是在这年的冬天，经竺天植的引见，程顺则与自己一生的知己和老师陈元辅（字昌其 1655？～1711？[①]）相识。也是通过陈元辅的关系，后来程顺则与林潭以及王登瀛相识。康熙三十年（1691），程顺则欲将老师半生的心血《枕山楼诗集》刊刻，因此请林潭为之序。林潭在序中形容与陈元辅的友谊："余愧不知诗，然知昌其独深，又何以无言。"[②]"甲寅乙卯予学第一山下，与昌其居益近交益密，攻苦磨砺益力。彼此隐衷益可相告语。"[③] 这里说的是康熙

---

①「清代福州柔遠駅における文人交流について—康熙年間陳元輔を起点として」，第 34 頁。

②（清）林潭《枕山楼序》，（清）陈元辅：《枕山楼诗集》康熙三十年（1691）福州刻本，东京：国立公文书馆藏 318～0074。

③（清）林潭《枕山楼序》，（清）陈元辅：《枕山楼诗集》康熙三十年（1691）福州刻本，东京：国立公文书馆藏 318～0074。

十三年（1674）、十四年（1675）林潭在福州乌石山附近的书院短暂任教，而恰巧当时陈元辅经历科举失败心情压抑，又遭逢耿精忠叛乱，对前途非常忧虑。① 林潭此时与陈元辅来往频繁，互诉胸中隐衷，结下了深厚的友谊。康熙十七年（1678），陈元辅为林潭的《晚香园梅诗》作注并赋序。所以程顺则很可能最初通过老师陈元辅获得了《晚香园梅诗》。

康熙六十年（1721）二月，程顺则作为谢恩紫金大夫进京朝贡后返回福州，欲将《晚香园梅诗》重刊，请自己老师挚友王登瀛作跋（当时林潭与陈元辅已经作古）。王登瀛本就与陈元辅、林潭交善，因此非常乐意为二位友人的合著作跋。跋文中王登瀛称与程顺则的友谊："夫予与大夫交二十余年矣。知大夫之能诗久矣。"② 同年（1721），王登瀛为《中山诗文集》作序言："予谈经驿楼得交蔡君声亭、曾君虞臣、程君宠文。"表明了王登瀛与程顺则的交游始于 1693 年设馆于柔远驿的时期。加之康熙三十五年（1696）程顺则以都通事的身份第 3 次来到福州，时间上也与"予与大夫交二十余年"相吻合。此后程顺则分别于康熙四十五年（1706）、康熙五十九年（1720）来闽，王、程二人均有互动。特别是王登瀛为程顺则所编《中山诗文集》作序传为佳话。而王登瀛的《柔远驿草》何时由谁传入日本有待史料的钩沉，但是无外乎与王登瀛关系密切的琉球友人先带回琉球再传入日本。因此与王登瀛关系密切的程顺则也许就是把《柔远驿草》带入日本的琉球友人之一。

四　王登瀛与日本文人的隔空握手

康熙四十七年至康熙五十九年（1708～1720），王登瀛与程顺则天各一方，虽不能徐榻解悬，但通过互相遥寄书信，中日文人之间实现了隔空交流。在介绍王登瀛与日本文人的隔空交流之前，首先介绍清初中日的文人往来的历史背景。

众所周知，1639 年后，江户幕府宣布锁国，禁止任何船只驶向海外，已经出洋的船只也禁止回国，开放长崎作为口岸同荷兰与中国开展有限的贸易。1644 年，明清鼎革之后，一些大明遗臣因抗清失败而隐居或避居日

---

① 「清代福州柔遠駅における文人交流について—康熙年間陳元輔を起点として」，第 29 頁。
② （清）林潭：《晚香园梅诗·玉池吟榭》，盘谷书院刊刻（1854）刊本，大阪：关西大学图书馆藏 BA72773388。

本。著名的有朱舜水、陈元赟二位在日本讲学授徒，极具影响力。朱子学能成为江户幕府的官学，二位先生产生的积极影响不可忽视。明末清初，这批学者流亡避居日本，事实上也带来了中日思想文化交流的一次小高潮。但是顺治、康熙朝的海禁政策与幕府的锁国令断绝了中日文人的直接交流。这样的大背景下，清初福州人王登瀛与萨摩藩诗人相良玉山的隔空往来，林潭、陈元辅等人的作品集传播于日本等，就显得殊为珍贵。另外，清朝定鼎之后继承了明朝所建立起来的朝贡册封的秩序，继续对朝鲜、琉球、越南等国家进行册封。德川幕府确立后，在日本建立起幕藩体制。荒野泰典认为在德川将军的支配下，日本通过对马藩与朝鲜建立起通信关系，通过萨摩藩控制了琉球，通过长崎开展对荷兰、中国贸易，通过松前藩抚育虾夷地，形成"四口"的对外关系，这也被称为"日本型华夷秩序"。① 西里喜行在此基础上进一步认为，在鸦片战争前，东亚社会形成了以中华帝国为中心的"宗藩体系"为主，以德川幕府的"日本型华夷秩序"为辅的国际秩序。这两种秩序的中心——清朝和德川幕府并没有直接的交流，而琉球在这两种秩序的范围内充当了媒介。②

　　日本德川幕府时期的锁国政策下，中日文人的接触极其有限，而日本的文人又非常渴望能与中国文人交流。与王登瀛同时期的鼎鼎大名的新井白石、室鸠巢、伊藤东涯等 16 位日本文人，为清初福州的一名不见经传的诗人魏惟度的《八居题咏》作诗附和并且结集刊行，就是一个例证。③ 再者伊藤东涯在《梅花百咏》序中言："因想一苇航海，历吴会，登天台，恣其耳目，与文儒才子讨论上下，其乐何如哉！而天堑界国，欲往从之，杳不可得，徒增浩叹耳。"④ 因此可见锁国之下的日本文人渴望与中国诗人接触和交流。程顺则于康熙五十三年（1714）奉命出使江户，此前他 4 次来华，在中国有十年左右生活经历。所以他的到来对那些亲慕中华的日本文人就显得意义非凡。事实上程顺则在日本期间受到新井白石、伊藤东涯等当时的日本学者的热情招待。

---

①　〔日〕荒野泰典『近世日本と東アジア』，東京：東京大学出版会，1990。

②　〔日〕西里喜行：《清末中琉日关系史研究》，胡连成等译，社会科学文献出版社，2010，第 5 页。

③　〔日〕吉川幸次郎「新井白石と清人魏惟度—日中交渉史の一資料」，『東方学』第 42 期，1961。

④　转引自〔日〕池田温《从〈梅花百咏〉看日中文学交流》，《浙江大学学报》（人文社会科学版）2003 年第 5 期。

程顺则作为琉球国的掌翰使出使江户时，萨摩藩士相良玉山奉命全程陪同。程顺则与相良玉山萨摩藩相遇的经过，池田温在《从〈梅花百咏〉看日中文学交流》做了详细考证。相良玉山本名长英，师从萨摩藩的儒士山口治易，以侧用人身份仕于岛津吉贵，颇有能吏之才，享保十四年（1729）去世。① 相良玉山曾作咏梅诗百首结为《梅花百咏》一集。诗集中有序文 3篇，高岱序文居首，伊藤东涯序居中，王登瀛序殿后，卷末附刊印者濑尾维贤的跋文。此集在日本正德乙未年（1715）由京都书肆奎文馆刊刻。福州普通诗人王登瀛的序文跨越重洋赫然列于同时代日本文士的诗集中，这本身就是一段奇遇。王登瀛的序中言："癸巳冬（1713），邮寄友人玉山清韵诗示予。夫宠文风雅中人，其取友必风雅人也……康熙甲午（1714）仲春望后二日，闽中阆洲王登瀛题于柳轩西深处。"② 据此大致可以勾勒出此篇序文的由来。康熙五十二年冬，王登瀛收到了由程顺则邮寄来的《梅花百咏》，邀请为之序。王登瀛于康熙五十三年仲春完成序文后将其寄往琉球，再辗转送达相良玉山手中。程顺则为什么要大费周折替相良玉山求序？除了程顺则与相良玉山二人友情深厚之外，还有一点是，程顺则也是喜好梅诗之人。这一点可以从程顺则出资为林潭刊刻《晚香园梅诗》看出来。王登瀛在序最后言："予爱之慕之，定知玉山胸次高旷，称为玉山，信不诬也。所恨山海各一方，莫能一晤。倘天假良缘，把臂言笑，快何如之！书此以为千里之面言。"在德川幕府锁国的背景下，相良玉山收到了一封珍贵的中国友人的序文，其内心应是无比激动的。

五 王登瀛与《四本堂诗文集》

《四本堂诗文集》是琉球诗人蔡文溥的作品集。现存乾隆二十年福州刻本原由日本学者原田禹雄收藏，后被捐赠给冲绳县立博物馆。2003 年由当地琉球榕树书林影印复刻。《四本堂诗文集》有叶绍芳、刘敬与、王登瀛、谢道承序，收诗 125 首，文 5 篇。《四本堂诗文集》（或称《四本堂集》）在康熙五十八年（1719）初稿已成，徐葆光阅后曾作七绝 4 首附于后。刘敬

---

① 〔日〕池田温：《从〈梅花百咏〉看日中文学交流》，《浙江大学学报》（人文社会科学版）2003 年第 5 期。

② 〔日〕池田温：《从〈梅花百咏〉看日中文学交流》，《浙江大学学报》（人文社会科学版）2003 年第 5 期。

与序中言："集已刊本，晚年又自加更定，续以未授梓者若干篇。"可见
《四本堂诗文集》曾经历多次校订和刊刻。我们从 4 篇序文的落款时间也能
看出。谢道承序作于雍正二年（1724），王登瀛序作于雍正三年（1725），
这是第一次刊刻。刘绍芳的序作于雍正十年（1732），这是第二次刊刻。刘
敬与的序作于乾隆二十年（1755）这是第三次刊刻。

　　蔡文溥（1671～1745）字天章，号如亭，其父蔡应瑞。康熙二十六年
（1687）蔡文溥与梁成楫、阮维新一起赴北京国子监留学，康熙三十一年
（1692）肄业。归国后，蔡文溥三人被任命为讲解师、训诂师，轮流教授久
米村子弟。康熙三十三年至康熙三十八年（1694～1699）蔡文溥奉命为世
子、世孙进讲《四书》《诗经》《小雅》《纲鉴》《唐史》等。康熙三十八年
十一月被任命为接贡存留通事，在福州滞留 3 年，康熙四十年（1701）六
月归国。归国后的蔡文溥继续为世孙进讲《四书》等，后因疾辞去讲师之
职。患病期间，蔡文溥仍受到世子、世孙的荣宠，甚至为了方便太医给他
治疗，迁居首里。蔡文溥因长期患病，逐渐远离政务，但是仍然在康熙五
十五年（1716）晋升为正议大夫，康熙五十九年（1720）又升任紫金大
夫①。康熙五十七年册封使臣，徐葆光见蔡文溥，赞其为"中山第一才"。

　　《四本堂诗文集》第一次刊刻时，王登瀛作序，讲述了自己与琉球国蔡
文溥一家的渊源。其文如下：

　　　　甲戌岁，中山祚庵蔡君讳应瑞者，以正议大夫奉使入贡，停骖驿
楼，得与交臂。王事鞅掌之眼，或看花亭畔，或听雨灯前，杯酒谈欢，
雍容尔雅，彬彬有中国儒者之风。遣二子天水、天方从予游，至丙子
春，祚庵自都门旋，复得朝夕盘桓，出《五云堂游草》示余。余读之，
清新俊逸，音韵铿锵，饶有开府参军之笔。夫诗出于性情，非涵养有
素者，曷能至此哉？祚庵可谓潜心斯道者矣。后因事竣回国，迄今不
觉又三十一年矣。甲辰冬，天章以乃尊《五云堂诗集》，从海外邮来，
以授梓人，邦用请余为序。动余有今昔之感。夫予始与祚庵交善，继复
与天章交，其天水、天方、天津、天振及天章乃郎邦用，皆从余游。余
与中山蔡氏，可谓交之厚、知之深、情之笃，援笔书此，以志世好。②

----

① 　一般情况下琉球久米村士族所能达到的最高官职。
② 　（清）蔡文溥：《四本堂诗文集》，1755 年刊本，宜野湾：榕树書林，2003 年影印出版，第
　　9 页。

序中祚庵即是蔡文溥之父蔡应瑞，他与程顺则一同制定了《琉球国中山王府官制》。康熙三十三年，蔡应瑞作为正议大夫前来进贡，王登瀛此时正在柔远驿坐馆授徒，因而得以交臂。实际上王登瀛于康熙二十七年（1688）就已经结识蔡应瑞。① 康熙三十三年，两位老友重逢，二人或看花亭畔，或听雨灯前，或杯酒谈欢。蔡应瑞之子蔡文汉（天水）、蔡文湘（天方）、蔡文河（天津）、蔡文海（天振）以及孙蔡其栋（邦用，蔡文溥之子）都曾赴闽留学，师从王登瀛。蔡应瑞长子蔡文溥于康熙三十八年十一月至康熙四十年六月间（1699 年 12 月~1701 年 7 月）作为存留通事在柔远驿勤务三年，亦得以与王登瀛交游。所以王登瀛形容与琉球蔡应瑞一家祖孙三代的师友关系是"交之厚、知之深、情之笃"，绝无夸大的成分。王登瀛与琉球国蔡氏有着深厚情谊，他的序文附于蔡文溥的《四本堂诗文集》自然也是情理之中。只是这篇序文最初只是为蔡应瑞的《五云堂游草》所作，《四本堂诗文集》再刊或者三刊的时候被收录了进来。

结　语

通过对《柔远驿草》、《晚香园梅诗》、《梅花百咏》、《四本堂诗文集》背后关系的考证与梳理，可以知道清初一段中国、琉球、日本民间文人之间的交流往来的故事。福州人王登瀛在柔远驿坐馆时与琉球学者程顺则、蔡文溥等人交善。程顺则出使江户之时又把王登瀛、林潭等人的作品介绍给了日本友人，最终促成了这段佳话。

Communication between Fujian Literrati and Ryukyu · Japan Literati in the Early Qing Dynasty
—Centered on Wang Dengying

Abstract：The National Archives of Japan has a collection of poems titled "Royuan Yicao" by Wang Dengying, a Fujian poet during the reign of Emperor Kangxi in the Qing Dynasty. With few historical records in China, but he has ap-

---

① 「清代福州柔遠駅における文人交流について—康熙年間陳元輔を起点として」，第 170 頁。

peared many times in the collection of Chinese classics in Japan. These include the "Royuan Yicao", the engraved Plum Poems of the Evening Incense Garden (written by Lin Tan from Fujian), the Satsuma poet Xiangliang Yushan's A Hundred Verses of Plum Blossoms, and the Four Books of Poetry by Cai Wenpu from Ryukyu, all with preamble or postscript by Wang Dengying. How did he cross the ocean to connect with the literati in Japan and Ryukyu? What are the connections behind these collections? This paper examines the historical facts of the ancient East Asian folk literature exchange with newly discovered historical materials.

Keyword: Wang Dengying; "Rou Yuan Yi Cao"; "Mei Hua Bai Yong"; "Si Ben Tang Shi Ji"

日本社会与经济

日语能力对中国城市高学历人群工资
收入的影响研究

——基于 Global Career Survey 2012 调查上海数据的实证分析

李飞菲[*]　　周维宏^{**}

【摘　要】文章利用日本 Global Career Survey 2012 的微观数据，采用多元线性回归和分位数回归分析法考察了日语能力对我国高学历人群收入的影响。研究发现，总体上，日语能力对以上海为代表的城市高学历人群工资收入具有显著的正向影响；同时，日语能力对个体工资收入的影响在不同性别、职业、专业以及不同收入的人群之间存在显著差异。实证研究结果有助于加深人们对我国日语教育发挥的工具价值及社会贡献的理解，为日语能力在我国劳动力市场上的表现提供了经验证据，一定程度上为外语教育政策特别是日语教育政策的改革和调整提供了经验支持和参考。

【关键词】日语能力　城市高学历人群　工资收入　回归分析

引　言

新中国成立以来，我国日语教育事业发展成绩斐然。日本国际交流基金关于海外日本语教育现状的统计结果显示，2018 年我国的日语学习者人数为 1004625 名，在 142 个调查对象国家和地区中占 26.1%，位居除日本本土以外各调查对象国首位。从外语学习者规模来看，自 20 世纪 80 年代起，

　＊　李飞菲，山西大学外国语学院讲师，主要研究方向为日语教育、日本社会、教育社会学。
　＊＊　周维宏，北京外国语大学北京日本学研究中心教授，博士生导师。

日语在我国成为仅次于英语的第二大外语，逐渐形成了高等教育为主、社会教育需求稳中有升，初、中等教育历经不断压缩继而重新回暖的格局。随着全球化的不断深化，我们身边不乏因钟情于某些日本元素，例如动漫、风景、时尚、电子产品等相关事物，从而自学日语的发烧友，由此引发的数次"日语热"现象更是为众人津津乐道。

面对已逾百万的学习群体，我国的日语教育研究一直是日语教育学界关注的话题。通过回顾既有文献可知，无论中日，既有的日语教育研究均以传统的语言学、社会语言学以及教学法研究为主。毋庸置疑，这些研究为推动我国日语教育的发展做出了巨大贡献。但正如蔡永良①指出的，我国外语教育界存在"热衷于探讨外语教学方法"，拒绝探讨与社会文化、政治经济相关的问题，从而导致外语教育研究和探讨片面化，不利于外语教育规划以及相关政策的制定。近年来，外语教育逐渐成为语言学、教育学、心理学、社会学、经济学等多个学科关注的话题，已有学者从不同的研究视角进行了有益的探索。其中，外语教育的经济学分析便是这种研究的成功范例之一②。具体来讲，成果多集中于语言能力与个体收入关系的研究。

本文利用日本 Global Career Survey 2012 调查上海的部分数据，围绕中国公民日语能力与其个体收入的关系展开讨论。文章其余部分安排如下：第一节文献综述与理论背景，梳理语言能力与收入关系的既有研究及其理论依据并提出假设；第二节是研究设计，介绍数据来源、变量说明以及模型构建与分析方法；第三节是实证结果及分析；第四节是结论。

一 文献综述与理论背景

1. 文献综述

语言能力对个体劳动收入影响的相关研究，起源于考察移民对东道国语言掌握程度与其在该国劳动力市场所得收入之间的关系，最早是在 20 世纪 60

---

① 蔡永良：《从外语教学走向外语教育——新形势下我国外语教育转轨的思考》，《外语教学》2013 年第 1 期。
② 刘国辉，张卫国：《中国城镇居民英语能力的经济回报率研究——基于中国综合社会调查的实证分析》，《云南师范大学学报》2015 年第 6 期。

年代加拿大语言问题的背景下产生的①。该实证研究方法随后也引起了诸多非英语官方语言国家以及发展中国家学者的关注，如 Grin②、Daniela 等③、Mehtabul Azam 等④、寺泽拓敬⑤、笹川真理子等⑥均基于数据给出了调查对象的外语能力（多以英语能力为主）对其收入是否存在影响的实证讨论。

　　刘国辉⑦是国内首位通过实证方法关注公民外语能力与收入关系的学者，其利用中国综合社会调查数据，将外语能力作为解释变量，性别、年龄、民族、地域、工作年限、受教育年限、父母亲受教育年限等作为控制变量来解释受访者月工资收入，在国际范围内为语言能力与收入关系研究提供了中国的经验证据。此后，国内学界不断涌现关于外语能力与收入关系的研究与探讨，刘泉⑧、郑妍妍等⑨、刘国辉等⑩、高原⑪、程虹等⑫、霍灵光等⑬、刘凌宇等⑭、贾巍巍等⑮的相关研究先后利用多种社会调查数据，

① 张卫国：《语言的经济学分析：一个基本框架》，中国社会科学出版社，2016，第 38 页。

② Grin, F., "English as economic value：Facts and fallacies," *World Englishes*, 20 (1), 2001.

③ Daniela Casale, Dorrit Posel, "English language proficiency and earnings in a developing country：The case of South Africa," *The Journal of Socio-Economics*, 40 (4), 2011.

④ Mehtabul Azam, Aimee Chin, Nishith Prakash, "The Returns to English-Language Skills in India," *Economic Development and Cultural Change*, 61 (2), 2013.

⑤ 〔日〕寺沢拓敬：『「日本人と英語」の社会学』，東京：研究社，2015。

⑥ 〔日〕笹川真理子、前川賢太、川島彩、白木亮太郎、手嶋瑞季：「日本の英語教育改革に関する実証分析」，論文研究発表会，2017。

⑦ 刘国辉：《中国的外语教育：基于语言能力回报率的实证研究》，山东大学博士学位论文，2013。

⑧ 刘泉：《外语能力与收入——来自中国城市劳动力市场的证据》，《南开经济研究》2014 年第 3 期。

⑨ 郑妍妍、周昕、吴书瑶：《全球化与学英语的回报——来自中国微观调查数据的经验研究》，《中央财经大学学报》2015 年第 6 期。

⑩ 刘国辉、张卫国：《中国城市劳动力市场中的"语言经济学"：外语能力的工资效应研究》，《山东大学学报》（哲学社会科学版）2016 年第 2 期。

⑪ 高原：《中国城镇居民语言能力回报率实证研究——普通话与英语能力回报率的对比分析》，《语言政策与语言教育》2017 年第 1 期。

⑫ 程虹、刘星滟：《英语人力资本与员工工资——来自 2015 年"中国企业-员工匹配调查"的经验证据》，《北京师范大学学报》（社会科学版）2017 年第 1 期。

⑬ 霍灵光、陈媛媛：《英语技能在中国劳动力市场的工资溢价测算》，《南方经济》2017 年第 12 期。

⑭ 刘凌宇、杨钋、刘鑫桥、蒋凯：《英语能力对大学毕业生工资收入影响研究——来自 CEPS 的证据》，《教育发展研究》2018 年第 21 期。

⑮ 贾巍巍、岳昌君：《英语水平高能带来高就业起薪吗？——基于 2017 高校本科毕业生调查的实证研究》，《教育学术月刊》2019 年第 5 期。

证实了英语能力在提高我国公民个体收入方面的正向影响。

此类实证研究为我国的外语教育研究带来了全新的研究视角，拓展了研究思路。但多以英语能力对个人收入的影响研究为主，笔者尚未发现日语能力与个人收入关系的讨论，而这正是本文所关注的。

2. 理论背景

语言能力与收入分配关系的理论基础来自人力资本理论。美国经济学家加里·贝克尔曾指出该理论最重要的运用之一就是"用于个人收入分配问题的研究"[①]。语言和人力资本之间如何产生联系呢？语言能力导致的收入差异，是劳动者技能差异导致收入分化的表现之一。这主要是因为劳动者的语言能力是其人力资本的具体体现之一。[②] 黄少安等进行了更为深入的解释，认为语言能够被视为一项重要的人力资本是因为它符合以下三个标准：首先，语言技能要花费代价（成本）才能获得，包括金钱投入和时间投入等，具有"稀缺性"；其次，语言技能具有生产性，一旦形成便可以给其拥有者带来收益；最后，语言技能依附于人体，语言能力不能脱离人的身体而存在。[③]

本文将要讨论的日语能力与收入分配的关系正是人力资本理论框架下的语言与经济关系研究的重要阵地之一，而这种关系的潜在逻辑就是学习语言作为一种人力资本投资行为，能够带来利益。实际上，学习另一种语言知识应该和较高的回报联系在一起，通晓多种语言的人应该比单语者获利更多。[④] 学习日语对个体收入究竟有何影响、在多大程度上是值得的，这是本文关注的方向。本文提出以下假设：

假设 1：日语能力能够提升我国城市高学历人群的工资收入；

假设 2：日语能力和英语能力对个体收入的影响不同；

假设 3：日语能力对个体收入的影响在不同性别、专业、职业以及收入的人群中存在差异。

---

① 加里·贝克尔：《人力资本理论》，中信出版社，2007，第 179 页。

② Yuxin Yao, Jan C. van Ours, "Language skills and labor market performance of immigrants in the Netherlands," *Labour Economics*, 34, 2015.

③ 黄少安、张卫国、苏剑：《语言经济学导论》，商务印书馆，2017，第 24 页。

④ 张卫国：《语言的经济学分析：一个基本框架》，中国社会科学出版社，2016，第 35 页。

二　研究设计

1. 数据来源

本文使用的 Global Career Survey 2012 数据（中国部分），由日本瑞可利职业研究所（Recruit Works Institute）调查实施，调查数据由日本东京大学社会科学研究所附属社会调查 Data Archive 研究中心管理①。调查概要总结如表 1 所示。

表 1　Global Career Survey 2012 调查概要

调查目的	世界各大城市圈大学学历以上、20～39 岁劳动人口的就职及离职情况
调查区域	调查地区 A： 中国（上海）、韩国（首尔）、印度（德里、孟买）、泰国（曼谷首都圈）、马来西亚（吉隆坡）、印度尼西亚（雅加达首都圈）、越南（河内、胡志明） 调查地区 B： 美国（纽约、加利福尼亚）、巴西（全国，以圣保罗和里约热内卢为中心）、德国（全国）、俄罗斯（莫斯科首都圈）、澳大利亚（全国，以悉尼和墨尔本为中心）
调查对象	大学本科及以上学历、20～39 岁的在职男女（不包括专科学历）
样本量	调查地区 A： 中国（617 名）、韩国（613 名）、印度（610 名）、泰国（606 名）、马来西亚（610 名）印度尼西亚（605 名）、越南（614 名） 调查地区 B： 美国（601 名）、巴西（600 名）、德国（606 名）、俄罗斯（600 名）、澳大利亚（603 名）
抽样方法	各国按照性别、年龄（每 10 岁为一个年龄段）各自抽取 150 名受访者、共计 600 名。
调查时间	调查地区 A：2012 年 9 月 14 日～9 月 21 日 调查地区 B：2012 年 12 月 3 日～12 月 11 日
调查方法	网络监测调查

注：笔者译自『Global Career Survey 基本报告书』。

---

① 东京大学社会科学研究所附属社会调查 Data Archive 研究中心网址：https：//csrda. iss. utokyo. ac. jp/。笔者经由日本京都大学教育学研究科岩井八郎教授向该研究中心申请并获得使用许可。该研究中心要求，使用该数据进行二次分析时需做如下声明：The data for this secondary analysis, "Global Career Survey, 2012, Recruit Works Institute" was provided by the Social Science Japan Data Archive, Center for Social Research and Data Archives, Institute of Social Science, The University of Tokyo.

2. 变量说明

本文选取受访者去年的主业收入作为被解释变量进行分析。中国部分调查共计 617 份样本,通过观察被解释变量发现,受访者作答的去年的主业年收入中出现了 2000、3000、3500 元等不符合常识的样本,将低于 2011 年上海市最低工资以下的样本予以删除,最终得到 472 份样本①,表 2 反映了各变量定义及描述性统计结果。

表 2 我国劳动力市场日语能力对个体收入影响变量说明及描述性统计结果

变量名	变量说明	均值	频率	标准差	最小值	最大值
被解释变量						
收入	去年 主业年收入	153843.62		187179.81	18000	2000000
核心解释变量						
中级以上 日语能力	=1 具备 =0 不具备	0.153	15.3% 84.7%	0.360	0	1
英语能力	=1 初级及以下 =2 中级 =3 精通		21.8% 60.0% 18.2%	0.632	1	3
个体基本特征						
年龄	20~39 岁	29.932		3.971	20	39
性别	=1 男性 =0 女性	0.498	49.8% 50.2%	0.500	0	1
受教育程度	=1 研究生 =0 本科生	0.095	9.5% 90.5%	0.294	0	1
专业	=1 人文科学 =2 社会科学 =3 自然科学		17.2% 39.4% 43.4%	0.734	1	3
婚否	=1 已婚 =0 未婚	0.648	64.8% 35.2%	0.478	0	1
工作特征						
工作年限		7.166		3.995	0.17	17.25

① 根据统计年鉴可知,2011 年上海市最低月工资标准为 1280 元,据此计算可得最低年工资应为 15360 元 (1280 元 * 12 个月)。

续表

变量名	变量说明	均值	频率	标准差	最小值	最大值
合同类型	1 = 正式 0 = 临时	0.708	70.8% 29.2%	0.455	0	1
职场类型	1 = 外资 0 = 非外资	0.53	53% 47%	0.50	0	1
岗位分类	1 = 白领 2 = 技术性 3 = 蓝领		59.7% 35% 5.3%	0.596	1	3
职位	1 = 是管理职 0 = 不是	0.544	54.4% 45.6%	0.499	0	1
跳槽次数	1 = 没跳过槽 2 = 跳过 1~2 次 3 = 跳过 3 次以上		37.9% 41.5% 20.6%	0.745	1	3

注："均值"主要是就连续变量的均值进行说明，"频率"主要是对分类变量的各分类在总体中所占比例进行说明。

3. 模型构建与分析方法

估计语言能力对个体收入的影响，既有研究大都选择美国经济学家明瑟（Mincer）提出的收入方程这一经典计量模型：

$$lnY_i = \alpha + \beta FLA_i + \gamma X_i + \varepsilon_i \qquad (1)$$

其中 i 代表个体，Y_i 是个人收入，FLA_i 代表外语能力，β 是待估计参数，X_i 是个人特征变量作为控制变量，ε_i 是误差项。显然，模型（1）只是一个基本模型，既有研究多是在此基础上扩充相关变量作为控制变量。需要注意的是，模型可能存在因为遗漏变量而导致过高估计语言能力对收入的影响，以及截面数据无可避免地存在的内生性问题。为解决外语能力和收入关系中的内生性问题，现有研究多使用工具变量和双重差分法。本文调查数据为截面数据，而双重差分法要求数据具有时间上的可对比性，因此囿于数据性质无法采用双重差分法。工具变量法则需要选择与残差项和因变量无关，但又要和解释变量高度相关的变量。既有研究在工具变量的选择上，有人选择母亲、父亲受教育年限[1]，有人选择家

---

[1] 程虹、刘星滟：《英语人力资本与员工工资——来自 2015 年"中国企业 – 员工匹配调查"的经验证据》，《北京师范大学学报》（社会科学版）2017 年第 1 期。

庭中孩子的数量、家庭其他成员的平均英语水平以及省内大学的数量等①。
但刘国辉认为，工具变量在选择上常常受到质疑，在我国这样实施单语政
策的国家，很难找到影响我国居民外语能力却不通过其他任何方式影响收
入的工具变量。② 与诸多未导入工具变量的研究一样，尽管存在遗憾，但本
文是在控制了英语能力的影响之后考察日语能力的影响，"英语能力"某种
程度上也可以成为容易被遗漏的"个人素质"的代理变量，因此本文认为
已在现有数据的基础上尽可能控制了其他因素导致的估计偏误现象，这样
的分析结果是可以接受的。

综上所述，本文将分别对模型（1）及在模型（1）基础上扩展后的模
型（2）和模型（3）进行考察：

$$lnW_i = \alpha + \beta_1 Jp_i + \beta_2 X_i + \beta_3 Experience_i + u_i \tag{2}$$

$$lnW_i = \alpha + \beta_1 Jp_i + \beta_2 X_i + \beta_3 Experience_i + \beta_4 ENG_i + u_i \tag{3}$$

与模型（1）相同，模型（2）和模型（3）中下标 i 表示个体，W_i 表
示受访者去年的年收入，lnW_i 则是对受访者去年的年收入取自然对数；α 代
表常数项的系数；Jp_i 代表个体的日语能力，ENG_i 代表英语能力，β_1 和 β_4
分别是日语能力和英语能力变量的估计参数，其含义是指在控制其他因素
后，掌握该项语言能力的劳动者年收入的提高比率。X_i 是表示个人特征控
制变量，具体包括：年龄、性别、受教育程度、所学专业、婚姻状况；$Experience_i$ 表示工作经验相关控制变量，具体包括：工作年限、工作年限平
方、合同类型、职场类型、岗位类型、是否管理职以及跳槽次数等被现有
研究验证为与收入密切相关的诸多变量，其原因是个体的职业类型、职位
以及所属的职场类型等都是影响劳动者收入的重要因素。

基于上述模型，结合既有研究方法发现，普通最小二乘法（OLS）仍然
是被广泛采用的方法，在遵循这一传统的基础上，本文导入分位数回归，
旨在较为全面地考察条件分布的信息。

---

① 霍灵光、陈媛媛：《英语技能在中国劳动力市场的工资溢价测算》，《南方经济》2017 年第
12 期。
② 刘国辉：《中国的外语教育：基于语言能力回报率的实证研究》，山东大学博士学位论文，
2013。

三 实证结果及分析

1. 日语能力对我国城市高学历人群工资收入的影响

表3中模型1~3依次加入核心解释变量日语能力、个人属性、工作经验以及英语能力变量等加以控制。首先来看模型1，投入核心解释变量日语能力和性别、年龄、受教育程度、所学专业和婚姻状态等个人属性相关变量后，结果显示日语能力这一核心解释变量回归分析结果显示系数为0.302，并且在1%的水平上显著。除此之外，模型1中对受访者收入具有显著影响的变量还有年龄、性别、受教育程度、婚姻状态和所学专业（自然科学专业）。显然，模型1并不能真实反映出日语能力对个体收入的影响，需要继续加入工作经验相关变量，以纠正回归偏误。

根据明瑟方程及既有研究可知，工作经验相关控制变量对收入具有显著影响。加入工作年限、合同类型、职场类型、岗位类型、是否管理者、跳槽次数等工作经验相关变量，同时控制个人属性和工作经验相关变量的情况下，模型2中日语能力变量的系数下降至0.262，说明日语能力的回归系数得到一定修正。同时，年龄变量对收入的影响不再显著，而性别、受教育程度以及自然科学专业和婚姻状态仍然在5%的水平上对收入有正向影响。

最后，在模型3中加入英语能力对"能力偏误"问题进行控制。结果显示，控制受访者英语能力后，日语能力仍然对个体收入具有正向影响，系数进一步下降至0.175。为方便理解，我们将计算自然对数的反函数，可以解释为掌握中级以上日语能力受访者的收入是未掌握受访者的1.19倍。相较于低级及低级以下英语能力水平的受访者来说，中级英语能力水平和高级英语能力水平对收入的影响均在1%的水平上显著，回归系数分别为0.256和0.514，即掌握了中级英语水平受访者的收入是低级及低级以下英语水平受访者的1.29倍，而掌握了高级英语水平受访者的收入是低级及低级以下受访者的1.67倍。

结果表明，尽管日语和英语同为外语，但其对个体收入的影响程度并不相同。为进一步探讨日语能力对不同人群收入的影响，下面进行分组回归分析。

表 3 日语能力对我国城市高学历人群工资收入的影响

	变量名	模型 1	模型 2	模型 3
核心解释变量	日语能力	0.302 *** [.081]	0.262 *** [.078]	0.175 ** [.078]
	中级英语水平			0.256 *** [.070]
	高级英语水平			0.514 *** [.095]
个人属性 [控制]	年龄	1.611 *** [.247]	0.243 [.412]	0.421 [.403]
	性别	0.139 ** [.059]	0.120 ** [.058]	0.118 ** [.056]
	受教育程度	0.200 ** [.100]	0.269 ** [.100]	0.221 ** [.098]
	社会科学专业	0.094 [.084]	0.118 [.080]	0.112 [.078]
	自然科学专业	0.158 * [.084]	0.191 ** [.082]	0.168 ** [.080]
	婚否	0.222 ** [.069]	0.137 ** [.067]	0.135 ** [.065]
工作经验 [控制]	工作经验		0.096 ** [.034]	0.0840 ** [.033]
	合同类型		- 0.032 [.066]	- 0.0198 [.060]
	外资企业		0.153 ** [.057]	0.0874 [.057]
	技术类工作		0.102 [.066]	0.0997 [.064]
	蓝领工作		0.041 [.127]	0.0473 [0.123]
	管理职		0.343 *** [.061]	0.245 *** [.062]
	跳槽 1~2 次		- 0.016 [.064]	- 0.0363 [.063]

续表

	变量名	模型 1	模型 2	模型 3
	跳槽 3 次及以上		0.106 [.082]	0.115 [.080]
常数项	_cons	5.806*** [.823]	9.849*** [1.301]	9.161*** [1.276]
样本量	N	472	472	472
调整后的 R²	adj. R-sq	0.2104	0.2853	0.3262

注：（1）括号中的数值为估计标准误，*** p < 0.001，** p < 0.05，* p < 0.10。（2）中级和高级英语水平分别以低级及低级以下英语水平为参照；社会科学专业和自然科学专业以人文学科专业为参照；外资企业（包括合资）以国家机关和企业、民族企业等合并后的非外企企业分类为参照；专业技术人员和蓝领工人以白领员工受访者为参照；跳槽次数为 1～2 次和 3 次及以上的受访者，以从未跳过槽的受访者为参照。

2. 日语能力对我国城市高学历人群收入影响的群体差异

（1）日语能力对不同性别人群收入的影响

表 4 为分性别的回归结果。对于城市高学历女性来说，具备中级以上日语能力和高级英语能力在 5% 和 1% 的显著性水平下系数分别为 0.202 和 0.412，即掌握中级以上日语能力的城市高学历女性的收入是未掌握女性收入的 1.22 倍，而掌握高级英语水平女性的收入则是不具备高级英语水平女性收入的 1.51 倍。同时，受教育程度、工作年限、是否在外资企业工作、是否为专业技术人员（例如医生、教师、律师等）以及是否管理职，这些都是影响女性收入的重要因素。与此不同的是，尽管回归结果中日语能力与英语能力变量对男性收入的系数都为正，但从统计学意义上来讲没有得到显著影响的结论。相较而言，年龄、是否学习自然科学相关专业、婚姻状态、是否在外资系公司工作以及是否管理职等因素对男性收入的影响更大。

外语能力在不同性别上存在不同差异，究其原因主要还是女性可能更多地从事于文秘、行政、公关、服务等岗位。此类职业对外语要求相对较高，外语能力对工资影响较大。在此前提下，如果精通外语对其职业生涯必将有更大的提升作用。①

---

① 刘国辉：《中国的外语教育：基于语言能力回报率的实证研究》，山东大学博士学位论文，2013。

表4 日语能力对不同性别人群收入的影响

	变量名	(1) 男性	(2) 女性
核心解释变量	日语能力	0.171 [.115]	0.202** [.109]
	英语能力	0.0927 [.111]	0.412*** [.104]
个人属性 [控制变量]	年龄	1.195** [.601]	−0.535 [.547]
	受教育程度	0.144 [.154]	0.333** [.130]
	社会科学专业	0.184 [.132]	0.120 [.098]
	自然科学专业	0.263** [.127]	0.121 [.106]
	婚姻状态	0.252* [.101]	0.117 [.090]
工作经验 [控制变量]	工作年限	−0.0020 [.049]	0.183*** [.046]
	合同类型	0.0577 [0.094]	−0.112 [.084]
	外资企业	0.196** [.083]	0.147* [.078]
	技术类工作	−0.0130 [.093]	0.207** [.095]
	蓝领工作	−0.0100 [.172]	0.122 [0.187]
	管理职	0.289** [.094]	0.287*** [.082]
常数项	cons	6.962*** [1.908]	12.21*** [1.723]
样本量	N	235	237
调整后的 R^2	adj. R-sq	0.2472	0.3634

注：(1) 括号中的数值为估计标准误，*** $p < 0.001$，** $p < 0.05$，* $p < 0.10$。(2) 由于样本量较少，为避免数据稀疏，分组回归的模型中将对英语能力重新分类，将表3中的低级及以下、中级和高级三个水平合并为高级和高级以下两个水平，其余变量的投入和分类方法与表3一致。

（2）日语能力对不同职业人群收入的影响

由于蓝领人员样本较少，本文直接选取白领人员和专业技术人员进行比较。

表 5 表明，与专业技术人员相比，对于从事人事、企划、销售等对语言能力要求更高工作内容的白领人员来说，语言能力表现出更大的影响力。日语能力的回归系数为 0.229，即具备中级以上日语能力白领人员的收入是不具备该种能力的 1.26 倍。同时，高级英语能力变量的回归系数为 0.250，即掌握了高级英语能力白领人员的收入是该英语能力以下白领人员收入的 1.28 倍。此外，对于该群体来说，性别、受教育程度、婚姻状态、是否在外资企业工作、是否管理职等都对个体收入具有显著的影响。此外，对于律师、医生、教师等专业技术人员来说，日语能力的影响程度有所下降（0.199）同时在统计意义上并不显著。

表 5　日语能力对不同职业人群收入的影响

	变量名	（1）白领人员	（2）专业技术人员
核心解释变量	日语能力	0.229 ** [.107]	0.199 [.127]
	英语能力	0.250 ** [.105]	0.242 ** [.115]
个人属性 ［控制］	年龄	0.365 [0.568]	− 0.0623 [.626]
	受教育程度	0.301 * [.173]	0.243 * [.125]
	性别	0.204 ** [.083]	0.006 [.089]
	婚姻状态	0.172 * [.096]	0.111 [.099]
工作经验 ［控制］	工作年限	0.068 [.047]	0.127 ** [.052]
	合同类型	− 0.002 [.086]	− 0.043 [.094]
	外资企业	0.239 ** [.080]	0.055 [0.089]

续表

	变量名	（1）白领人员	（2）专业技术人员
	社会科学专业	0.093 ［.104］	0.231 ［.148］
	自然科学专业	0.173 ［.114］	0.179 ［.129］
	管理职	0.424 *** ［.094］	0.165 * ［.089］
常数项	cons	9.348 *** ［1.787］	11.06 *** ［1.980］
样本量	N	282	165
调整后的 R^2	adj. R-sq	0.3370	0.2116

注：（1）括号中的数值为估计标准误，*** $p < 0.001$，** $p < 0.05$，* $p < 0.10$。

（3）日语能力对不同专业人群收入的影响

本节将证明假设：外语能力对不同专业人群收入带来的影响也存在差异。为避免数据稀疏，本小节将人文学科和社会科学合并为"非自然科学"，与高等教育阶段选择了自然科学专业的受访者一并考察。

表6回归结果表明，中级以上日语能力对于非自然科学专业人群来说具有显著的正向影响，回归系数为0.240，即具备中级以上日语能力的非自然科学专业人群的收入是不具备该种能力人群的1.27倍；英语能力变量的回归系数为0.410，可解释为掌握高级英语能力的非自然科学专业人群收入是不具备该种能力人群的1.51倍。对于自然科学专业群体来说，日语能力变量的回归系数下降至0.111，英语能力变量则下降至0.140，从统计学意义来说均不显著。显然，出现这样的结果是因为学习自然科学专业的受访者更有可能从事专业性较强的工作，因此语言对其影响并不大。而对于学习人文社会专业的人群来说，其从事的工作类型对语言要求更高，因此语言能力显示出等同于甚至是大于其他变量的影响程度。

表6 日语能力对不同专业人群收入的影响

	变量名	（1）非自然科学 （人文+社科）	（2）自然科学
核心 解释变量	日语能力	0.240 ** ［.108］	0.111 ［.114］

续表

	变量名	（1）非自然科学（人文 + 社科）	（2）自然科学
	英语能力	0.410 *** [.106]	0.140 [.108]
个人属性 [控制]	年龄	− 0.099 [.551]	0.823 [.607]
	受教育程度	0.282 * [.159]	0.200 [.126]
	性别	0.115 [.079]	0.119 [.083]
	婚姻状态	0.191 ** [.089]	0.0802 [.103]
工作经验 [控制]	工作年限	0.145 ** [.049]	0.0444 [.047]
	合同类型	− 0.115 [.085]	0.104 [.089]
	外资企业	0.0590 [.076]	0.229 ** [.082]
	技术类工作	0.130 [.096]	0.0465 [.087]
	蓝领工作	0.0392 [.152]	0.006 [.229]
	mng	0.255 ** [.088]	0.313 *** [.089]
常数项	cons	10.99 *** [1.727]	8.223 *** [1.925]
样本量	N	267	205
调整后的 R^2	adj. R-sq	0.3163	0.2673

注：（1）括号中的数值为估计标准误，*** p < 0.001，** p < 0.05，* p < 0.10。

（4）日语能力对不同收入人群的影响

为进一步检验日语能力与收入之间的关系，下面将利用分位数回归分析法来讨论日语能力对不同收入人群的影响。通过依次取分位数 0.1、

0.25、0.5、0.75 以及 0.9，代表收入人群的变化，对模型（3）进行分位数回归，结果整理参见表 7。

表 7　日语能力对不同收入人群的影响

解释变量	收入分布				
	10%	25%	50%	75%	90%
中级以上日语能力	0.269 * [.145]	0.194 * [.105]	0.150 * [.090]	0.232 ** [.118]	0.433 ** [.190]
高级以上英语能力	0.064 [.152]	0.161 [1.31]	0.382 *** [.102]	0.470 *** [.092]	0.283 * [.145]
Pseudo R^2	0.1776	0.2069	0.2336	0.2488	0.2590
样本量	472				

注：（1）括号中的数值为估计标准误，*** $p < 0.001$，** $p < 0.05$，* $p < 0.10$。（2）回归方程中包括了年龄、性别、受教育程度、专业、婚姻状况、工作年限、合同类型、公司类型、岗位类型、跳槽次数等个人属性和工作经验相关的各变量及常数项等，本表省略了其估计结果。

表 7 表明，中级以上日语能力对于城市高学历人群收入在中位数及以下人群（0.1、0.25 及 0.5）来说，回归系数从 0.269 至 0.194 至 0.150 逐渐递减，对于中位数以上 0.75 和 0.9 分位的人群来说又开始呈上升趋势，从 0.150 开始增长至 0.232（0.75 分位）及 0.433（0.9 分位）。而高级英语能力对于收入在中位数以下分位的人群来说不显著，对于中位数及 0.75 和 0.9 分位的人群来说有较大的影响。表 7 仅显示了五个分位点上的结果，通过图 1 可以更加全面地观察日语能力和英语能力边际贡献变化的完整情况［图 1 中日语能力（jp）为左图，英语能力（neweng）为右图］。图 1 展示了日语能力对收入分布在两端即较低和较高收入人群的影响较大、而对于收入位于中间区间人群影响较小的 U 型分布，高级英语能力对于不同收入人群的影响则在不同收入分位上呈现出逐渐上升的趋势。

高级英语能力对收入的影响呈现出随收入水平增加而上升的趋势，是因为在我国对于精通外语而言，它的需求弹性小且见效缓慢，将外语能力从一般提高到精通，不仅耗时费力，花费金钱，还意味着要有很大的决心和毅力。在这种情况下，当学习成本发生变化时，只有那些较高收入人群才会有经济实力并且愿意对外语进行投资。在一定范围内，收入越高，精通外语的回报率也会提高。也正因如此，一般情况下精通外语的人多数属

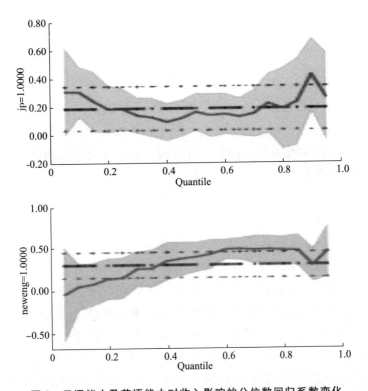

图1 日语能力及英语能力对收入影响的分位数回归系数变化

注：（1）根据 Global Career Survey 2012 中国调查部分分位数回归结果绘制。（2）虚线
表示 OLS 回归系数和置信区间，暗实线表示分位数回归系数，阴影为置信区间。

于较高收入人群。① 而日语能力在不同收入人群中呈现出的 U 型分布，笔者
认为这与我国日语学习者以高等教育为主、学校教育以外的社会教育的学
习需求稳中有升的结构分布特征有关。通过观察本次调查对象收入分布发
现，较低收入水平的人群多为工作年限尚短、英语能力较低的人群。由此
说明，对于数据中较低收入人群来说，日语能力在初入职阶段尚可作为一
项具有竞争力的技能，而对于同样具有较大影响的高收入群体来说，工作
岗位级别升高后，自然也对个体的语言能力提出了更高的要求，因此日语
能力对于这部分人群也起到更重要的作用。②

---

① 刘国辉、张卫国：《中国城市劳动力市场中的"语言经济学"：外语能力的工资效应研究》，
《山东大学学报》（哲学社会科学版）2016 年第 2 期。

② 严格来讲，对于不同收入水平人群来说，日语能力的 U 字型分布有可能基于上述笔者分析
的原因，也不排除是数据本身存在极端值而产生了这样的影响，期待日后通过更多的数据
来验证。

四　结论与讨论

本文通过对 Global Career Survey 2012 调查上海数据的实证分析，论证了具备中级以上日语能力能够显著提升我国城市高学历人群的工资收入；需要注意的是对于不同性别、专业、职业以及收入人群来说，日语能力对个体收入的影响存在差异。此外，也证明了日语能力和英语能力对个体收入的影响程度不同。

语言能力对个体收入的影响是动态的，而非一成不变的。正如瑞士经济学家格林提出的，语言能力与收入分配关系的问题应当从"空间"和"时间"两个方面来考虑。① 从空间视角来看，本文的结论可以应用于与上海类似、拥有具备中级以上日语能力的丰富人力资本且与日本贸易及交流活动开展频繁的城市；从时间视角来看，21 世纪以来日语高等教育的飞速发展加快了劳动市场上日语能力这种人力资本的供给，由此可能会引发压低市场内日语能力溢价的现象。因此，持续考察日语能力对于个体收入的影响是否随着空间和时间发生变化十分必要。此外，也应注意到一个事实，无论何种模型或者分组讨论的情况下，英语作为国际通用语言的地位不可撼动。在这个教育资源开放的时代，劳动者凭借日语能力进入劳动力市场时，更应考虑除日语能力之外，具备何种能力能够成为增加自身竞争力的砝码。通过对上述问题的考察，本文尝试回答了"我国的日语教育在多大程度上是值得的"这一问题，以期能够为我国外语教育改革及政策调整提供参考。

How the Japanese Language Proficiency Impacts the Salaries of the Better Educated
—An empirical study based on data for Shanghai from Global Career Survey 2012

Abstract：Based on the micro data from the Global Career Survey，2012，this paper，adopting the methods of multiple linear regression and quantile regres-

---

① Grin. F，"English as economic value：Facts and fallacies，" *World Englishes*，20（1），2001.

sion, aims to explore how the Japanese language proficiency impacts the salaries of the Chinese urban dwellers receiving higher levels of education. On the whole, obvious positive effects of better levels of Japanese proficiency can be seen on the earnings of higher degree holders in Shanghai and cities alike across China. Meanwhile, the impacts differ widely across participants, according to their genders, majors, professions, and income groups. These presented results from this study will help to increase understanding of the instrumental values and social functions of teaching Japanese as foreign language in China; to offer empirical evidence for the link between Japanese language proficiency and labor market performance of China's urban population with higher levels of education; and to provide empirical support for reforms in foreign language teaching policies, specifically for the reforms and adjustment in Japanese language education policies.

Keywords: Japanese Language Proficiency; the Better Educated in Urban China; Salaries; Regression Analysis

书　评

评《从国学到日本学——剑桥大学图书馆
与现代日本研究的历程》*

龚　颖**

最近，北京日本文化中心（日本国际交流基金会）为促进中国学者与日本以外的日本研究者之间的学术交流，特设栏目推出由中外学者撰写的海外日本研究状况的文章及书评，嘉惠学人，功德无量。

繁荣和加强学术研究，离不开图书资料的收集、保存与利用。日本国际交流基金会也曾在其办公地点开设日文读书室供办证会员利用，至今日本驻中国大使馆的青少年中心依然设有向社会开放的图书室。对于出版文化发达的日本来说，重视图书资料相关工作，是优良的传统，更是为促进未来发展而做的涵养水土、保脉留根之举，其重要性毋庸赘言。

设在北京外国语大学校内的日本学研究中心，不仅是中国日本研究的最大规模、最高水平教学与科研基地，它还有个全国首屈一指的优长：图书馆。日研中心建成后30余年的历史中，建设、充实该图书馆的藏书一直是个重点工作，而且成就斐然，以其专业书全、杂志报章及书籍的多和新而获得全国日语研究界、教育界的一致好评。很多书或杂志都是全国唯一的，很多外地进京办事的老师、学生们总要专门留出一日半日的在京时间，为的就是要来"日研中心"查阅一些此处独有的书报资料。

日月穿梭，星移斗转，如今的人们似乎越来越依赖电子读物，纸质书被捧读的机会大幅减少，然而"书籍是人类进步的阶梯"，可以说不读书就没有今天的人类！而图书馆正是为人们保存、安放图书之处，图书馆中的

---

* 原书名：『ケンブリッジ大学図書館と近代日本研究の歩み——国学から日本学へ』（小山腾著，勉诚出版，2017年9月，四六判，Vi＋正文320页＋7页，￥3200＋税）。中文版由龚颖翻译，中西书局待出。

** 龚颖，山东大学哲学与社会发展学院教授。

书籍让读者获得了疗愈精神饥渴的宝贵"食粮"。书中内容不仅为人们提供了所需的知识和精神食粮，同时，每一本书本身也都是有故事的，书的作者、出版者自不待言，还有不断更新的书的购藏者和使用者，等等，如果能多一些记录和挖掘，这些人中的每一位、围绕每本书，都会"侃"出不少独特且多彩多姿的故事。

一

今天要推荐的这本书，就是一部关于图书馆藏书本身的学术研究著作。该书作者小山腾先生是位在英国剑桥大学图书馆日本部工作长达 30 年的图书馆员、书籍史研究者。该书尝试通过细致调查剑桥大学图书馆所藏日文书籍的来历、被使用的情况等相关情况，从一个独特角度讲述现代日本研究的发展历程。该书作者选取了三位现代日本学研究的奠基者，通过对他们在研究中使用过的藏书进行精细的调研，以精准、生动的描述向读者展现了他从"剑桥大学图书馆的日文藏书"这一独特视角所洞见的现代日本学研究诞生过程中的一个面相，并且为纠正乃至颠覆一些既成的错觉或误解提供确实证据。

中国对日本的关注与研究早因明代倭寇之乱兴起。而西方的日本研究在江户时代以出岛为窗口兴起，到 19 世纪中期江户幕府政权被迫"开国"之后，这类研究趁势得以长足发展。当时从事日本研究的人几乎都是"兼职"的：或是来自西方的外交官，或是因具备某种专门知识而被各行各业雇佣来的外国专家、外籍教师。这些人开始需要借助翻译进行沟通，但逐渐开始掌握日语，在日本人中间"浸泡式"习得日语的过程中，他们开始直接涉猎日语文献、运用第一手资料展开日本研究——这是日本学研究史的一件大事。与此同时，也就是在 19 世纪下半叶，在全球范围正迎来科学研究的一个创生期，尤其是在人文社科领域中，宗教学、人类学、神话学等对恰当理解人类的精神世界具有重要意义的学科迎来了草创时期，而像语言学、历史学等传统学科也迎来转型期。本书所论主角——英国三大日本学家的研究就与西方学术界的这一状况之间存在深度连动。该书"序章"开篇，就以一册由日本遥寄英伦的藏书形象地证明了百余年前日、英研究者之间的这种连动。这册书就是柳田国男新作《石神问答》[1910 年（明治四十三）5 月出版]，收书人是英国学者阿斯顿。如所周知，柳田国男后来被公认为"日本民俗学之父",寄书当年他还是日本学术界的一颗新星;阿斯顿则是本书主角之一、"近代早期三大日本学家"之一。"序章"旨在说明,这一时期的西方日本研究是以居高临下的视角、挪揄嘲讽的态度开始的,而后起的日本人的现代日本研究则要推翻这种来自西方学界的偏见与嘲弄,努力赢得尊重。此章还表达了本书主旨,即尝试通过深入研究海外各国图书馆收藏的日语书籍及其相关事项这一视角,发现并描绘现代日本研究曾经走过的一段历程,提请人们注意,在传统学问向现代转型过程中,已有的"国学"在语言习得、立场确立等方面发挥的具体作用。

二

该书各章章题以中文译出如下,由此可以大致了解该书的整体结构。

在第一章中,作者认为当代日本研究行至今日,经历了"国学(Koku-gaku 或 National Learning)→日本学(Japanology)→日本研究(Japanese Studies)"三大阶段,其中,"日本学"指的是近代的日本研究,本书要论述的即是由"国学"向近代的日本研究的转换的相关情况，其中，选取了西伯尔德为前近代研究的代表人物，而近代日本研究的代表人物则选取了萨道义（E. M. Satow）、威廉·阿斯顿（W. G. Aston）、巴塞尔·霍尔·张伯伦（B. H. Chamberlain）三位英国学者。该章论述了分属前近代与近代的两类海外日本研究者的不同，趁此引出剑桥大学图书馆这一该书的中心课题，介绍了"阿斯顿·萨道义·西伯尔德文库"。

第二章介绍了海因里希·西伯尔德（1852~1908）的藏书概貌及其捐赠过程、阿斯顿、萨道义藏书的捐赠或收购的经过，其实也就等于是介绍了剑桥大学图书馆日文书馆藏的形成过程。第三章论述阿斯顿、萨道义、西伯尔德藏书的一个显著特点并分析了这一特点的成因。在这些藏书中有多册复本，尤其是神道、国学方面，复本藏书更多。复本的存在，首先表明这些是他们共同关心的主题，三位学者共同感兴趣的领域突出表现在神道教和国学领域，这又是个值得深思的现象。由此，该书作者认为神道教是萨道义、阿斯顿和张伯伦的日本研究特别看重的一个问题，所以从第四章开始，该书对三位学者的神道教研究进行了具体考察。第四至六章是对萨道义的神道、国学研究中涉及的对象、内容及方法等问题的相关考察，作者指出，萨道义是以气吹舍为起点与核心结交了不少神道教平田派的人物，这些人不仅影响了萨道义在神道、国学方面藏书的形成，还在不同程度上参与了神道、国学方面的研究。该书作者还细致考察了萨道义与这些人物之间的个人交游情况。

第七至九章讨论了阿斯顿的日本研究。阿斯顿 1841 年出生于爱尔兰，后在贝尔法斯特的女王学院学习语言学和文学；幕末时的 1864 年以英国驻日本领事馆的日语口译见习生身份来日，与同时在领事馆中工作的萨道义成为同事。除去在英国驻日公使馆工作之外，阿斯顿还曾在长崎、兵库、朝鲜的新京等地任外交官。在日期间，他在应付日常公务之余热心于日语、日本文化的学习与研究，1889 年回英国后出版了两部重要的海外日本研究著作：英译本《日本纪》（日本书纪，1896）和《神道》（1905）。在英译本《日本纪》序言中，阿斯顿交代了他有条件地参考过本居宣长和平田笃胤的成果，也明示他曾利用了河村秀根《书纪集解》。在此基础上，该书作者小山腾介绍了阿斯顿在他的藏书《书纪集解》中写下的注记。作为一种读书笔记，阿斯顿还在书中随处留下了一些小纸条，记录他对书中内容的感想与评价。此前，我们从《日本纪》的序言中已经可以了解一些他对各种书籍的评价，但阿斯顿的想法在浓缩为其"序言"之前是怎样的，这就无从知晓了。而该书恰恰为我们提供了这方面的材料！阿斯顿写下这些直言不讳的感想式注记时，当然认为这些笔记只是为自己的，它们不会被其他人读到。所以，小山腾此书为读者提供了阿斯顿内心真实、坦率的印象和表达。

在阿斯顿之前，张伯伦已将《古事记》翻译成英文。在英译本《古事记》序言中，张伯伦说明他苦心翻译的意图是要为欧洲的人们使用此书提供方便。然而，本书作者小山腾指出，张伯伦英译《古事记》的意义已超越了仅仅为欧洲读者提供阅读便利这一点，它对于日本国内的学术转型与发展也具有重要意义。张伯伦英译《古事记》，尤其是其总论部分对当时的代表性国学者小村清矩、黑川真赖、饭田武乡、木村正辞等人启发很大。著名日本思想史、文化史家村冈典嗣也在日本研究的学术发展史上给予《古事记》很高的地位，他认为张伯伦的日本研究"充分运用欧洲学术、发挥国学素质"，启发了明治的国学者们，为那以后的研究转型提供了机会。后来，东京大学著名历史学家三上参次（1865～1936）把明治初年设立的修史馆的事业移入帝国大学，在帝国大学中设置了国史学科，这项修史事业后来发展成为东京大学史料编纂所，这也是"受张伯伦先生《古事记》英译的刺激得来的一个成果"[1]。可见，包括张伯伦在内的"英国三大日本学家"以近代式研究手法对国学等江户时代发展起来的日本学问加以咀嚼、吸收、发展，并使新一代日本研究者继承下去，在近代日本研究史上发挥了不可替代的承前启后的作用。

三

2022 年是中日邦交正常化 50 周年的可贺之年。50 年中，经过两代甚至三代人的努力，中日关系得到了根本性改善。在这期间，中国的日本研究也得益于两国间的和平友好大气候，也经历了快速成长的 50 年，取得了前所未有的好成绩。50 年后的今天，中国的日本研究又将迎来一个新的时期：要在吸收前辈成果的同时更上层楼，创造更多独具特色的新成果。在这种

---

① 三上参次：《关于张伯伦先生的回忆》，《巴萨尔·霍尔·张伯伦先生追悼纪念录》，国际文化振兴会，1935，第 38 页。

意义上说，小山腾《从国学到日本学——剑桥大学图书馆与现代日本研究的历程》一书将带给我们诸多有益的启发。首先，从研究对象上说，自古以来中日之间文献交流繁盛，因书籍而产生的种种交集数不胜数，对中国各地图书馆中所藏日本相关书籍文献的整理研究亟待深入，同时针对日本各地所藏中国相关文献，也应在整理"书目"、介绍"传播"状况的基础上展开真正的研究，对日本各地保存、活用这些文献的事实与意义提供多层次多角度的说明。其次，从研究方法上说，该书在史学研究方法之外，还运用了文献学、图书馆学、符号学、民俗学等多学科的知识与手法"围攻"其目标课题，颇具说服力。还有，该书涉及的一些研究对象在中国学人中也已引起关注，如该书主要人物之一的萨道义（E. M. Satow）所著《明治维新亲历记》已出中文版（文汇出版社，2017）；与本书所涉领域密切相关的专著《日本学研究的"异域之眼"：以 1872—1922 年〈日本亚洲学会学刊〉为主线》（聂友军，北京大学出版社，2016）；等等。于是，我们可以畅想：这类成果的有机组合、相互激发，必定会在海外日本研究领域创出更多有意义的成果。

该书作者小山腾先生毕业于庆应大学历史系，后来长期居住、工作在英国。在本文推介的这本作品之外，他推出的图书馆主题的著作还有：《剑桥大学图书馆所收阿纳斯特·萨道义相关书目》（『ケンブリッジ大学図書館所蔵アーネスト・サトウ関連蔵書目録』，ゆまに書房、2016），《剑桥大学图书馆秘藏明治时期老照片》（『ケンブリッジ大学秘蔵明治古写真——マーケーザ号の日本旅行 2』，平凡社、2005），《战争与图书馆》（『戦争と図書館』、勉誠出版、2018）等。与此同时，小山先生还出版过一些有关近代日本的、饶富趣味的人文历史类研究成果，如：《日本首例跨国婚姻始末》（『国際結婚第一号——明治人たちの雑婚事始』，講談社、1995）、《破天荒的留学生们——近代日本留英学生列传》（『破天荒：明治留学生列伝——大英帝国に学んだ人々』，講談社、1999）、《日本的纹身与英国王室——从明治到第一次世界大战》（『日本の刺青と英国王室——明治期から第一次世界大戦まで』，藤原書店、2010）等。这些研究成果，单从书名看就很有趣，展卷细读，你会发现每一本都视角新颖、考据扎实，小中见大。这些成果提醒我们：日本研究的田野广阔，繁花似锦，从身边做起，大有可为。

春過ぎて
夏来るらし
白妙への衣ほしたり
天の香具山（选自《万叶集》）

绿肥红瘦时节，遥想香具山，更期待新鲜有趣的日本研究成果问世！

A Brief Introduction and Commentary on *Modern Japanese Studies and Cambridge University Library*：

From Kokugaku to Japanology by Noboru Koyama

"内部中"与"边界上"的人

——评苅部直《丸山真男——一位自由主义者的肖像》

魏　正[*]

【摘　要】作为学术评传，《丸山真男——一位自由主义者的肖像》一书聚焦丸山真男作为"问题发现性"学者的侧面，梳理其问题意识形成与发展的轨迹，认为丸山真男之所以能够超越"忽略普遍性的日本特殊性"，在于其虽然站在日本政治思想的内部，却能够意识到他者与自我的边界，从而带来超越社会的，具有主体性的历史认识。

【关键词】丸山真男　主体性　nationalism　战后民主主义

如今，近现代社会的根本问题，即经济的全球化和民族国家、民族主义所带来的隔阂之间的矛盾逐步加深，人与人之间的沟通与理解所能带来的效果不断减弱。环境的多变更加彰显出人的主体性之重要。"个人应当如何认识自身之外的世界""如何表达自己""如何能够向着理性的方向自我发展"等问题，想必时常萦绕在现代人的心头。此时，品读 2006 年由日本学者苅部直所作，2021 年由中国人民大学出版社出版的《丸山真男——一位自由主义者的肖像》（唐永亮译）一书，或可为我们思考上述问题时提供一些启发。

丸山真男之所以能够成为日本战后最具代表性的知识分子，并不仅仅在于其丰厚的学术成果，更在于其独特且略显悲壮的个人经历。可以说丸山本人，是 20 世纪日本在国民精神上的彷徨与求索的一个缩影。正因此，这种彷徨与求索自然而然为不同的时代下成长起来的人们提供口实。围绕

* 魏正，北京外国语大学日本学研究中心博士研究生，研究方向为日本近现代思想史。

丸山真男，各种生前身后、公开非公开的批判层出不穷。比如对丸山"公共哲学"研究的批判就有6个来源：（1）保守派及民族主义者，（2）共产主义者等旧左翼，（3）东京大学纷争时代涌现出的新左翼，（4）后现代主义者，（5）实证主义、客观主义者，（6）自我主义、存在主义者。①

　　然而，正如渡边浩所指出的那样，丸山真男的思想是战后思想的坐标："第二次世界大战以后对于日本思想史的所有研究都是在丸山的影响下展开的……即使是反对他的人，也全都受到他的影响。"② 显然其作为奠基人的功绩不容置疑。而且，上述批判是基于不同思想体系之间的对抗，它们忽略了丸山自身的问题意识。尤其当我们将丸山作为一个个体，而非某一体系的代言人来审视之时，就越发地认识到若要正确理解丸山，则必须避免以丸山之外的思想体系来总结丸山、褒贬丸山的做法。《丸山真男——一位自由主义者的肖像》便是一次优良的矫正。作者在序章中直言，"无论批判丸山的言论，还是拥护他的言论，大概都过于把其视为'体系建设型'的思想家，而未对之采取全面的传记叙述"。

　　针对这一问题，作者将该书的写作目的设置为"重新解读丸山的言论，追寻他围绕'现代'的人与政治及'日本'这一空间的思考轨迹"（第12页），并且让读者"与丸山真男的著作之间也能够产生围绕普遍性原理的对话"（第6页）。所以该书采用评传的方式，抽出丸山真男人生中每一时期所思考的课题，并结合其一生的精神动机进行论述。以一个朋友的、平视的视角，透过时代的大背景观察并品味出丸山真男——作为"问题发现型"学者——的问题意识形成轨迹。

　　该书共分为八个章节，分别是：

中文版序

---

① 〔日〕小林正弥：『丸山真男論』，東京：東京大学出版会，2003，第10頁。另外，中国学界对于丸山真男的研究同样丰富。其中批判性的研究可参考田庆立《丸山真男的民主主义观探析》，《南开学报》（哲学社会科学版）2022年第1期；韩东育《丸山真男"原型论"考辨》，《历史研究》2015年第1期；刘文星《丸山真男历史意识的"古层"论简析》，《日本学刊》2009年第1期；葛兆光《谁的思想史？为谁写的思想史？——近年来日本学界对日本近代思想史的研究及其启示》，《中国社会科学》2004年第3期；孙歌《丸山真男的两难之境（代译序）》，〔日〕丸山真男《日本政治思想史研究》，王中江译，生活·读书·新知三联书店，2001；等等。

② 〔日〕渡边浩：《渡边浩谈日本思想史研究》，《东方早报》2010年2月21日。

序章　思想的命运

第一章　"大正一代"的童年

第二章　"政治化"的时代

第三章　战中与战后之间

第四章　"战后民主主义"构想

第五章　人·政治·传统

终章　他者感觉

让我们聚焦该书的内容。首先，该书的中文版序补充了 2006 年之后日本丸山研究的重要成果，同时为中国读者正确理解丸山真男的"近代""传统"等概念划定了边界，强调了丸山的思想与中国乃至东亚的联系。序章则阐述了避开各种各样丸山论的影响，追寻内在问题意识的必要性。（第 5 ~ 10 页）

进入正文，第一章作者回顾了丸山真男年少时复杂多变的生长环境，试图表明这种外部环境的多变影响其自身问题意识的形成与变化，这种理解方法也贯穿后续所有章节。自第二章开始，作者结合社会历史背景，一一明确丸山思想体系中几个问题意识的产生过程以及实质：在以日本特殊化为目标的"国体论"思潮中，追寻普遍原理（亦即近代性）的必要性（第二章）。在战时所谓"皇国思想""日本精神论"等的压力下，以"制作"为理念的徂徕论对研究近代以及确立主体性的意义（第三章）。日本战后政治化、民主化走入歧途后，丸山自身危机感产生的原因和其提出的市民政治改良方案，包括"构建彼此能够直面的小团体"、"民众对于政治活动的保守性参与"以及"对'型'的寻回"等（第四、第五章）。

行至终章，作者精准地总结出丸山真男一生绝大多数问题意识的精神根源，即为"身处内部，又处于边界的自我意识与内外的交流"（第 177 页）。这一根源的提出，又将前述各章中丸山的成长和思考经历有机地串联并深化。纵观丸山一生的成长经历，无论是学生时代自我定义为"稍微有些不良行为的好学生"；还是入职东大后在国体论者和马克思主义者的对立中独立进行徂徕学的近代性研究，抑或是在战后的民主政治活动中逐步产生对民主主义的不安，均印证了这一根源。作者还原出的丸山，是一位终其一生都站在日本政治、民主思潮、传统思想等内部领域，一边意识到他者与自我的边界，一边为读者"唤起通向未知的可能性的一种希望"的自由主义者（第191页）。因此，从作为"内部"的"日本"来看，丸山是极不稳定的；而从"外部"来看——正如该书谈到福柯与丸山的会面，以及引用了福柯提及的"历史构建论"的表述那样——这是丸山得以超越"忽略普遍性的日本特殊性"的固有认识，将主体性立足于社会现实，并且在对历史的表述上超越当时的社会现实的重要原因。

综上所述，对《丸山真男——一位自由主义者的肖像》可做出以下几点评价。

第一，该书从丸山"问题发现型学者"的一面入手，意在摆脱凭借外在于丸山思想的体系回顾并评价丸山的视角。从逻辑而言，没有问题的引导，体系的建设也就无从谈起，正如丸山"一直认为思想史只能作为问题史而存在"。① 从内容而言，这与丸山本人在思想史写作方法中极力避免的"从后向前看的思想史"有着高度的契合。②

第二，评传的性质使得该书对一般人而言也是一部了解日本大正、昭和时期政治思想、民主主义思想甚至是超越民主主义思想的极佳作品。且作为一种基于"普遍性"的对话，或是对"可能性"的启发，评传能够更好地紧扣时代脉搏。作者所要做的，是带领读者探寻贯穿丸山真男一生的精神动机，以便我们能够站在丸山的角度，理解丸山的思想与困惑。不过从学术的视角来看，评传不得不遵循时间线索来布局，在某个问题的表述中有可能会出现缺乏逻辑连贯性的情况。而且"书写评传的意义在于与对象保持距离。若说思想家的评传中存在陷阱，这个陷阱就是只从其人生历史中叙说其思想……它将会剥夺阅读文本的乐趣"。③

第三，丸山真男一生培养了众多弟子，然而作者并没有过多拘泥于弟子怎样继承或批判丸山的思想，只在终章中提及一位受到丸山真男影响的文学家庄司薰（又名福田章二）。面对20世纪六七十年代经济繁荣之下充斥着竞争与不安的日本社会，庄司薰提出将自己的判断和生活方式向他人传导的愿望，表达了在信息化社会中守卫主体性、积极地使用主体性的诉求。④

---

① 〔日〕丸山真男：『忠誠と反逆』，東京：筑摩書房，1998，第471页。

② 〔日〕丸山真男：『忠誠と反逆』，東京：筑摩書房，1998，第461～462页。

③ 〔日〕都築勉：「丸山真男との出会い方」，『政治思想研究』第7号，2007年5月，第360页。

④ 可参考〔日〕遠藤伸治「庄司薰「赤頭巾ちゃん気をつけて」——主体性のサバイバル」『国文学攷』第115期，広島大学国語国文学会，1987，第25～35页。

通过庄司薰，作者以一种学科之外的眼光，阐释了丸山真男对主体性的探求在一个疯狂社会中的可贵之处，也为达成该书"提供普遍性原理的对话"的目的，提供了更为广阔的视野和分析途径。

第四，该书的翻译由中国社会科学院日本研究所唐永亮研究员完成。唐先生的译文朴实但读之令人生趣，可谓抓住了原著之精髓。然而，对于2006 年原本中出现的"ナショナリズム"一词，唐先生采用"民族主义"，或直接使用英文"nationalism"一词的处理方法，是值得探讨的。众所周知，nationalism 由于其词根"nation"的多义性，其定义不可能唯一。而且丸山真男本人不仅使用过"国民主义""国家主义"等词，以此指代 nationalism，更将"ナショナリズム"视作一个动态的概念，认为"ナショナリズム定义的混乱，表现出近代世界史中作为政治单位的民族国家（或国民国家）在历史中的成长发展过程"，① 但中文需要通过具有不同倾向的词让读者认识到"nationalism"在近代国家发展的不同节点、不同环境中所包含的不同意义。

日本哲学家西田几多郎曾言："如同黑格尔'我是被罚去思考哲理的'这句话一般，一旦人类吃了禁果，就会在这样的苦恼中不能自拔。"跳脱出各种概念所规定的条框，重新品读丸山真男的一生，我们或许会发现丸山真男的原生家庭，所处的社会和时代所展现出的无情与狂热，在推动其思考的同时，也为其带来了无尽的苦恼。这也是小熊英二曾坦言丸山的一生是"悲剧"的原因。在这样的苦恼与悲剧中，一个以主体性与他者感觉为尺度而不懈思考的自由主义者的轮廓越发鲜明。可以说该书最大的价值便是将这样的一位身在"内部中"又站在"边界上"的人，通过其于人生的无数纠葛中迸发出的不朽思想，活生生地为我们呈现出来。

另外，作者在原书的跋（中译本未收录）中记录了自己与丸山的唯一一次接触。这次接触正是在丸山"希望倾听年轻人的声音"的意愿之下促成的。作者坦言，当时自己面对丸山这个"命中注定的借钱人"并没有正面应对的勇气。而丸山逝世后，作者借东京大学校园内一株大树连根倾倒的景象，委婉地表达出对伟人已逝的哀思。想来写作这本书，也是作者纪念丸山，并与过去的自己再次对话的一次尝试。

---

① 〔日〕丸山真男：『丸山真男講義録 2』，東京：東京大学出版会，1999，第 16 頁。

A Person Who Standing Inside While Realizing the Border

—A Review of Karube Tadashi's *Maruyama Masao*— *A Portrait of Liberalist*

Abstract: As an academic commentary, this book focuses on Maruyama Masao as a scholar who had the sense of discovering the problem, and sorts out the trajectory of the formation and development of his problem consciousness. The author of this book believes that the reason why Maruyama Masao was able to transcend the "Japanese peculiarity that ignores the universal" is that although he stands in the interior of Japanese political thought, he is able to realize the boundary between the external others and the self, thus bringing about the historical knowledge that beyond the limit of society and full of subjectivity.

Keywords: Maruyama Masao; Subjectivity; Nationalism; Post-War Democracy

读藤田正胜著《日本文化关键词》

王 蕊*

【摘 要】《日本文化关键词》从五个关键词巧妙切入，分析了日本歌人、俳人、僧侣等不同社会主体的美学思想及其背后的无常观。作者认为充分认识日本文化的"个性"能够更好地与其他文化进行交流，并通过论述西田几多郎的日本文化论进一步强调了在尊重文化多样性的基础上开展异文化交流的重要性。

【关键词】 日本文化 无常 异文化交流 藤田正胜

不同文化、思想间的对话是当今世界不可回避的主要问题之一。为了更好地阐释这一问题，日本著名学者藤田正胜于 2017 年出版了《日本文化关键词》（『日本文化をよむ——五つのキーワード 』，岩波书店）一书。藤田正胜（1949~ ）是日本哲学家、思想史学家、京都大学名誉教授。他认为世界全球化的浪潮下，国与国之间在文化、民族、宗教等领域的分歧日益凸显，各国需要更加尊重其他国家和民族的历史与文化，展开对话交流。作为前提，需要重新审视日本文化、思想等方面，描绘出明确的日本文化"自画像"。藤田教授强调西田几多郎的思想建构体现了日本文化的特征并突出了异文化交流的重要性。

西田几多郎是日本近代哲学家，深受禅宗思想的影响，把"有"看作西方文化的根柢，把"无"看作东方文化的根柢，建构了西田哲学。同为哲学家的藤田正胜教授是日本研究西田哲学的权威学者。藤田教授著有《西田几多郎的现代思想》（1998）、《西田几多郎——生存与哲学》（2007）、

---

* 王蕊，北京外国语大学日本学研究中心日本文化方向博士研究生，淮北师范大学外国语学院讲师。

《西田几多郎的思索世界——从纯粹经验到认识世界》（2011）、《学者·西田几多郎——未完成的哲学》（2020）等作品。这些著作为学界对西田哲学展开进一步的相关研究奠定了坚实的基础。西田在《日本文化的问题》①（1940）一书中，从探究西方文化与东方文化或日本文化之间关系的视角展开论述，并对有关文化发展的问题做了深入思考，藤田教授对此很受启发。于是藤田教授循着"何谓'个性'"这一着眼点将目光聚焦于日本文化并对日本的诗歌、艺术进行了探讨。藤田教授在《日本文化关键词》一书中用五个关键词分析了日本文化史上六个历史人物的美学思想并总结出蕴含在其背后的深层意识即是无常观念，而这正是藤田教授要表达的日本文化的"个性"。充分认识这一"个性"是更好地与异文化进行交流的前提。这是一部有关日本"无常"思想兼论文化交流重要性的著作。该书一经出版便引起了学界很大的关注，两年后（2019），外交学院李濯凡教授翻译的中文版《日本文化关键词》由新星出版社出版发行。

《日本文化关键词》一书主要由序言、附录和正文六章构成。序言部分主要讲述了文化相遇的意义以及日本需要描绘"自画像"的原因。藤田教授在前五章中追溯了"心""恶""无常""花""风雅"这5个关键词以及与它们联系在一起的6个人（西行、亲鸾、鸭长明和吉田兼好、世阿弥、松尾芭蕉）的思想。第六章（终章）主要论述了西田几多郎所主张的日本文化论。

第一章主要讲述了徘徊于佛道与歌道之间的镰仓歌人西行法师的"心"。众所周知，西行（1118～1190）是日本著名的隐遁歌人，他生活的时代是日本贵族社会向武士社会转变的混乱时期。西行直视自己在人世间摇摆、纠结、烦闷的内心，并将自己的心境原原本本地表达在诗歌里。如"吉野山连山，樱花开满梢。那日看花回家转，此心不再随我身"②，这首诗歌所要表达的是西行的心被樱花的美所吸引，无法抵抗，便从身体里离他而去。换言之，西行法师在吟咏"心"中通过诗歌达到了"无"的境界。这种"无"的境界落实到西行的诗歌中体现为强烈的无常感，如："枯野乱蓬蒿，却有秋色驻。世事何易逝，茅草尖上露。"③ 西行最后走上了佛教之路，徘徊于佛道与歌道之间，但他依然追求将自己的"心"通过和歌表达

---

① 〔日〕西田幾多郎：『日本文化の問題』，東京：岩波書店，1982。
② 〔日〕藤田正胜：《日本文化关键词》，李濯凡译，新星出版社，2019，第4页。
③ 〔日〕藤田正胜：《日本文化关键词》，李濯凡译，新星出版社，2019，第8页。

出来。藤田教授借助有限的章节，向我们展示了西行这样一位咏"心"且觉悟到咏歌意义的诗人形象。这与藤田教授在最后一章里提到的西田是从"情"的角度来看待日本"无"的思想是一脉相通的。

第二章主要通过"恶"这个关键词来分析亲鸾的思想。被奉为日本佛教净土真宗初祖的亲鸾（1173～1262）生活在镰仓幕府时期，用佛教的说法便是末法时代。这是一个谁都无法顿悟的时代，人们意识到末法思想、世事无常、人生易逝。亲鸾主张"他力信仰"，试图为那些拼命寻求拯救可能性的人们指明方向。同时亲鸾无限深化自我反省，不停地审视自己内心的"恶"，尤其是他80岁左右在《教行信证·信卷》中写道："悲哉愚秃鸾，沉没于爱欲广海，迷惑于名利太山……可耻可伤矣。"① 依然凝视着自己的深重罪业，对于"恶"有着彻底的自觉。藤田教授认为这是亲鸾信仰的一大特征。亲鸾的思想对西田产生了很大的影响，藤田教授认为"西田从'愚秃'二字，看到了亲鸾对自我的彻底否定"。② 西田所言的"绝对无"，实际上是对主客二分思维方式的消解。从这个角度说，亲鸾通过对"恶"的自省而达成的自我否定（亦即对主体的否定）是具有工具性意义的。

第三章主要讲述了两个遁世者鸭长明和吉田兼好的无常观。鸭长明（1155？～1216）和吉田兼好（一般认为1283～1353）作为中世遁世者的代表人物，代表作分别是《方丈记》和《徒然草》。以二者为代表的遁世者们认为世事无常，为了专心修行，远离世俗世界，追求静寂，试图获取心灵的安宁。一般提到鸭长明和吉田兼好，世人印象最深的恐怕便是他们对无常的强烈感受。藤田教授在书中不仅指出了二者的共同点，同时亦明确地指出了他们的不同，"鸭长明追求逃离无常之路，而吉田兼好却试图斩断执心"。③ 鸭长明的无常观主要表现为其雅好遁世，认识到无常的存在，但在心态上其实是在试图回避、逃离无常之路，本质上是不接受无常的；与之相对，吉田兼好则是接受了无常的现实，斩断自己的执心，不再追寻无常以外的东西。通过藤田教授的阐述，我们可以非常清楚地了解到同是遁世者的鸭长明和吉田兼好二人形似却各异的无常观。西田深受佛教尤其是禅宗的影响，毫无疑问，他对"无常"是相当熟悉的，但他在思想倾向上更

---

① 〔日〕藤田正胜：《日本文化关键词》，李濯凡译，新星出版社，2019，第42页。
② 〔日〕藤田正胜：《日本文化关键词》，李濯凡译，新星出版社，2019，第47页。
③ 〔日〕藤田正胜：《日本文化关键词》，李濯凡译，新星出版社，2019，第75页。

接近鸭长明的"逃离"还是吉田兼好的"斩断执心",这是值得进一步研究的。

第四章作者以"花"为关键词,主要分析了世阿弥的艺术论。在藤田教授书中所提到的这几个人物当中,世阿弥作为日本室町时代的一位集能剧之大成的演员和剧作家,其艺术论的现代性尤为出色。他的最大特点便是能够用明确的语言精准地表达出能剧所要表达的内容。室町时代,世阿弥的能剧以无常为基础,通过对禅的参悟、"花"的新鲜感、语言之外的"幽玄"等完全沉浸在演戏中的"无心之能"。藤田教授在该章中提到世阿弥的"离见之见"等,言简意赅却直抵本质,语感之精准和敏锐令人深感钦佩。这里也体现了一种"主客未分"的哲学思想。特别是藤田教授在书中提到的世阿弥在《风姿花传》中写道"花将萎,方为有趣",并进一步分析道:"他将鲜花盛开之美喻为余情,甚至能发现行将死亡之物背后所呈现的哀伤之美。"① 为我们展现了一个追求美、融入禅意的世阿弥。

第五章主要讲述了松尾芭蕉所追求的"风雅"之美。日本俳句以短小精练著称,在日本诗歌中举足轻重,意蕴深远。松尾芭蕉(1644~1694)是江户时期非常著名的俳句诗人,被世人称为"俳圣"。他是一位热爱大自然的诗人,其一生足迹遍布日本,尤其擅长通过细心观察和真诚体悟朴素的自然风物从而展现俳谐之美。由此可见,芭蕉所追求的美是一种关注人与自然和谐共生的风雅之美。在藤田教授笔下,芭蕉是一位责诚、欲迫近事物本质,尽心"责悟风雅之诚的人"。但藤田教授没有非常清晰地诠释"诚"的概念。作为近代日本思想史上重要的概念,"诚"所展现出的日本个性同样是值得我们进一步研究的。松尾芭蕉笔下的俳句,既有体现闲寂的心境的,也有体现枯寂的心境的。他吸收、借鉴了许多前人有关美的思想,试图从古朴之美、闲寂之美中探寻美的延伸意义。藤田教授借助"闲寂""枯寂"等词语详细分析了松尾芭蕉的俳谐精神,并指出这些词语的背后便是芭蕉对无常的思考。藤田教授认为芭蕉是强烈地意识到世之无常的人,并列举了收录在《猿蓑》等集子中的俳句"不久将死去,其情其景难见到,且听蝉声噪"作为证明。此外,藤田教授在该书中还引用了不少芭蕉的俳句和纪行文,对其思想进行了详尽的分析,以帮助我们读懂生活在日趋成熟的日式市民社会中的芭蕉的"心"。

---

① 〔日〕藤田正胜:《日本文化关键词》,李濯凡译,新星出版社,2019,第98页。

　　终章里，藤田教授主要通过论述西田几多郎的日本文化论来进一步表达自己对当今加强文化交流的态度。20 世纪 30 年代的日本，因实行对外扩张政策而在政治上陷入孤立，亟须找到一种思想做精神后盾，因此"日本主义""日本精神"甚嚣尘上。在这样的时代背景下，西田开始致力于研究东西方文化比较及日本文化问题，代表性著作便是《日本文化的问题》。这是西田于 1938 年在京都大学题为"日本文化的问题"的演讲的基础上成立的。关于西田的日本文化论，学界存在着两种不同的观点：有些学者认为西田的文化论当中有着强烈的日本文化优越意识，因而成为当时军国主义、日本主义的助推因素，如吴玲和高华鑫分别在论文《论西田几多郎的文化观》①《西田几多郎〈日本文化的问题〉研究》② 中指出西田的文化观具有强烈的日本文化优越意识；而有些学者却认为，西田提倡的实际上是一种多元主义的世界文化观，他是反对当时社会所鼓吹的"日本主义"的。藤田正胜便属于后者。如他在《日本文化关键词》中列举了西田在《日本文化的问题》的演讲中的一段话："日本在世界上仅仅依靠特殊性，仅仅依靠尊重日本式的东西是行不通的，那里没有真正的文化……也就是说，靠自家用的文化是行不通的，必须亲自创造出世界性的文化。"③ 在此，西田所提出的"创造世界性的文化"被不少学者质疑甚至批判为有夸大日本文化优越性的倾向。但藤田教授是这样解读西田的文化观的，他认为西田使用"自家用"一词，表明其认为"日本式"的文化不能说是"真正的文化"，并指出西田主张创造"世界性的文化"并非抽象地谈论这种文化的形成，而是主张"开辟一个可以遇到各种各样的文化的开放场所，在这个场所里，以'个性'为基础，相互影响，构筑丰富的文化"④。此外，藤田教授也提到了西田在《学问的方法》（收录于《日本文化的问题》）中的讲话，即："我们从不同的方向深入挖掘东、西洋文化的根底，或许可以凭此能够弄清广而深的人类文化本身之本质。这绝对不是利用其中一方来否定另一方，更不是一方包裹另一方，而是通过深入挖掘寻找彼此更加精深且博大的文

---

① 吴玲：《论西田几多郎的文化观》，《繁荣学术 服务龙江——黑龙江省第二届社会科学学术年会优秀论文集（下册）》，黑龙江省社会科学界联合会，2010。
② 高华鑫：《西田几多郎〈日本文化的问题〉研究》，《日语学习与研究》2013 年第 6 期。
③ 〔日〕藤田正胜：《日本文化关键词》，李濯凡译，新星出版社，2019，第 155 页。
④ 〔日〕藤田正胜：《日本文化关键词》，李濯凡译，新星出版社，2019，第 158 页。

化根底，来使两者共同熠熠生辉。"① 藤田教授认为这是西田在狭隘的民族主义论盛行之时"对于多元主义文化的畅想，是认同各自文化有各自可能性的畅想"②。这与藤田教授自身主张要去接触不同的文化来丰富自身的文化的想法是一致的。藤田教授的观点对今后有关西田的研究具有启发意义。西田的思想固然有一定的历史局限性，但并不妨碍我们从其思想里面看到积极向上的内容。然而不可否定的是，西田认为日本文化能够承担发展为世界文化的使命的文化观又起到了为日本过去的侵略行径提供理论依据的客观作用，因此我们对于西田的文化论应当进行审视与反思，给予批判。这也启迪我们从不同视角来审视我们所处的这个社会与时代。

《日本文化关键词》从内容上看视角独特，结构清晰，书名虽为"日本文化关键词"，却没有老生常谈地选取"物哀""幽玄"等词语做生硬的阐发，而是选取了日本文化史上的六个人物，论述他们的美学思想并分析其背后潜藏的无常观。该书似乎刻意回避那些日本文化史中更出名的坐标，比如《万叶集》、千利休等。藤田教授的选择似乎包含着某种未曾言明的意图，即，相较于"物哀"之类极具日本特色的概念，发端于佛教的"无常"至少在相当长的一段历史时期之内是兼具日本特殊性与亚洲普遍性的概念。藤田教授，或者说藤田教授与西田所尝试构建的更具普遍性的文化在其路径选择上首先摒弃了日本中心主义的倾向，即，反对以具有地域性、特殊性的日本文化概念为基础进行文化扩张。相反，他们主张在充分考虑特殊性与普遍性的前提下，提取日本文化中兼有两者的概念，以诸如"无""无常"等概念为基础，首先明确区别于西方的文化体系，进而以沟通、交流等方式构建出更具普遍意味的文化。

正如作者自己所言，该书探讨的不是日本文化的整体，而是通过选取部分思想家、诗人等不同主体的一些活动或思考方式并进行解读，以期给读者提供一些不同的视角来审视日本文化。以关键词论述日本社会或文化的著作不胜枚举，例如由远山淳、中村生雄、佐藤弘夫共同编著的《日本文化论关键词》③（2009）是从历史的、相对的视角出发，从古代到现代的所有文化领域中选取 125 个关键词，来展现日本文化的姿态。比如以"红白与白黑"为关键词，描述日本人的色彩观；以"成佛的草木"为关键词，

---

① 〔日〕藤田正胜：《日本文化关键词》，李濯凡译，新星出版社，2019，第 156~157 页。

② 〔日〕藤田正胜：《日本文化关键词》，李濯凡译，新星出版社，2019，第 157 页。

③ 〔日〕远山淳、中村生雄、佐藤弘夫：『日本文化論キーワード』，東京：有斐閣，2009。

阐释日本人的自然观（万物有灵论）；等等。而该书的作者藤田教授则采取不同的视角来阐释日本文化，全书仅用了"心""恶""遁世""花""风雅"这五个关键词来论述西行、亲鸾、松尾芭蕉等人在特殊背景之下的审美意识和对无常观念的深入思考。透过该书，我们在了解几位日本历史上杰出的艺术家和僧侣的同时，也加深了对日本文化中有关"无常"观念的认识，某种意义上这也是一种异文化之间的沟通交流。

《日本文化关键词》一书虽是对日本文化特征的讲述，但同时兼具全球视野，尤其是藤田教授提出的文化相遇的意义以及重新审视自身的文化作为与异文化交流的前提等观点能够引起我们的共鸣，具有很重要的现实意义。如在序言中他提到了文化相遇的意义："让人们看到自身文化框架中所看不到的东西，以此来反观自己，培养对他者的共鸣之心，并且不断丰富自己文化的同时也构筑了与他者共存的基础。"① 藤田教授认为与异文化的相遇，是自身文化越发丰富的源泉。诚然，全球化背景下，不同国家之间的文化交流不可或缺。这对当今世界范围内不同文化的相互交流和传播具有非常重要的参考价值，为我们当下如何面对异文化提供了很好的借鉴意义。此外，藤田教授在篇末明确地表达了自己的心声"以接触世阿弥、西行等人对无常的思考及其审美意识为契机，或许能够引导我们改变生活方式并重新审视自己。以此为基础，与不同文化背景的人进行对话"。② 他的这一观点也发人深省。当下，我们需要与不同的思想与文化进行"对话"，但我们首先应该意识到对自身文化保持清醒的认知是与异文化更好地进行交流的前提。总之，该书对无常的深刻思考是回荡在日本文艺、思想、宗教中的通奏低音。作者藤田教授对有关异文化相遇和交流的观点更是颇具启发性。由此可见，这是一部无论在学术领域还是现实意义方面都颇有价值且值得我们用心一读的作品。

Keywords of Japanese Culture Written by Masakatsu Fujita

Abstract：Starting cleverly from five key words, the book *Keywords of Japa-

---

① 〔日〕藤田正胜：《日本文化关键词》，李濯凡译，新星出版社，2019，第 vi 页。
② 〔日〕藤田正胜：《日本文化关键词》，李濯凡译，新星出版社，2019，第 160 页。

nese Culture analyzes the aesthetic thoughts of different social subjects such as Japanese singers, poets of Japanese haiku, and monks, and the concept of impermanence behind them. The author believes that fully understanding the "personality" of Japanese culture can help to better communicate with other cultures, and by discussing Nishida Kitaro's theory of Japanese culture, he further emphasizes the importance of cross-cultural exchanges on the basis of respecting cultural diversity.

Keywords: Japanese culture; Impermanence; Communication; Masakatsu Fujita

附　录

亚洲、大洋洲日本研究机构、学会

亚洲、大洋洲日本研究情况统计

日本国际交流基金统计截止时间及网址		机构信息（高等教育机构、研究机构等）				
		机构名称	机构简介	网址	联系方式	研究活动内容
东亚	韩国	2021年3月 https://www.jpf.go.jp/j/project/intel/study/overview/east_asia/korea.html	东国大学日本学研究所	该研究所成立于1979年，主要从事日本学相关工作，旨在通过对日本学历史、文化、社会的研究，促进日韩之间的相互理解和文化交流	https://js.dongguk.edu/	地址：首尔特别市中区笔洞路1街30号东国大学日本学研究所 电话：82-2-2260-3512	举办关于日韩关系的研究报告会和讲座 出版期刊和研究书籍（学术期刊《日本学》） 为日韩相关研究提供研究经费 聘请国内外知名人士，向国外派遣研究人员 运用日本学相关资料/图书室
			中央大学日本语言研究所	该研究所成立于1979年，致力于日语语言、文学、文化领域的研究	http://caucajiso.or.kr/	地址：首尔特别市铜雀区黑石路84号 Sorabol 大厅517号日本研究所 电子邮箱：cajiso@cau.ac.kr （发送电子邮件时，请将全角@符号改为半角）	举办学术会议和研讨会等

续表

	机构信息（高等教育机构、研究机构等）				
日本国际交流基金统计截止时间及网址	机构名称	机构简介	网址	联系方式	研究活动内容
	韩国外国语大学外国学综合研究中心日本研究所	该研究所成立于 1993 年，是 1983 年成立的韩国外国语大学日本文化研究会的延续。致力于通过对日本语言、文学、文化、历史、政治、经济等人文社科领域相关的综合研究，促进在韩的日本研究中心日本研究所发展	http://www.hufs.ac.kr/user/indexSub.action?co dyMenuSeq=43003&siteI d=hufs&menuType=T&uId=1&sortChar=AEBA&menuFrame=left&linkUrl=01_040201.html&ma inFrame=right	地址：首尔特别市东大门区里门洞 107	学术研究报告 举办研讨会和讲座 出版研究论文集（《日本研究》） 出版研究所丛书 推进学术振兴基金会基础课题的研究 与国内外的大学、研究所等进行相关领域的日本学研究
2021 年 3 月 https://www.jpf.go.jp/j/project/intel/study/over view/east_asia/korea.html	高丽大学国际日本研究院	建立一个自主的、全面的、普遍的关于日本的教育和教育系统；培养人文科学领域的高水平日本研究人才；制作为日本研究奠定基础的数据库；促进与民间社会的交流	http://kujc.kr/	地址：首尔特别市城北区安岩路 5 街 65 号青山·MK 文化馆国际日本研究院 电话：82-2-3290-2592	研究活动（HK 海外地区研究活动、韩国研究大学人文能力提升研究活动、韩国研究基础研究支持活动、东亚和当代日本文学论坛等） 出版物：《日本学丛书》、《日本名著丛书》、《现代日本学丛书》、《神秘丛书》、《百科辞典》、教材等） 学术杂志：《日本研究》《跨境/日语文学研究》
东亚 韩国	檀国大学日本研究所	该研究所成立于 2002 年，旨在通过对日本语言、文学、文化、历史等人文社科领域的综合研究，促进在韩的日本（接下页）	http://dkjapan.or.kr/	地址：京畿道龙仁市水枝区竹田路 152 号檀国大学经贸大楼 530 号 电话：82-31-8005-2667~8	研究项目（韩国研究基金会基础研究支持项目等） 研究活动（学术会议、讨论会、国际研讨会等）

续表

日本国际交流基金统计截止时间及网址	机构名称	机构信息（高等教育机构、研究机构等）			
		机构简介	网址	联系方式	研究活动内容
2021年3月 https://www.jpf.go.jp/j/project/intel/study/overview/east_asia/korea.html	檀国大学日本研究所	（接上页）研究发展。特别是通过韩日比较文化研究、东亚比较文化研究、跨学科领域的综合研究等方法，确定了"韩日人文社科学的交流和沟通"这一长期愿景的主要议程，来扩大在韩的日本研究范围	http://dkjapan.or.kr/	电子邮箱：danjpms@daum.net（发送电子邮件时，请将全角@符号改为半角）	出版物（学术研究丛书）学术期刊（《日本学研究》）交流活动
	国民大学日本学研究所	该研究所成立于2002年，旨在制定日本学的议程，不断响应政策需求进行实际研究，并与欧美和亚洲的专家进行积极交流	http://www.ijs.or.kr/	地址：首尔特别市城北区贞陵路277号国民大学北角馆1109号日本学研究所 电话：82-2-910-4300 电子邮箱：kmijs@kookmin.ac.kr （发送电子邮件时，请将全角@符号改为半角）	研究活动（围绕日韩关系等系研究课题，展开各种研究活动）学术活动（学术会议、讨论会、专题讲座）出版物（研究书籍、资料集、翻译书籍等）

东亚 韩国

续表

东亚 韩国	日本国际交流基金统计截止时间及网址	机构信息（高等教育机构、研究机构等）				研究活动内容
		机构名称	机构简介	网址	联系方式	
	2021年3月 https://www.jpf.go.jp/j/project/intel/study/overview/east_asia/korea.html	首尔大学日本学研究所	该研究所成立于2004年，继承发展了1995年成立的首尔大学地区综合研究所日本研究室，旨在推动日本研究的发展，促进日韩之间的相互理解	https://ijs.snu.ac.kr	地址：首尔特别市冠岳路1号首尔大学国际研究生院140号楼403 电话：82-2-880-8503 电子邮件：ijs@snu.ac.kr （发送电子邮件时，请将全角@符号改为半角）	研究活动（HK+计划研究、地域研究特别调查、对日本学研究的支持、外部研究活动）学术活动（学术会议、专家研讨会、特别讲座、研讨会）出版物（学术期刊《日本评论》《Seoul Journal of Japanese Studies》、《SNU日本研究丛书》、《现代日本生活世界丛书》、《Reading Japan》等）
		首尔大学亚洲语言与文明学院日本语言与文明系	成立于2013年，2018年开设了硕士研究生课程	https://asia.snu.ac.kr/	地址：首尔特别市冠岳区冠岳路1号首尔大学5号楼313 电话：82-2-880-6009 电子邮箱：alc@snu.ac.kr （发送电子邮件时，请将全角@符号改为半角）	国际交流（机构交流、东亚日本研究理事会）新一代人才培养（对年轻研究人员、研究生和大学生的支持）社会贡献（日本实时新闻、冠廷日本研究项目、日韩市民100人对话、市民教育讲座等）　为日本专业的研究生提供海外学术培训项目

续表

日本国际交流基金统计截止时间	机构信息（高等教育机构、研究机构等）			
及网址	机构名称	机构简介	网址	联系方式	研究活动内容

日本国际交流基金统计截止时间及网址	机构名称	机构简介	网址	联系方式	研究活动内容
	汉阳大学日本学国际比较研究所	该研究所成立于 2008 年，站在国际视角，构建与海外日本研究所的网络交流平台，积极促进合作研究的同时，回应学术界和社会对日本研究的期待，提高日本研究的力量	http://gcjs.hanyang.ac.kr/	地址：首尔特别市城东区往十里路 222 号国际大厦 616 号电话：82－2－2220－1727电子邮箱：y5eapx@hanyang.ac.kr（发送电子邮件时，请将全角@符号改为半角）	基础研究国际研讨会讨论会旨在韩日共存的人文与社会论坛国际学术会议学术期刊（《日本比较研究》）
2021 年 3 月https://www.jpf.go.jp/j/project/intel/study/over-view/east_asia/korea.html	东西大学日本学研究中心	该研究中心成立于 2003 年，旨在通过多角度研究日本政治、经济、社会、文化，正确地认识日本。该研究中心作为信息通信基地，发挥着日韩之间知识信息共享的作用，同时致力于构筑 21 世纪新型日韩友好合作关系，创造共同利益，进一步促进民间交流和产学合作活动	https://uni.dongseo.ac.kr/japancenterja	地址：釜山市沙上区周礼路 47 号东西大学国际合作馆 8 楼电话：82－51－320－1900～1地址：（首尔办事处）首尔特别市钟路区新门内路 92 号光化门办公楼 2331 号电话：（首尔办事处）82－2－723－2270～1	研究和调查活动日韩产学合作项目日韩新一代学术论坛举办招聘演讲出版和翻译工作运营与日本有关的资料阅览室
东亚 韩国	釜山大学日本研究所	通过跨学科、实践性的日本研究和教育，重筑日韩两国国民的相互理解和信任，为构筑日韩两国面向未来的伙伴关系奠定基础	https://nihon.pusan.ac.kr/nihon/index.do	地址：釜山广域市金井区金井路 63 号电话：82－51－510－0311	学术交流活动（学术大会、研讨会、特邀讲座等）

续表

日本国际交流基金统计截止时间及网址	机构信息（高等教育机构、研究机构等）				
	机构名称	机构简介	网址	联系方式	研究活动内容
2021 年 3 月 https://www.jpf.go.jp/j/project/intel/study/overview/east_asia/korea.html 东亚 韩国	翰林大学日本学研究所	该研究所成立于 1994 年，主要承担日本学图书馆、出版业务、日本学 DB、研究等事务，旨在向社会和科学界提供日本相关知识	https://japanhallym.modoo.at/	地址：江原道春川市翰林大学街 1 号翰林大学日本学研究所 电话：82 - 33 - 248 - 3218 电子邮件：japan@hallym.ac.kr （发送电子邮件时，请将全角@符号改为半角）	研究活动（HK + 商业、重点研究所项目等） 学术活动（国内/国际学术会议、WS、研讨会等） 日本学图书馆管理 出版物（《日本学丛书》《翰林日本学新丛书》《日本学研究丛书》《翰林日本学资料丛书》《有关亚洲的思考系列》等） 学术期刊（《翰林日本学》）
	世宗研究所日本研究中心	该研究中心成立于 2002 年，是"民间智库"世宗研究所的下属部门，多年以来一直致力于对日本政治、经济、社会、文化方面的研究	http://www.sejong.org/intro/org_part.php?str_bcode=031240009	地址：京畿道城南市盆塘私书籍 45 号世宗研究所日本研究中心 电话：82 - 31 - 750 - 7571 电子邮箱：admin@sejongjapan.com （发送电子邮件时，请将全角@符号改为半角）	举办国际会议和论坛等

续表

| | 日本国际交流基金统计截止时间及网址 | 机构名称 | 机构简介 | 机构信息（高等教育机构、研究机构等） | | |
				网址	联系方式	研究活动内容
印东南亚 印度尼西亚	https://www.jpf.go.jp/j/project/intel/study/overview/south_east_asia/indonesia.html 2021 年 3 月	印度尼西亚大学日本地域研究系	印度尼西亚大学是印度尼西亚最著名的大学之一，也是该国唯一提供日本硕士研究生学位的大学。日本地区研究学院日位于印度尼西亚大学研究生院全球战略研究院，截至 2021 年，日本研究学院有 11 名教员和 28 名在读学生	https://sksg.ui.ac.id/kaprodi-kwj/	电子邮箱：sksg@ui.ac.id（全球战略研究院的联系方式）（发送电子邮件时，请将全角@符号改为半角）	与日本研究有关的讲座（历史、外交、教育、社会问题等），客座教授聘请、奖学金等
		印度尼西亚大学日本研究中心	该研究中心于 1995 年在印度尼西亚大学内设立。研究中心的设施利用 JICA（日本国际协力机构）的赠款建办，截至 2021 年共有 15 名成员		电子邮箱：humpemaspsjui@yahoo.com（发送电子邮件时，请将全角@符号改为半角）	为想去日本留学的人提供帮助，举办公开讲座，进行日语和文化培训
		印度尼西亚科学院	该科学院于 1967 年由印度尼西亚政府以科技兴国为目标而建立的世界级研究机构，促进了地球科学、生命科学、理工学以及人文社会科学等广泛领域的研究。截至 2021 年，由于印尼政府重组，科学院被解散，而开展日本研究的地区研究所与将被编入新成立的国家研究与创新局（BRIN）	http://www.psdr.lipi.go.id/	http://www.psdr.lipi.go.id/contact.html	关于亚洲、太平洋、欧洲和非洲等广泛地区的区域研究所内（印尼国家科学院）LIPI 内的区域研究都在进行，其中亚洲研究中包括日本研究

续表

日本国际交流基金统计截止时间同反网址	机构信息（高等教育机构、研究机构等）				
	机构名称	机构简介	网址	联系方式	研究活动内容
2021 年 3 月 https://www.jpf.go.jp/j/project/intel/study/overview/south_east_asia/thai.html 东南亚 泰国	朱拉隆功大学文学院东方语言系日语组	朱拉隆功大学是泰国名副其实的最高学府之一，入学难度也很高。作为培养官员的大学成立于 1917 年，是泰国第一所大学。自 1966 年成立，该校文学院开设日语课程以来，在日本文学和日语等人文科学领域一直处于泰国的日本研究的最前沿	http://www.arts.chula.ac.th/~east/japanese/home	地址：10th Floor, BRK bldg., Faculty of Arts, Chulalongkorn University, Phayathai Rd. Pathumwan, Bangkok 10330, Thailand 电话：66-2-218-4741 电子邮箱：japsect@yahoo.com （发送电子邮件时，请将全角@符号改为半角）	开展教育和研究活动是为了培养能够利用自己高超的日语水平在社会中发挥积极作用的人才以及人文科学领域的日本研究者。特别是在日语语言学、日语教育和日本文学领域具有很大优势
	泰国国立法政大学艺术与科学学院	泰国国立法政大学和朱拉隆功大学被并称为泰国顶尖学府的双璧。泰国国立法政大学于 1934 年成立，最初是为了培养法律专业人才。1997 年，该校艺术与科学学院开设了泰国第一个日本研究硕士学位课程，之后与朱拉隆功大学共同在泰国的日本研究中流砥柱的作用	https://tu-japanese.org/main.php	地址（研究生院）：2 Prachan Road, Pranakhon, Bangkok 电话：66-2-613-2695	它是目前泰国唯一一所提供日本研究硕士和博士课程的大学，致力于推进大范围、跨学科的日本研究。研究生可以选择专修日语语言学以及社会科学，日语教育和日本文学以及社会科学

续表

	日本国际交流基金统计截止时间及网址	机构名称	机构简介	机构信息（高等教育机构、研究机构等）		
				网址	联系方式	研究活动内容
东南亚 泰国	2021年3月　https://www.jpf.go.jp/j/project/intel/study/overview/south_east_asia/thai.html	泰国国立法政大学东亚研究所日本研究中心	该研究中心于1984年在日本政府的资助下建成。由日本研究中心、中国研究中心、韩国研究中心和东南亚研究中心组成。该研究中心内有日式茶室、礼堂、研讨室和宿舍设施等	https://sites.google.com/a/asia.tu.ac.th/center-for-japanese-studies/	地址：99, Paholyothin Road, Klong-loung District, Pathumthani Province, 12121, Thailand　电话：66-2-564-5000　电子邮箱：japan@asia.tu.ac.th（发送电子邮件时，请将全角@符号改为半角）	30多年来，日本研究中心一直致力于出版《Japanese Studies Journal》，组织国际会议，特别重视活动和推广，以促进推动日本研究
		清迈大学日本研究中心	清迈大学成立于1964年，是该地区第一所国立大学。该大学人文学院作为泰国北部人文社会科学领域的研究和高等教育的基地而广为人知。2008年，日本研究中心在日本政府的资助金的资助下成立，2013年，该中心开设了日本研究层次的硕士课程。但是，2019年停止了硕士课程的招生，目前重启还是合并尚未确定。中心附属的图书馆有上万本日本相关藏书	http://cmujpsc.blogspot.com/	地址：239 Huaykaew Rd., T. Suthep, A. Muang, Chiang Mai, 50200, Thailand　电话：66-5-394-3284　电子邮箱：cmujapancenter@gmail.com（发送电子邮件时，请将全角@符号改为半角）	与专门研究日语的文学院东方语言系不同，该中心强调日本研究是一个包含文化人类学元素的区域研究。目前，有四名学生正在攻读硕士课程。在未来，该部门计划通过图书馆和各种研讨会集中提供与日本研究有关的信息，不再只是作为一个专业培训机构

续表

日本国际交流基金统计截止时间及网址	机构信息（高等教育机构、研究机构等）				研究活动内容
	机构名称	机构简介	网址	联系方式	
2021 年 3 月	马尼拉雅典耀大学社会科学学院日本研究组	马尼拉雅典耀大学成立于 1859 年，是一所具有 160 年历史的耶稣会管理的私立大学。培养了国家总统、最高法院院长、国民艺术家等人才，遍及政治、官僚、学术、经济各界。和菲律宾大学、德拉萨大学齐名。1966 年，被普为国内一流名校。该大学在东南亚设立了首个日本研究组。本科生和研究生阶段均设有各种各样的课程	http://www.ateneo.edu/ls/soss/japanese-studies https://www.facebook.com/AteneoJSP	地址：LH 209 Ricardo and Dr. Rosita Leong Hall, Ateneo de Manila University Katipunan Avenue, Loyola Heights, Quezon City 1108, Philippines 电话：63 - 2 - 8376 - 0966/63 - 2 - 8426 - 6001 电子邮箱：japanese. soss @ ateneo. edu （发送电子邮件时，请将全角 @ 符号改为半角）	专业：Minor in Japanese Studies Courses 研究生院：Master of Arts in Japanese Studies
东南亚 菲律宾 https://www.jpf.go.jp/j/project/intel/study/overview/south_east_asia/philippines.html	菲律宾大学亚洲中心	菲律宾大学成立于 1908 年，是该国顶尖的国立大学，校区遍布全国各地。它常养了许多政治、政府、学术界和商界的精英人物的同时也以大学自治著称。与政府保持距离。它与马尼拉雅典耀大学和德拉萨大学相同，也是最著名的大学之一。亚洲研究中心的前身为 1955 年成立的亚洲研究所。日本研究包含在东北亚研究（日本、中国和韩国）中	https://ac.upd.edu.ph/	地址：GT-Toyota Asian Cultural Center, Magsaysay Avenue cor. Katipunan Avenue, University of the Philippines, Diliman, Quezon City, Philippines 1101 电话：63 - 2 - 927 - 0909 电子邮箱：asiancenter @ up. edu. ph （发送电子邮件时，请将全角 @ 符号改为半角）	研究生院：Master of Arts in Asian Studies (Northeast Asia) Masters in Asian Studies (Northeast Asia)

续表

	日本国际交流基金统计截止时间及网址	机构信息（高等教育机构、研究机构等）				
		机构名称	机构简介	网址	联系方式	研究活动内容
菲律宾		德拉萨大学文学院国际研究系	德拉萨大学是一所成立于1911年的天主教大学，是与马尼拉雅典耀大学齐名的著名的私立大学。日本研究作为地区研究系的一部分于1983年开课。1990年被并入目前文学院的国际研究系	https://www.dlsu.edu.ph/colleges/cla/academic-departments/international-studies/	地址：Faculty Center 4th Floor, 2401 Taft Ave., Manila City, Philippines 1004 电话：63-2-524-4611 电子邮箱：deancla@dlsu.edu.ph （发送电子邮件时，请将全角@符号改为半角）	专业：Bachelor of Arts in International Studies major in Japanese Studies Masters in Asian Studies（Northeast Asia）
东南亚 越南	2021年3月 https://www.jpf.go.jp/j/project/intel/study/overview/south_ea-review/south_east_asia/vietnam.html	越南河内国家大学所属人文与社会科学大学东方学院日本系	越南河内国家大学成立于1995年。2016年，作为辅修开始开设日本研究教育课程。随着社会需求的不断增长，日语和日本研究专业的学生逐年增加。从2019年起，学位的颁发将由之前的"东方学"学士学位改为"日本学"的学士学位。在硕士课程中，只有"亚洲学"的硕士学位，但未来正在考虑开设新的日本研究博士课程。除本国语及日语之外，该大学还积极采用英语传播研究成果，不仅与日本的大学，而且还与东南亚、欧洲和美国的大学积极建立交流关系	https://ussh.vnu.edu.vn/vi/dao-tao/nganh-nhat-ban-hoc/	地址：No. 405, C Building, 336 Nguyen Trai Street, Thanh Xuan, Hanoi, Vietnam 电话：84-24-3569-0150	开展日语和日本研究（历史、文学、社会、政治、经济、外交政策、法律制度等）方面的教育。开展日本研究活动。通过与国内外日本研究机构的交流，开展联合研究，并组织有关日本研究的学术研讨会和国际研讨会等。编辑和出版有关日本研究的学术书籍和研究期刊

续表

日本国际交流基金统计截止时间及网址	机构信息（高等教育机构、研究机构等）				
	机构名称	机构简介	网址	联系方式	研究活动内容
2021 年 3 月 https://www.jpf.go.jp/j/project/intel/study/overview/south_asia/vietnam.html	越南河内国家大学所属人文与社会科学大学文学院	该学院成立于 1945 年，是一个具有悠久历史的学院。东方学院成立之前，文学以外的研究也属于该学院的研究范畴。有文学理论、西方文学、东方文学、民间文学、中世纪文学、现代文学、汉喃文学和艺术学等 8 个专业。设有硕士和博士课程，从各个角度研究和教授从古至今的越南文学及外国文学。近年来，人们对数拍成电影的日本当代文学产生了浓厚的兴趣，这个方面的研究也非常活跃	https://ussh.vnu.edu.vn/vi/don-vi-truc-thuoc/khoa-van-hoc/	地址：B Building, 336 Nguyen Trai Street, Thanh Xuan, Hanoi, Vietnam 电话：84 - 24 - 3858 - 1165	开展文学以及相关领域（电影、动画、翻译、艺术等）的教育。开展与文学以及与文学相关领域的研究活动。与教育机构、研究机构、出版社等单位合作，举办与文学相关研讨会和座谈会。与国内外机构进行信息共享和联合研究
	越南胡志明市国家大学所属人文与社会科学大学日本学院	1994 年东方学院内设立日本系，该系于 2015 年独立为日本学院。该学院开展与日语和日本研究有关的教学和研究活动。该学院的学生接受有关日本的教育，包括经济、历史、法律和政治，基本上是用日语授课，学生的日语水平普遍较高	https://hcmussh.edu.vn/jps	地址：No.10 - 12 Đinh Tien Hoang Street, 1 District, Ho Chi Minh city, Vietnam 电话：84 - 8 - 3829 - 3828 电子邮箱：jpsussh@gmail.com （发送电子邮件时，请将全角@符号改为半角）	开展日语和日本研究（历史、社会、政治、经济、外交政策、法律制度等）方面的教育。开展日本研究活动。通过与国内外日本研究机构的交流，开展联合研究，并组织日本研究讨论会研讨会和国际研讨会编辑和出版有关日本研究的学术书籍和研究期刊

东南亚　越南

续表

日本国际交流基金统计截止时间及网址	机构信息（高等教育机构、研究机构等）				
	机构名称	机构简介	网址	联系方式	研究活动内容
2021年3月	越南胡志明市国家大学所属人文与社会科学大学文学院	该院成立于1978年。从古典剧到现代，多视角开展越南文学及外国文学研究、教育活动。开设六个专业（越南文学、文学理论和评论、民间文化、汉喃、外国文学和比较文学、戏剧和电影评论）	http://khoavanhoc-ngonngu.edu.vn/	地址：No.10-12 Đinh Tien Hoang Street, 1 District, Ho Chi Minh city, Vietnam 电话：84-8-3829-3828 电子邮箱：vanhoc-ngonngu@hcmussh.edu.vn（发送电子邮件时，请将全角@符号改为半角）	开展研究活动。主要研究领域为汉喃、外国文学和文学理论。与其他国家的研究机构进行共同研究，并组织国际座谈会和研讨会。开设研究生院（硕士和博士课程）
东南亚 https://www.jpf.go.jp/j/project/intel/study/overview/south_east_asia/vietnam.html	越南社会科学院东北亚研究所	该研究所前身为日本研究中心于1993年成立。是越南政府直属的研究机构。东北亚研究所包括日本研究中心、韩国和北朝鲜研究中心以及蒙古和台湾研究中心。基础研究领域分为四类（经济·可持续发展、政治、社会·安全保障、文化·社会·图书馆管理·国际合作）。日本研……（接下页）	http://cjs.inas.gov.vn/?do=static&page=gioi-thieu	地址：12F, VASS Building, No.1 Lieu Giai St., Ba Dinh, Hanoi, Vietnam 电话：84-24-6273-0474 电子邮箱：cjs@inas.gov.vn（发送电子邮件时，请将全角@符号改为半角）	开展研究活动。主要研究领域为日本政治、经济和社会。与其他国家的研究机构进行共同研究，并组织国际研究座谈会和研讨会。编辑和出版研究期刊《东北亚研究》杂志》和学术书籍。开设研究生院（硕士和博士课程）

续表

	机构信息（高等教育机构、研究机构等）					日本国际交流基金统计截止时间及网址
	机构名称	机构简介	网址	联系方式	研究活动内容	
东南亚 越南	越南社会科学院东北亚研究所	（接上页）究约占总体的 70%，隶属于该研究所的研究人员主要对日本的历史、经济、政治、社会、文化、语言等进行全面研究，并为越南的对日关系政策提供科学依据				2021 年 3 月
	越南社会科学院社会科学信息院	该院于 2017 年成立，隶属于越南社会科学院，是越南政府在社会科学领域直属的研究机构。该机构图书馆于 1957 年继承了由前法国远东研究学院收集的日语资料，拥有东南亚地区最大的日语资料收藏。目前正在计划将这些藏品数字化，引入一个书目数据库，以便在国内和国际上将其作为日本研究的宝贵资源加以利用	http://issi.vass.gov.vn/Pages/index.aspx	地址：No 1B Lieu Giai street, Ba Dinh, Ha Noi 电话：84-24-6273-0426 电子邮箱：qlkh.issi@gmail.com（发送电子邮件时，请将全角@符号改为半角）	在哲学、社会、文化和经济等主要领域开展研究活动。与其他国家的研究机构进行共同研究，并组织国际研究座谈会和研讨会。编辑和出版研究杂志《社会科学信息》和学术书籍。建立管理社会科学相关资料和文献的信息系统。管理附属图书馆并促进其数字化。开设研究生院（硕士和博士课程）	https://www.jpf.go.jp/j/project/intel/study/overview/south_east_asia/vietnam.html

续表

日本国际交流基金统计截止时间及网址	机构名称	机构简介	机构信息（高等教育机构、研究机构等）		研究活动内容
			网址	联系方式	
东南亚　2021年3月　https://www.jpf.go.jp/j/project/intel/study/overview/south_east_asia/vietnam.html	越南河内国家大学所属越南日本大学	该大学在日越两国政府的共同努力下于2014年设立。在越南河内国立大学和日本大学等大学的支持下，于2016年开设了硕士课程（地域研究），2020年开设了学士课程（日本学）。该项目旨在开展日语和有关文化、经济、法律、国际关系等方面的教育和研究活动，发展相关的教育和提出与可持续发展相关的问题的解决方案	http://vju. ac. vn/dao-tao/chuong-trinh-cu-nhan-nhat-ban-hoc-st117. html	地址：Luu Huu Phuoc Street, My Dinh 1 Residential Area, Cau Dien Ward, Nam Tu Liem District, Hanoi 电话：84－24－7306－6001（5093） 电子邮箱：http://infoatvju. ac. vn/ （发送电子邮件时，请将全角@符号改为半角）	开展关于日本的诸课题的研究活动。主要研究领域包括可持续发展、科学、国际关系（特别是日本－越南关系）、法律、经济和管理、日语教育、文化和历史。 与合作大学共同开展学士和硕士课程，以及学生和教师交流（包括派遣），联合研究等。 举行日越间有关可持续发展、法律制度等各种问题的国际座谈会和研讨会。 开展在日本公司实习活动。
	越南河内国家大学所属经济大学	该大学成立于2007年。其主要目标是开展有助于了解各种经济和社会问题的实践研究，并培养能够应对经济形势和当地社会的变化，具有经济学和工商管理知识和技能的人才	http://ueb. edu. vn/	地址：144 Xuan Thuy, Cau Giay, Hanoi 电话：84 (0) 24 3754 7506 电子邮箱：news_ueb@vnu. edu. vn （发送电子邮件时，请将全角@符号改为半角）	主要关注宏观经济、工业部门和商务拓展领域：(1) 提高这些领域的研究和教育的质量；(2) 为政府和企业开展管理咨询研究。 通过协议与包括日本在内的其他国家的大学和研究机构开展交流项目和合作研究。 举办关于经济和商业管理的国际座谈会和研讨会。 开展经济、工商管理和金融领域的教育

续表

日本国际交流基金统计截止时间及网址		机构信息（高等教育机构、研究机构等）				
		机构名称	机构简介	网址	联系方式	研究活动内容
东南亚	2021年3月 https://www.jpf.go.jp/j/project/intel/study/overview/south_asia/vietnam.html	胡志明市师范大学文学院	该学院成立于1976年。除了学习文学方面的专业知识外，它还旨在培养掌握了教育方法和教育心理学等具有教学实践知识的人才	http://khoanguvan.hcmue.edu.vn/ https://hcmue.edu.vn/khoa-bo-mon/khoa-ngu-van	地址：Room 403, 280 An Duong Vuong, Ward 4, District 5, Ho Chi Minh City 电话：84-28-3835-2020 (105) 电子邮箱：khoanguvan@hcmue.edu.vn （发送电子邮件时，请将全角@符号改为半角）	开展包括日本文学在内的研究活动。主要研究领域为文学理论和文学批评、越南文学、外国文学、日本有关的古典文学、当代文学、俳句和日本电影等）、文学教育方法论、语言学、汉喃研究和越南研究（语言、文化、宗教等）。组织关于文学的研讨会、讲座和国际座谈会，并在国内和国际研究人员之间建立联系。编辑和出版文学相关专著。培养具有高水平专业知识和人文素养的教师。
		岘港大学所属外语大学日语系	该系成立于2007年。除日语教育外，还开设有关日本的基本知识以及经济、社会和文化领域的日语翻译和口译理论等课程。旨在培养具有高度专业化和应用技能的人才	http://ufl.udn.vn/vie/introduction/co-cau-to-chuc/khoa-tieng-nhat-han-thai.html	地址：131 Luong Nhu Hoc, Khue Trung Ward, Cam Le District, Da Nang City 电话：84-236-369-9341 电子邮箱：jkt@ufl.udn.vn （发送电子邮件时，请将全角@符号改为半角）	在日本语言学、日本文学、比较文化、国际关系、日本经济和社会等主要领域开展研究活动。向日本的大学和研究机构等派遣教师。通过与日本大学、研究机构等签订协议，开展学生交换留学计划。与日本企业合作，开展在日本实习的活动。培养既精通日本文化和语言又具备较强研究能力的人才

续表

日本国际交流基金统计截止时间及网址	机构信息（高等教育机构、研究机构等）				
	机构名称	机构简介	网址	联系方式	研究活动内容
2021年3月	顺化大学所属外语大学日本语语言文化系	该系成立于2008年。开设有日越口译和笔译、日越语言学三个课程，旨在培养具有渊博的日本文化和日语的相关知识、能够解决问题、拥有研究技能的人才	http://hucfl.edu.vn/	地址：57 Nguyen Khoa Chiem，An Cuu Ward，Hue 电话：84-234-383-0677 电子邮箱：hucfl@hueuni.edu.vn（发送电子邮件时，请将全角@符号改为半角）	在日语教育、日语语言学（语音学、词汇学、语用学），日越语言比较分析以及日本文化等主要领域开展研究活动。与日本大学和研究机构建立合作关系，实施教育于日语教育和目标语言的座谈会、研讨会等。培养在日语教育和日本文化方面具有专业知识和实践能力的人才。
东南亚越南 https://www.jpf.go.jp/j/project/intel/study/overview/south_east_asia/vietnam.html	河内大学日语学院	日语教育作为河内外语大学中文学院的第二外语开设于1973年。日语学院成立于1993年。开设日越口译和笔译、日语教学方法和商务日语三门课程	http://web.hanu.vn/jp/	地址：C305-307，Km 9 Nguyen Trai，Thanh Xuan Bac，Nam Tu Liem，Hanoi 电话：84（0）24 3854 5796 电子邮箱：khoanhat@hanu.edu.vn（发送电子邮件时，请将全角@符号改为半角）	在日语教育、日语翻译和口译理论、日语语言学、日本研究（日本文化、文学、经济）等主要领域开展研究活动。举办有关日语教育和日本研究的国际研讨会和小组讨论会。与日本大学和研究机构合作研究、开展教育和留学项目。开设关于日本语言文化的硕士课程（从2010年开始）。与合作大学（河内大学、胡志明师范大学、立命馆亚太大学、俄勒冈大学）共同开展日本研究（历史、文学等）、日语教育、日语教学方法等方面的研究和国际研讨会

续表

		日本国际交流基金统计截止时间及网址	机构信息（高等教育机构、研究机构等）				
			机构名称	机构简介	网址	联系方式	研究活动内容
东南亚	马来西亚	2021年3月 https://www.jpf.go.jp/j/project/intel/study/overview/south_east_asia/malaysia.html	马来亚大学艺术和社会科学学院东亚研究系	该校成立于1905年，是马来西亚最古老的大学。它是马来西亚唯一一所可以获得日本研究专业（人文和社会科学学院）和日语专业（语言学院）学位的大学	https://eas.um.edu.my/	地址：Department of East Asian Studies Faculty of Arts and Social Sciences University of Malaya 50603 Kuala Lumpur，Malaysia 电话：60-3-7967-5631 传真：60-3-7967-5675 电子邮箱：fass_asiatimur@um.edu.my （发送电子邮件时，请将全角@符号改为半角）	
			马来西亚理科大学社会科学学院	该校是一所成立于1969年的国立大学，总部设在槟城。人文和社会科学领域的几位教师曾在日本留过学，并准备开设以日本为主题的新文科课程	http://ppblt.usm.my/index.php/program/foreign-languages/japanese	地址：School of Languages，Literacies and Translation，Universiti Sains Malaysia，11800 Minden，Pulau Pinang，Malaysia 电话：60-4653-3145/3158/3751/4141	
			马来西亚国立大学人文和社	1970年在雪兰莪州成立的一所国立大学。人文和社会科学学院的战略研究与国际（接下页）	http://www.ukm.my/ppbl/foreign-languages-and-translation-unit/	地址：Centre for Research in History，Politics and International Affairs（SPHEA），Faculty of Social Sciences and Humanities（FSSK），Universiti	

续表

东南亚 马来西亚	日本国际交流基金统计截止时间及网址	机构名称	机构信息（高等教育机构、研究机构等）			研究活动内容
			机构简介	网址	联系方式	
	2021 年 3 月	会科学学院政治、安全和历史研究史研究中心	（接上页）关系系在硕士课程中开设了英语授课的东亚研究课程	http://www.ukm.my/ppbl/foreign-languages-and-translation-unit/	Kebangsaan Malaysia 43600 UKM, Bangi Selangor, MALAYSIA 电话：60-3-8921-5710 传真：60-3-8921-3290 电子邮箱：pksphea@ukm.edu.my （发送电子邮件时，请将全角@符号改为半角）	
	https://www.jpf.go.jp/j/project/intel/study/overview/south_east_asia/malaysia.html	马来西亚北方大学国际学院国际关系系	这是位于马来半岛北部吉打州的一所国立大学，成立于1984年。有一名来自日本的博士研究员，担任日本研究领域的课程	http://www.uum.edu.my/	地址：School of International Studies Universiti Utara Malaysia 06010 Sintok, Kedah Darul Aman, Malaysia 电话：60-4928-8451 电子邮件：sois@uum.edu.my （发送电子邮件时，请将全角@符号改为半角）	
		马来西亚砂拉越大学语言与传播学院	马来西亚砂拉越大学是婆罗洲岛砂拉越州的一所国立大学，成立于1992年	https://www.unimas.my/	地址：Universiti Malaysia Sarawak 94300 Kota Samarahan Sarawak, Malaysia 电话：60-82-581-166	

续表

地区		日本国际交流基金统计截止时间及网址	机构信息（高等教育机构、研究机构等）				
			机构名称	机构简介	网址	联系方式	研究活动内容
东南亚	马来西亚	2021年3月 https://www.jpf.go.jp/j/project/intel/study/overview/south_east_asia/malaysia.html	马来西亚沙巴大学知识与语言学习促进中心	马来西亚沙巴大学成立于1994年，是婆罗洲岛沙巴州的国立大学。在该校知识与语言学习促进中心，学生可以在政治学的研究生课程（硕士和博士）中选择东亚政治专业	https://www.ums.edu.my/ppib/en	地址：Centre for the Promotion of Knowledge and Language Learning, Universiti Malaysia Sabah, Jalan UMS, 88400, Kota Kinabalu, Sabah 电话：60-88-320-238 电子邮箱：pejppib@ums.edu.my （发送电子邮件时，请将全角@符号改为半角）	
南亚	印度	2021年3月 https://www.jpf.go.jp/j/project/intel/study/overview/south_asia/india.html	贾瓦哈拉尔尼赫鲁大学日本研究系	目前在印度开展全面的日本研究的机构非常少，该系便是其中的代表	https://www.jnu.ac.in/sllcs/cjs	地址：Centre for Japanese Studies, School of Language, Literature and Culture Studies, Jawaharlal Nehru University, New Delhi 110067 电话：91-11-2670-4215 电子邮箱：chair_cjs@mail.jnu.ac.in （发送电子邮件时，请将全角@符号改为半角）	举办文学、语言学等（学士、硕士、博士）、会议、研讨会、定期学术讲座、文化节等

续表

日本国际交流基金统计截止时间及网址	机构名称	机构简介	机构信息（高等教育机构、研究机构等）		
			网址	联系方式	研究活动内容
南亚 印度 2021年3月 https://www.jpf.go.jp/j/project/intel/study/overview/south_asia/india.html	贾瓦哈拉尔尼赫鲁大学国际关系学院东亚研究中心	贾瓦哈拉尔尼赫鲁大学国际关系学院东亚研究中心处有日本研究人员。它是印度社会科学领域最著名的机构之一	https://www.jnu.ac.in/sis/ceas	地址：Room no 143, School of International Studies, Jawaharlal Nehru University, New Mehrauli Road, New Delhi 110067 电话：91-11-2670-4346 电子邮箱：chair_ceas@mail.jnu.ac.in, Chairmanceas@gmail.com （发送电子邮件时，请将全角@符号改为半角）	国际关系、政治经济学、外交史、安全保障论等。举办分会议和研讨会等
	德里大学东亚研究院	该机构是一所综合性大学，在德里市内有多个校区，是印度最高学府之一。东亚研究院提供研究生课程。旗下有多个学院，虽然是社会科学学院，但文学和其他人文科学的研究很盛行，在政治、经济、国际关系、日语教育和日本文学方面也展开了广泛的研究	http://www.du.ac.in/index.php?page=department-of-east-asian-studies	地址：East Asian Studies, Faculty of Social Science building, Third floor, University of Delhi, Delhi 110007 电话：91-11-27666675 电子邮件：head@eas.du.ac.in, office_deas@yahoo.co.in （发送电子邮件时，请将全角@符号改为半角字符）	开设文学、语言学、社会学、经济学、政治学、历史等课程。除了上课之外，还组织开展会议和研讨会

续表

	日本国际交流基金统计截止时间及网址	机构名称	机构信息（高等教育机构、研究机构等）			研究活动内容
			机构简介	网址	联系方式	
南亚	印度 https://www.jpf.go.jp/j/project/intel/study/overview/south_asia/india.html 2021年3月	维斯瓦·巴拉蒂大学日语系	这所国立大学由第一个获得诺贝尔文学奖的亚洲人拉宾德拉纳特·泰戈尔创建，是印度主要的高等学府之一，培养了许多杰出的人物。积极开展文学研究的课题研究，包括文学和印日关系史等语言学和印日关系史等	http://www.visvabharati.ac.in/	地址：PO: Santiniketan, West Bengal, India 731235 电话：91-9434375790 电子邮箱：gita.keeni@visvabharati.ac.in （发送电子邮件时，请将全角@符号改为半角）	开设文学、语言学、日印交流史等课程。开展举办会议、研讨会等
大洋洲	澳大利亚 https://www.jpf.go.jp/j/project/intel/study/overview/oceania/australia.html 2021年3月	澳大利亚国立大学亚洲和太平洋洋学院	该学院成立于1946年。是澳大利亚国立大学的一个学院，致力于亚洲和太平洋地区的相关研究和教育	https://japaninstiute.anu.edu.au/ https://programsandcourses.anu.edu.au/major/jpst-maj	地址：The Australian National University Canberra ACT 2600 Australia 电话：61-2-6125-5111	致力于亚洲和太平洋地区的相关研究和教育
		莫纳什大学语言、文言、文化和语言学学院	莫纳什大学的一个学院，从事文学和文化研究、语言学和应用语言学，笔译和口译以及旅游方面的研究和教学	https://www.monash.edu/arts/languages-literatures-cultures-linguistics/japanese-studies	地址：School of Languages, Literatures, Cultures and Linguistics, Menzies Building, 20 Chancellors Walk, Monash University, Clayton 3800, Australia 电话：61-3-9902-6011 电子邮箱：arts.admin.llcl@monash.edu （发送电子邮件时，请将全角@符号改为半角）	从事文学和文化研究、语言学和应用语言学、笔译和口译以及旅游方面的研究和教学

日本国际交流基金统计截止时间及网址	机构信息（高等教育机构、研究机构等）				
	机构名称	机构简介	网址	联系方式	研究活动内容
2021年3月 https://www.jpf.go.jp/j/project/intel/study/overview/oceania/australia.html	阿德莱德大学亚洲研究学院	阿德莱德大学的一个学院，在亚洲政治、外交政策、能源政策、文化、语言和与澳大利亚的关系等领域进行研究和教育	https://arts.adelaide.edu.au/study-with-us/undergraduate/japanese-studies	地址：Napier Building, The University of Adelaide, SA 5002 电话：61-8-8313-3737 电子邮箱：socialsciences@adelaide.edu.au（发送电子邮件时，请将全角@符号改为半角）	在亚洲政治、外交政策、环境问题、能源政策、文化、语言和与澳大利亚的关系等领域进行研究和教育
	墨尔本大学亚洲研究所	成立于1853年。墨尔本大学的研究机构，研究亚洲的语言、文化和社会	https://arts.unimelb.edu.au/asia-institute/discipline-areas/japanese	地址：The University of Melbourne, Victoria 3010 Australia 电话：61-3-9035-5511	研究亚洲的语言、文化和社会
	新南威尔士大学人文与语言学院	新南威尔士大学的人文与语言学院，开设历史、文学、哲学、语言学和文化相关课程	https://www.handbook.unsw.edu.au/undergraduate/specialisations/2021/JAPNF1?year=2021	地址：School of Humanities and Languages The University of New South Wales Sydney, NSW 2052 Australia 电话：61-2-9385-1681 电子邮箱：hal@unsw.edu.au（发送电子邮件时，请将全角@符号改为半角）	开设历史、文学、哲学、语言学和文化相关课程

大洋洲

澳大利亚

续表

日本国际交流基金统计截止时间及网址	机构信息（高等教育机构、研究机构等）				
	机构名称	机构简介	网址	联系方式	研究活动内容
大洋洲 澳大利亚 2021 年 3 月 https：//www.jpf.go.jp/j/project/intel/study/overview/oceania/australia.html	昆士兰大学语言和文化学院	该学院隶属昆士兰大学，开展语言、文化、语言学、应用语言学、笔译和口译领域的研究和教学	https：//languages-cultures.uq.edu.au/study/japanese	地址：St Lucia QLD 4072 电话：61-7-3365-6311 (School of Languages and Cultures contact number)	开展语言、文化、语言学、应用语言学、笔译和口译领域的研究和教学
	悉尼大学语言和文化学院	该学院隶属于悉尼大学，开展语言和文化领域的研究和教学	https：//www.sydney.edu.au/arts/schools/school-of-languages-and-cultures/department-of-japanese-studies.html	地址：School of Languages and Cultures, Room 506, Brennan MacCallum Building A18, The University of Sydney NSW 2006 电话：61-2-8627-1444 电子邮箱：arts.slcadmin@sydney.edu.au （发送电子邮件时，请将全角@符号改为半角）	开展语言和文化领域的研究和教学
	西澳大学社会科学学院	该学院隶属于西澳大学，开展人类学和社会学、考古学、亚洲研究、企业人类学、语言学、媒体和通信、政治科学和国际关系学等学领域的研究和教学	https：//www.uwa.edu.au/study/courses/japanese	地址：35 Stirling Highway Perth WA 6009 Australia 电话：61-8-6488-7249 (school switchboard) 电子邮箱：ss@uwa.edu.au （发送电子邮件时，请将全角@符号改为半角）	开展人类学和社会学、考古学、亚洲研究、企业人类学、语言学、媒体和通信、政治科学和国际关系学等领域的研究和教学

续表

日本国际交流基金统计截止时间及网址	机构信息（学会等）				
	机构名称	机构简介	网址	联系方式	研究活动内容
东亚　韩国 2021 年 3 月 https://www.jpf.go.jp/j/project/intel/study/over-view/east_asia/korea.html	韩国日本学会	该学会作为韩国研究日本的历史最为悠久的学会，是一个涵盖日本学所有领域的全国性规模的组织。其下包括 7 家学会，分别是韩国日语言学会、韩国日本文学会、韩国日本历史文化学会、韩国日本教育学会、韩国日语教育学会、韩国日语口笔译学会、韩国日本政治经济社会学会	http://kaja.or.kr/	地址：首尔特别市钟路区栗谷路 6 街 36 号世界大厦 703 号 电话：82 - 2 - 3290 - 2856（总务理事）	学术研究报告 出版学会期刊《日本学报》 刊物《日本学研究丛书》 国际学术研究活动的交流 出版有关日本研究有关的专业书籍 提供与日本研究有关的信息服务 国际学术会议 国内学术会议（每年 2 次，分别于 2 月和 8 月举行） 附属学会的学术会议（每个学会每年举办一次）
	韩国日语学会	该学会由大学专职教师、兼职讲师、硕博研究生、中学教师等人员组成，旨在研究和应用日语相关理论	https://www.jlak.or.kr/	地址：首尔市铜雀区黑石路 84 号中央大学亚洲文化学院李吉镕教授研究室 电话：82 - 10 - 8917 - 9469（秘书处） 电子邮箱：jlak123@hanmail.net （发送电子邮件时，请将全角@符号改为半角）	学术报告（每年 1 次：9 月） 学会期刊《日语学研究》（每年 4 期）

续表

日本国际交流基金统计截止时间及网址	机构信息（学会等）				
	机构名称	机构简介	网址	联系方式	研究活动内容
东亚 韩国 2021年3月 https://www.jpf.go.jp/j/project/intel/study/overview/east_asia/korea.html	韩国日语日文学会	该学会旨在促进日语、日本文学、日语教育，日本学等其他研究领域的发展，促进保护其成员的权益，会员之间和睦相处	http://www.hanilhak.or.kr/	地址：首尔市东大门区大学107号网络韩国外国语大学710号韩国日语日文学会 电话：82-10-3406-2534 电子邮箱：hanilhak@hanmail.net （发送电子邮件时，请将全角@符号改为半角字符）	学术报告（每年4次：4月、6月、9月，12月举办）推动以日本语言、日本文学、日语教育和日本学四个领域为中心的国际学术会议的举办，每次会议选择与日语、文学、日本学等相关主题，邀请国内外专家开展研讨会 学会期刊《日语日文学研究》（每年4期：2月、5月、8月和11月）期刊《韩国的日语教育》（每5年一次）
	韩国日语文学会	该学会由日本文学、日本文化，日语教育和日本学等领域的大学教师、讲师和研究生组成	http://www.gobungaku.or.kr/	地址：全罗南道务安郡清溪面灵山路1666号木浦大学人文学院日语系 电子邮箱：gobungaku@hanmail.net（秘书处）（发送电子邮件时，请将全角@符号改为半角）	学术报告 学会期刊《日语文学》（每年4期）
	日语文学会	该学会以韩国第三大城市大邱和庆尚北道地区为中心成立，旨在开展日语、日本文学、日本文化等更深层次的关于日本研究	https://trijapan.com/	地址：大邱广域市中区大凤2洞743-28号日语文学会秘书处 电子邮箱：japan92@hamma-il.net（发送电子邮件时，请将全角@符号改为半角）	韩国日本研究总联合会学会（每年春季举办）日本文化介绍（全年不限）学会期刊《日语文学》

续表

日本国际交流基金统计截止时间及网址	机构信息（学会等）				
	机构名称	机构简介	网址	联系方式	研究活动内容
东亚 韩国 2021年3月 https://www.jpf.go.jp/j/project/intel/study/overview/east_asia/korea.html	大韩日语日文学会	该学会以釜山和庆尚地区为中心，由对日语教育学、日语学、日本文学、日本学等方面感兴趣的研究人员组成	http://www.jalalika.org/	地址：釜山广域市金井区金山大路63号街2号釜山大学人文大学大学教授研究大楼605号 电子邮箱：jalalika@hanmail.net（发送电子邮件时，请将全角@符号改为半角）	国际学术大会（每年2次：分别于4月、11月举办）韩国日本联合会（大韩日语日文学会、日语文学会、韩国日本文化学会、韩国日语文学会）举办的国际学术会议（每年1次）学会期刊《日语日文学》（每年4期：2月、5月、8月、11月）
	韩国日本文化学会	该学会旨在通过对日语学、日语教育和日本文学、日本文化相融合的跨学科研究，促进东亚国家和民族之间的合作和理解，谋求世界共生共存之道	http://www.bunka.or.kr/	地址：大田广域市东区九到洞安容路28号122室南韩大学	2010年与台湾日语学会签订学术交流协议 定期举行国际学术会议（每年2次，分别于4月和10月举行）。区域研讨会（其中共分5个区域，各区域每年举行2次即每年举行10次研讨会）学会期刊《日本文化学报》（每年4期：2月、5月、8月、11月）
	韩国日本语言文化学会	该学会最初是由与韩国外国语大学日语系相关的日本研究人员组成的协会，但在2001年被改组为通过语言和文化促进综合日本研究和友谊的协会，成员为韩国各地的日本研究人员	http://kojap.org/	地址：大田市儒城区东西大路125号韩巴大学S4洞326号 电话：82-10-3149-1186 电子邮件：kjlca@daum.net（发送电子邮件时，请将全角@符号改为半角）	国际学术大会（每年2次，分别于春季和秋季举行）学会期刊《日本语言文化》（每年全4期）

续表

日本国际交流基金统计截止时间及网址	机构信息（学会等）				
	机构名称	机构简介	网址	联系方式	研究活动内容
东亚 韩国 2021 年 3 月 https://www.jpf.go.jp/j/project/intel/study/overview/east_asia/korea.html	韩国日本语言文化学会	除了日语语言学和日本文学外，该学会还涵盖了日本政治、经济、文化和社会等日本学全领域研究，以及以日本语言和文化为媒介的日韩比较研究。其主要目标是为成员提供研究报告和信息交流的机会，从而为韩国的日本研究营造良好的氛围	http://kojap.org/	地址：大田市儒城区东西大路 125 号韩巴大学 S4 洞 326 号 电话：82-10-3149-1186 电子邮件：kjlca@daum.net（发送电子邮件时，请将全角 @ 符号改为半角）	国际学术大会（每年 2 次，分别于春季和秋季举行）学会期刊《日本语言文化》（每年 4 期）
	东亚日本学会	该学会旨在促进研究人员在日本人文社会科学等领域的信息交流和友好往来	http://www.dongasia.or.kr/	地址：忠清南道瑞山市坪里 3 街 56-4 号韩瑞大学 电子邮箱：dongasia2013@naver.com（学会秘书处）（发送电子邮件时，请将全角 @ 符号改为半角）	国际学术大会（每年 2 次，分别于春季和秋季举行）学会期刊《日本语言文化》（每年 4 期）
	日本史学会	该学会旨在为客观、主动的日本史研究奠定基础，以满足韩国在学术上和社会上对正确了解日本史的需求	http://www.japanhis.or.kr/	地址：首尔市冠岳区冠岳路 1 号首尔大学 140 号楼 403 号日本研究所内日本史学会秘书处 电话：82-2-880-8520 电子邮箱：jphistorian07@gmail.com（发送电子邮件时，请将全角 @ 符号改为半角）	开展各种形式的学术研究活动，例如研究报告会、研讨会、圆桌会议和研究小组会等

续表

日本国际交流基金统计截止时间及网址	机构信息（学会等）			
	机构名称	机构简介	网址	联系方式	研究活动内容

	机构名称	机构简介	网址	联系方式	研究活动内容
	韩国日本近代学会	该学会旨在促进日本语言学、文学、政治、经济、社会、文化、历史等日本社会科学领域相关的学术发展和学术交流	https://www.jmak2000.com/	地址：釜山广域市釜山镇区廉光路995号第2人文大厦317号 韩国近代日本事务研究会 电话：82-51-890-1264	学术报告 学术期刊（《日本近代学研究》）
	现代日本学会	该学会自1978年9月成立以来，一直在开展与日本学科有关的各种活动，例如对当代日本所进行的系统性的学术研究、日韩研究人员之间的学术交流；以制定政策替代方案促进产学合作，出版学术期刊《日本研究论丛》等	http://kacjs.org/	电子邮箱：kacjs.org@gmail.com（发送电子邮件时，请将全角@符号改为半角）	每月研究会议 学术会议 学术期刊《日本研究论丛》
2021年3月 https://www.jpf.go.jp/j/project/intel/study/overview/east_asia/korea.html 东亚·韩国	东北亚日本研究者协议会	该协议会成立于2015年9月，有5名核心创始成员，旨在增进东亚地区的日本研究人员间的相互交流，为跨学科领域的综合研究奠定基础 第一次学术会议2016年在仁川举行（主办大学：首尔大学），第二次于2017年在天津举行，第三次于2018年在京都举行，第四次于2019年在台北举行			促进东亚地区的日本研究者之间相互交流，为跨学科的研究的发展奠定基础，培养新一代研究人员等

续表

| | 日本国际交流基金统计载止时间及网址 | 机构名称 | 机构信息（学会等） | | | |
			机构简介	网址	联系方式	研究活动内容
印度尼西亚	2021 年 3 月 https://www.jpf.go.jp/j/project/intel/study/overview/south_asia/indonesia.html	印度尼西亚日本研究学会	该学会成立于 1990 年，是印度尼西亚唯一的日本研究学会，截至 2021 年有 161 名会员	https://asji.or.id/	电子邮箱：halo_asji@yahoo.com（发送电子邮件时，请将全角@符号改为半角）	公开讲座、年度大会、期刊出版
		东南亚日本研究学会	该学会成立于 2005 年，旨在促进整个东南亚的日本研究，是唯一的跨地区日本研究学会。指导委员会由各国主要研究学者组成。第一次会议于 2006 年 10 月在越南举办，此后在越南（2009）、新加坡（2012）、马来西亚（2014）、菲律宾（2016）和印度尼西亚（2018）共举行了六次会议	https://jsa-asean.com/		每两年一次在东道主国家的代表性日本研究机构的主导下召开。2018 年，第六届雅加达大会由印度尼西亚日本研究学会主办
泰国	2021 年 3 月 https://www.jpf.go.jp/j/project/intel/study/overview/south_asia/thai.html	泰国日本研究协会	该协会是泰国唯一的全国性日本研究网络。其前身是泰国日本研究人员网络，于 2005 年成立，主要由中青年研究人员组成。2012 年改名为泰国日本研究协会。目前，有超过 100 名来自泰国各个机构和研究领域的日本研究学者成为该协会的会员。会员类型有终身会员和年度会员两种	http://jsat.or.th/	电子邮箱：jsnjsat2019@gmail.com（普通）jsn.jsat@gmail.com（期刊相关）（发送电子邮件时，请将全角@符号改为半角）	在东道主学校进行一年一次的年会，各专家开展为期两天的小组发表。2020 年于线上举行。此外，受新冠疫情影响，每年发行日本研究学术期刊「jsn Journal」一次，一次发行 2 期

东南亚

续表

| | 日本国际交流基金统计截止时间及网址 | 机构信息（学会等） | | | | |
		机构名称	机构简介	网址	联系方式	研究活动内容
东南亚	泰国 2021年3月 https://www.jpf.go.jp/j/project/intel/study/overview/south_east_asia/thai.html	东南亚日本研究学会	该学会成立于2005年，旨在促进整个东南亚地区的日本研究，是唯一的跨地区日本研究学会。指导委员会由各国主要研究学者组成。第一次会议于2006年10月在新加坡举行，此后在越南（2009）、马来西亚（2012）、泰国（2014）、菲律宾（2016）和印度尼西亚（2018）共举行了六次会议	https://jsa-asean.com/		每两年一次在东道主国家的代表性日本研究机构的主导下召开。2014年，第4届曼谷大会由泰国国立法政大学东亚研究所主办
	菲律宾 2021年3月 https://www.jpf.go.jp/j/project/intel/study/overview/south_east_asia/philippines.html	东南亚日本研究学会	该学会成立于2005年，旨在促进整个东南亚地区的日本研究，是唯一的跨地区日本研究学会。指导委员会由各国主要研究学者组成。第一次会议于2006年10月在新加坡举行，此后在越南（2009）、马来西亚（2012）、泰国（2014）、菲律宾（2016）和印度尼西亚（2018）共举行了六次会议	https://jsa-asean.com/		每两年一次在东道主国家的代表性日本研究机构的主导下召开。2016年，第五届宿务大会由德拉萨大学迪利曼分校、菲律宾大学迪利曼分校、马尼拉雅典耀大学主办

续表

地区	日本国际交流基金统计截止时间及网址	机构名称	机构信息（学会等）			
			机构简介	网址	联系方式	研究活动内容
东南亚　越南	2021 年 3 月　https：//www.jpf.go.jp/j/project/intel/study/overview/south_east_asia/vietnam.html	东南亚日本研究学会	该学会成立于 2005 年，旨在促进整个东南亚地区的日本研究，是唯一的跨地区日本研究学会。指导委员会由各国主要研究机构代表性的日本研究学者组成。第一次会议 2006 年 10 月在新加坡举行，此后在越南（2009）、马来西亚（2012）、泰国（2014）、菲律宾（2016）和印度尼西亚（2018）共举行了 6 次会议	https：//jsa-asean.com/		每两年一次在东道国的一个有代表性的日本研究机构的领导下组织召开大会。2009 年，第二届河内大会由越南社会科学院主办
马来西亚	2021 年 3 月　https：//www.jpf.go.jp/j/project/intel/study/overview/south_east_asia/malaysia.html	马来西亚日本研究学会	该学会于 1998 年为促进马来西亚日本研究的发展而成立，成为分散在全国各大学和其他机构的马来西亚日本研究的中心	https：//sites.google.com/view/majasmalaysia/about-us？authuser=0	电子邮箱：majasmalaysia@gmail.com（发送电子邮件时，请将全角@符号改为半角）	为对日本研究真正感兴趣的马来西亚的学者提供和其他人交流的机会。促进马来西亚日本研究学者与国外学者之间的联系。组织关于日本研究的国内或国际研讨会和讲座

续表

	日本国际交流基金会统计截止时间及网址	机构信息（学会等）				
		机构名称	机构简介	网址	联系方式	研究活动内容
东南亚 马来西亚	2021 年 3 月 https：//www.jpf. go.jp/j/project/ intel/study/ove-rview/south_ea-st_asia/malay-sia.html	东南亚日本研究学会	该学会成立于 2005 年，旨在促进整个东南亚地区日本研究，是唯一的跨地区日本研究学会。指导委员会由各国主要研究机构代表性的日本研究学者组成。第一次会议于 2006 年 10 月在新加坡举行，此后在越南（2009）、马来西亚（2012）、泰国（2014）、菲律宾（2016）和印度尼西亚（2018）共举行了六次会议	https：//jsa-asean.com/		每两年一次在东道国的一个有代表性的日本研究机构的领导下组织召开大会
南亚 印度	2021 年 3 月 https：//www.jpf. go.jp/j/project/ intel/study/ove-rview/south_a-sia/india.html					

续表

日本国际交流基金统计截止时间及网址	机构信息（学会等）				研究活动内容
	机构名称	机构简介	网址	联系方式	
大洋洲 澳大利亚 2021 年 3 月 https://www.jpf.go.jp/j/project/intel/study/overview/oceania/australia.html	澳大利亚国立大学日本研究所	澳大利亚国立大学下属的研究机构	https://japaninstitute.anu.edu.au/	地址：Room 3.40 Baldessin Precinct Building Building 110, Ellery Crescent The Australian National University Canberra, ACT, 0200 电子邮箱：japan.institute@anu.edu.au（发送电子邮件时，请将全角@符号改为半角）	使用各种学术方法进行日本研究。组织举办"日本最新情况"学会
	亚洲法律中心	墨尔本大学附属研究中心	https://law.unimelb.edu.au/centres/alc	地址：Asian Law Centre Room 0726, Level 7 Melbourne Law School, 185 Pelham Street, The University of Melbourne Victoria 3010, AUSTRALIA 电话：61-3-8344-6847	从广泛的跨区域的角度促进对包括日本在内的亚洲地区法律的理解
	亚洲法律中心	墨尔本大学附属研究中心	https://law.unimelb.edu.au/centres/alc	电子邮箱：law-alc@unimelb.edu.au（发送电子邮件时，请将全角@符号改为半角）	从广泛的跨区域的角度促进对包括日本在内的亚洲地区法律的理解

续表

日本国际交流基金统计截止时间及网址		机构信息（学会等）				
		机构名称	机构简介	网址	联系方式	研究活动内容
大洋洲	澳大利亚					
2021年3月 https://www.jpf.go.jp/j/project/intel/study/overview/oceania/australia.html		澳大利亚亚洲研究学会	行业协会	https://asaa.asn.au/	电子邮箱：melissa.crouch@unsw.edu.au（general enquiries）（发送电子邮件时，请将全角@符号改为半角）	促进澳大利亚在亚洲地区的相关研究
		亚洲研究所	墨尔本大学附属研究所	https://arts.unimelb.edu.au/asia-institute	地址：158, Sidney Myer Asia Centre, 325/761 Swanston St, Parkville VIC 3010	使用多种学术方法进行亚洲研究，包括日本研究
		澳大利亚日本法律网络	专业网络	https://www.anjel.com.au/home	电子邮箱：anjelinfo@gmail.com（发送电子邮件时，请将全角@符号改为半角）	为在澳大利亚和日本的日本法学家和职业律师提供联系
		澳大利亚日本研究学会	学会	https://www.jsaa.org.au/	https://www.facebook.com/thejsaa/	支持和促进澳大利亚和周边地区的日本研究
		日本研究资料中心	莫纳什大学附属研究资料中心	https://www.monash.edu/arts/jsc/home	电话：61-3-9905-2260 电子邮箱：japanese-studies-centre@monash.edu（发送电子邮件时，请将全角@符号改为半角）	用各种不同的学术方法进行日本研究。日本漫画图书馆、日本音乐档案馆、维多利亚州日语教师协会和莫纳什日语教育中心为其附属机构

续表

日本国际交流基金统计截止时间及网址		期刊所属机构名称	主要学术期刊、学会期刊
			期刊名称
2021年3月 https://www.jpf.go.jp/j/project/intel/study/overview/east_asia/korea.html	东亚 韩国	韩国日本学会	《日本学报》（每年4期：2月、5月、8月、11月）《日本学研究丛书》
		韩国日语教育学会	《日语教育研究》（每年4期：2月、5月、8月、11月）
		韩国日语学会	《日语言学研究》（每年4期）
		韩国日语日文学会	《日语日文学研究》（每年4期：2月、5月、8月、11月）《韩国的日语教育实况》（每5年一期）
		韩国日语日文学会	《日语文学》（每年4期）
		日语文学会	《日语文学》
		大韩日语日文学会	《日语日文学》（每年4期：2月、5月、8月、11月）
		韩国日本文化学会	《日本文化学报》（每年4期：2月、5月、8月、11月）
		韩国日本语言文化学会	《日本语言文化》（每年4期）
		日本史研究学会	《日本历史研究》（每年3期）
		现代日本学会	《日本研究论丛》
		韩国日本近代学会	《日本近代学研究》

续表

	日本国际交流基金统计截止时间及网址	期刊所属机构名称	主要学术期刊、学会期刊 期刊名称
东南亚	印度尼西亚 2021 年 3 月 https：//www. jpf. go. jp/j/project/intel/study/overview/south_east_asia/indonesia. html	印度尼西亚日本研究学会	《OUTLOOK Japan》
		印度尼西亚大学日本研究中心	《Jurnal Kajian Jepang》
		比纳·努桑塔拉大学	《Lingua Culture, Humaniora》
	泰国 2021 年 3 月 https：//www. jpf. go. jp/j/project/intel/study/overview/south_east_asia/thai. html	泰国日本研究协会	《jsn Journal》
		泰国国立政法大学东亚研究所	《Japanese Studies Journal》
	菲律宾 2021 年 3 月 https：//www. jpf. go. jp/j/project/intel/study/overview/south_east_asia/philippines. html	The Asian Center, University of the Philippines Diliman	《Asian Studies Journal》
		De La Salle University	《Asia-Pacific Social Science Review》

续表

日本国际交流基金统计截止时间及网址	期刊所属机构名称	主要学术期刊、学会期刊 期刊名称
	Viện Hàn lâm Khoa học Xã hội Việt Nam（越南社会科学研究院）	《Tạp chí Khoa học Xã hội Việt Nam（越南社会科学杂志）》
	Trung tâm Kinh tế Châu Á-Thái Bình Dương（亚太经济中心）	《Tạp chí Kinh tế Châu Á-Thái Bình Dương（亚太经济杂志）》
越南 2021 年 3 月 https://www.jpf.go.jp/j/project/intel/study/overview/south_east_asia/vietnam.html	Đại học Quốc gia Hà Nội（越南河内国家大学）	《Tạp chí Khoa học, Đại học Quốc gia Hà Nội: Khoa học Xã hội và Nhân văn（越南河内国家大学科学杂志：人文社会科学）》
	Trường Đại học Khoa học Xã hội và Nhân văn, Đại học Quốc Gia Hà Nội（河内国家大学所属人文与社会科学大学）	《Tạp chí Khoa học Xã hội và Nhân văn, Đại học Quốc gia Hà Nội（河内国家大学所属人文与社会科学大学人文与社会科学杂志）》
	Học viện Ngoại giao Việt Nam（越南外交学院）	《Tạp chí Nghiên cứu Quốc tế, Học viện Ngoại giao（国际研究杂志）》
	Trường Đại học Hà Nội（河内大学）	《Tạp chí Khoa học Ngoại ngữ, Trường Đại học Hà Nội（河内大学语言与科学杂志）》
	Trường Đại học Ngoại ngữ Huế, Đại học Huế（顺化大学所属外语大学）	《Tạp chí Khoa học Ngôn ngữ và Văn hóa（语言文化科学杂志）》
东南亚 马来西亚 2021 年 3 月 https://www.jpf.go.jp/j/project/intel/study/overview/south_east_asia/malaysia.html		

续表

	日本国际交流基金统计截止时间及网址	期刊所属机构名称	主要学术期刊、学会期刊	
				期刊名称
南亚 印度	2021 年 3 月 https://www.jpf. go. jp/j/project/ intel/study/south_as- ia/india. html			
大洋洲 澳大利亚	2021 年 3 月 https://www.jpf. go. jp/j/project/ intel/study/ove- rview/oceania/ australia. html	澳大利亚亚洲研究学会	《Asian Studies Review》 《亚洲研究评论》	
		澳大利亚日本研究学会	《Japanese Studies》 《日本研究》	
		国际交流基金会悉尼—日本文化中心	《New Voices in Japan Studies》 《日本研究的新声音》	

美国、加拿大日本研究机构、学会

有日本研究项目的学术机构

P76　哥伦比亚大学日本经济与商业研究中心
联系方式：
Hugh Patrick, Director
Center on Japanese Economy and Bus
iness
Columbia Business School
2M – 9 Uris Hall
New York, NY 10027
电话：(212) 854 – 3976，传真：(212) 678 – 6958
负责人邮箱：htp1@ columbia. edu
Program（业务联系人邮箱）：cjeb@ columbia. edu
网址：http：//www. gsb. columbia. edu/cjeb

P77　哥伦比亚大学中世日本研究所
联系方式：
Barbara Ruch, Director
Institute for Medieval Japanese Studies
Inst for Mediev Jpn Studies
509 Kent Hall, MC 3906, 1140 Amsterdam Ave
New York, NY 10027
电话：(212) 854 – 7403，传真：(212) 678 – 6958
负责人邮箱：bruch@ columbia. edu

Program：bruch@ columbia. edu

网址：http：∥www. columbia. edu/

P77　哥伦比亚大学日本法律研究中心

联系方式：

Curtis Milhaupt，Director

Center for Japanese Legal Studies

Ctr for Jpn Legal Studies

Box A – 24 Sch of Law，435 West 116th Street

New York，NY 10027

电话：（212）854 – 4926

负责人邮箱：milhaupt@ law. columbia. edu

网址：http：∥web. law. columbia. edu/japanese-legal-studies

P77　哥伦比亚大学唐纳德·基恩日本文化中心

联系方式：

David Lurie，Director；Yoshiko Niiya，Program Coordinator

Donald Keene Center of Japanese Culture

507 Kent Hall，MC 3920

New York，NY 10027

电话：（212）854 – 5036，传真：（212）854 – 4019

负责人邮箱：donald-keene-center@ columbia. edu

网址：http：∥www. keenecenter. org/

P124　埃弗雷特社区学院日本商业研究所和日本文化资源中心

联系方式：

Nippon Bus Inst

2000 Tower Street

Everett，WA 98201 – 1390

电话：（425）388 – 9195/9380，传真：（425）388 – 9129

负责人邮箱：mnsmith@ everettcc. edu

Program：mnsmith@ everettcc. edu

网址：https：∥www. everettcc. edu/programs/communications/nbi

P155　哈佛大学赖肖尔日本研究所

联系方式：

Reischauer Institute of Japanese Studies

1730 Cambridge Street

2nd Floor

Cambridge，MA 02138

电话：(617) 495 – 3220，传真：(617) 496 – 8083

负责人邮箱：rijs@ fas. harvard. edu

Program：rijs@ fas. harvard. edu

网址：http：∥rijs. fas. harvard. edu

P158　哈佛大学当代日本文献中心

联系方式：

Kazuko Sakaguchi，Librarian

Documentation Ctr on Cont Japan

Fung Library，Knafel Building，Concourse Level

Cambridge MA 02138

电话：(617) 496 – 0466，传真：(617) 496 – 0091

邮箱：sakaguch@ fas. harvard. edu

网址：http：∥www. fas. harvard. edu/%7Erijs/dcj_opening. htm

P231　明德学院日本研究所

联系方式：

Carole Cavanaugh，Department Chair；Judy Olinick，Coordinator

Japanese Studies Department

Freeman International Center，203 Freeman Way

Middlebury，VT 05753

电话：(802) 443 – 5532

负责人邮箱：cavanaug@ middlebury. edu

网址：http：∥www. middlebury. edu/academics/japanese

P244　北卡罗莱纳州立大学外国语言文学系日本研究中心

联系方式：

Ruth Gross, Department Head, Professor; Eika Tai, Professor, Dept of Foreign Languages and

Literatures

Japanese Studies, Deprt of Foreign Languages and Literatures

Japanese Stud. , For. Lang&Lit

Withers 310, Campus Box 8106

Raleigh, NC 27695 – 0001

电话：(919) 515 – 2475

负责人邮箱：rvgross@ ncsu. edu

Program：smitkam@ wlu. edu

网址：http：//fll. chass. ncsu. edu/japanese/

P275　波特兰州立大学日本研究中心

联系方式：

Kenneth Ruoff, Director of the Center for Japanese Studies

Center for Japanese Studies

Ctr for Japanese Studies

PO Box 751

Portland, OR 97207

电话：(503) 725 – 3991，传真：(503) 725 – 3953

负责人邮箱：ruoffk@ pdx. edu

Program：cjs@ pdx. edu

网址：http：//www. pdx. edu/cjs/home

P338　纽约州立大学石溪分校日本研究

联系方式：

Sachiko Murata, Professor; Eriko Sato, Assistant Professor

Japanese Studies

1046 Humanities Bldg.

Stony Brook, NY 11794 – 5343

电话：(631) 632 – 9477，传真：(631) 632 – 4098

负责人邮箱：eriko. sato@ stonybrook. edu

Program：eriko. sato@ stonybrook. edu

网址：http：∥www. sunysb. edu/japancenter

P356　俄亥俄州立大学日本研究所

联系方式：

Hajime Miyazaki, Director; Janet Stucky Smith, Program Coordinator

Institute for Japanese Studies

306 Oxley Hall, 1712 Neil Ave

Columbus, OH 43210 – 1311

电话：(614) 292 – 3345，传真：(614) 247 – 6454

负责人邮箱：stucky. 7@ osu. edu

Program：japan@ osu. edu

网址：https：∥easc. osu. edu/ijs

P372　密歇根大学日本研究中心

联系方式：

Jonathan Zwicker, Director; Azumi Ann Takata, Academic Services Coordi-nator

Center for Japanese Studies

1080 S. University Ave,, Suite 4640

Ann Arbor, MI 48109 – 1106

电话：(734) 764 – 6307，传真：(734) 936 – 2948

负责人邮箱：takata@ umich. edu

Program：umcjs@ umich. edu

网址：http：∥www. ii. umich. edu/cjs/

P405　不列颠哥伦比亚大学日本研究中心

联系方式：

Shgenori Matsui, Director

Centre for Japanese Research

1855 West Mall

Vancouver, BC V6T 1Z2 Canada

电话：604 822 4688，传真：604 822 5207

负责人邮箱：shigenori. matsui@ ubc. ca

Program：cjr. iar@ ubc. ca

网址：http：∥cjr. iar. ubc. ca/

P415　加州大学伯克利分校日本研究中心

联系方式：

Dana Buntrock，Chair；Kumi Sawada Hadler，Program Director

Center for Japanese Studies

1995 University Ave. , Suite 520G

Berkeley，CA 94720 – 2318

电话：(510) 642 – 3156，传真：(510) 642 – 5035

负责人邮箱：kumi. hadler@ berkeley. edu

Program：cjs@ berkeley. edu

网址：http：∥ieas. berkeley. edu/cjs/

P433　加州大学洛杉矶分校日本研究中心

联系方式：

Hitoshi Abe，Chair，Dept. of Architecture and Urban Design；Noel Shimizu，

Assistant Director

Center for Japanese Studies

11377 Bunche Hall

Los Angeles，CA 90095 – 1487

电话：(310) 825 – 4500，传真：(310) 206 – 3555

负责人邮箱：shimizu@ international. ucla. edu

Program：japancenter@ international. ucla. edu

网址：www. international. ucla. edu/japan

P479　夏威夷大学希洛分校日本研究所

联系方式：

Yoshitaka "Yoshi" Miike, Chair; Masafumi Honda, Associate Professor of Japanese

Dept of Japanese Studies

200 W Kawili Street

Hilo, HI 96720 – 4091

电话：（808）974 – 7479，传真：（808）974 – 7736

负责人邮箱：komenaka@ hawaii. edu

网址：http:∥www. uhh. hawaii. edu/academics/japanesest/

P487　夏威夷大学马诺阿分校日本研究中心

联系方式：

Lonny Carlile, Director; Gay Satsuma, Associate Director

Center for Japanese Studies

Moore Hall, Rm. 216, 1890 East-West Rd.

Honolulu, HI 96822

电话：（808）956 – 2665，传真：（808）956 – 2666

负责人邮箱：gay@ hawaii. edu

Program：cjs@ hawaii. edu

网址：www. hawaii. edu/cjs

P537　内布拉斯加大学日语研究（中心）

联系方式：

Evelyn Jacobson, Department Chair; Ikuho Amano, Japanese Language Undergraduate Advisor

Japanese Language Studies

1215 Oldfather Hall

Lincoln, NE 68588 – 0315

电话：（402）472 – 5544，传真：（402）472 – 0327

负责人邮箱：ejacobson1@ unl. edu

Program：iamano2@ unl. edu

网址：http：∥ascweb. unl. edu/academics/depts/modlangs. html

P569　匹兹堡大学亚洲研究中心

联系方式：

James Cook，Acting Director

Asian Studies Center

4400 W. W. Posvar Hall

230 South Bouquet Street

Pittsburgh，PA 15260 - 4425

电话：（412）648 - 7370，传真：（412）624 - 4665

负责人邮箱：jacook@ pitt. edu

Program：jacook@ pitt. edu

网址：www. ucis. pitt. edu/asc

P628　华盛顿大学日本研究中心

联系方式：

Ken Tadashi Oshima，Chair；Ellen Eskenazi，Associate Director

UW Japan Studies Program

Thomson Hall，Box 353650

Seattle，WA 98195 - 3650

电话：（206）685 - 9997，传真：（206）685 - 0668

负责人邮箱：japan@ uw. edu

Program：japan@ uw. edu

网址：https：∥jsis. washington. edu/japan/

P651　维拉诺瓦大学日语与文化研究（中心）

联系方式：

Dr. Maghan Keita，Chair Inst. Global Interdisciplinary Studies；Dr. Masako Hamada，Associate

Professor/Program Coordinator

Japanese Language and Cultural Studies

Garey Hall #36，800 Lancaster Ave.

Villanova, PA 19085

电话：(610) 519 - 4701，传真：(610) 519 - 6133

负责人邮箱：masako. hamada@ villanova. edu

Program：masako. hamada@ villanova. edu

网址：http://www1. villanova. edu/villanova/artsci/global/criticallangs/japanese

P674　西密歇根大学曾我日本中心

联系方式：

Takashi Yoshida, Director; Michiko Yoshimoto, Japan Program Manager

Michitoshi Soga Japan Center

1903 W. Michigan Ave.

Kalamazoo, MI 49008 - 5245

电话：(269) 387 - 5874

负责人邮箱：takashi. yoshida@ wmich. edu

网址：http://www. wmich. edu/japancenter

P681　惠特曼学院日本语言和文学研究（中心）

联系方式：

Akira R. Takemoto, Department of Foreign Languages and Literatures, Japanese

Japanese Language and Literature

345 Boyer Ave

Walla Walla, WA 99362 - 2083

电话：(509) 527 - 5896

负责人邮箱：takemoto@ whitman. edu

网址：https://www. whitman. edu/academics/catalog/courses-of-instruction/japanese

P685　威廉诺维尔学院日本地区研究（中心）

联系方式：

Susan Myers, Professor of French, Chair; Yoko Hori, Instructor of Japanese

Japanese Area Studies

Japanese Area Stud

500 College Hill

Liberty，MO 64068 – 1896

电话：（816）781 – 7700，传真：（816）415 – 5005

负责人邮箱：myerss@ william. jewell. edu

Program：horiy@ william. jewell. edu

网址：http：∥www. jewell. edu/languages

P695　耶鲁大学东亚研究理事会

联系方式：

Jing Tsu，CEAS Chair；Nick Disantis，Registrar and Administrative Support Specialist

Council on East Asian Studies

34 Hillhouse Ave，PO Box 208206

New Haven，CT 06520 – 8206

电话：（203）432 – 3426，传真：（203）432 – 3430

负责人邮箱：nicholas. disantis@ yale. edu

Program：eastasian. studies@ yale. edu

网址：http：∥ceas. yale. edu/

有日本研究项目的非学术机构

P701　美国日语教师协会

出版物：

时事通讯：AATJ 时事通讯（一年四次，英语）。期刊：日语语言文学：日本教师协会会刊（一年两次，英语）。

联系方式：

Susan Schmidt，Executive Director

American Association of Teachers of Japanese

Univ of Colorado Ctr for AsianStudies

366 UCB，1424 Broadway

Boulder, CO 80309 - 0366

电话：(303) 492 - 5487，传真：(303) 492 - 5856

负责人邮箱：susan. schmidt@ colorado. edu

Program：aatj@ aatj. org

网址：http://www. aatj. org

P709　国际日本集邮学会

出版物：

期刊：日本集邮杂志（双月刊研究期刊，ISSN0146 - 0994，英文）。专著系列：ISJP 专著系列（不规则的，英语）。

联系方式：

Ron Casey, President; Kenneth Kamholz, Vice - President

International Society for Japanese Philately

P. O. Box 1283

Haddonfield, NJ 08033 - 0760

Program：secretary@ isjp. org

网址：www. isjp. org

P710　日本协会

联系方式：

Motoatsu Sakurai, President; Kendall Hubert, Executive Vice President

The Henry Luce Foundation Inc

333 E 47th Street

New York, NY 10016

电话：(212) 715 - 1258，传真：(212) 755 - 6752

负责人邮箱：rwood@ japansociety. org

网址：http://www. japansociety. org

P712　日美友好委员会

联系方式：

Paige Cottingham-Streater, Executive Director

Japan-US Friendship Commission

1201 15th Street，NW Suite 330

Washington，DC 20005

电话：(202) 653 - 9800，传真：(202) 653 - 9801

负责人邮箱：Paige Cottingham-Streater

网址：http：∥www. jusfc. gov

P715　北美日本图书馆资源协调委员会

出版物：

基于网络的材料：电子文本（在线版、英语、日语）。图像使用协议。全球 ILL 框架馆际互借和文件交付。日本本科生的研究与书目方法。日本博物馆、图书馆和档案馆（MLAs）的研究访问权。主题指南：门户网站。

基于网络的材料：NCC 日本信息（在线版、英语、日语）。

联系方式：

Victoria Lyon Bestor, Executive Director

149 Upland Road

Cambridge，MA 02140

电话：(617) 945 - 7294，传真：(617) 812 - 5854

负责人邮箱：vbestor@ fas. harvard. edu

网址：http：∥www. nccjapan. org

P721　日本基金会

联系方式：

Kazuaki Kubo, Director General; Noriko Yamamoto, Program Director

Japanese Studies

152 West 57th Street, 17F

New York，NY 10019

电话：(212) 489 - 0299，传真：(212) 489 - 0409

Program：info@ jfny. org

网址：http：∥www. jpf. go. jp/e/

P724　美日理事会

出版物：

其他：年度报告。

其他：年度会议报告。

基于网络的材料：U. S. – Japan 委员会的电子通讯（双月一次，英语）。

联系方式：

Irene Hirano Inouye, President; Shiori Okazaki, Communications Manager

U. S. – Japan Council

1819 L Street Northwest, Suite 200

Washington, DC 20036

电话：(202) 223 – 6840

Program：info@ usjapancouncil. org

网址：http：//www. usjapancouncil. org

有日本专家的其他非学术机构

日本合作编目室

日本国际交流中心

日本 ICU 基金会

日本波士顿协会

俄克拉荷马州日美协会

日本基金会

美日基金会

欧洲日本研究机构、学会

1. 奥地利维也纳大学东亚研究所

联系方式：

地址：Department for East Asian Studies，University of Vienna，1090 Wien，Spitalgasse 2 – 4，Austria

电话：+43 – 1 – 4277 – 43801，Fax：+43 – 1 – 4277 – 9438

邮箱：japanologie. ostasien@ univie. ac. at

2. 比利时

比利时日语教师协会

邮箱：naoko. sakurai@ arts. kuleuven. ac. be

鲁汶天主教大学日本研究中心

联系人：Prof. Dr. VANDE WALLE

地址：Japanese Studies，K. U. Leuven，3000 Leuven，Faculteit Letteren，Blijde Inkomststraat 21，bus 3318，Belgium

电话：+32 – 16 – 324948，传真：+32 – 16 – 324932

邮箱：Willy. VandeWalle@ arts. kuleuven. be，网址：http：//japanologie. arts. kuleuven. be／wvdw／

3. 保加利亚

索非亚大学东亚研究系日本研究科

联系方式：

地址：1504 Sofia，Tsar Osvoboditel 15，Bulgaria

电话：+359 – 2 – 930 – 8540 ext. 118，传真：+359 – 2 – 200 – 849

邮箱：boyelit@ yahoo. com，网址：http：∥www. uni-sofia. bg/

4. 丹麦：北欧亚洲研究所

联系方式：

联系人：SKAANING

地址：2300 Copenhagen，Leifsgade 33，Denmark

电话：+45 – 3532 – 9500，传真：+45 – 3532 – 9549

邮箱：erik@ nias. ku. dk，网址：http：∥nias. ku. dk

5. 爱沙尼亚

爱沙尼亚塔林大学人文学院，中东和亚洲研究系，日本研究中心

联系方式：

地址：Department of Middle Eastern and Asian Studies，Tallinn University，Estonian Institute of Humanities，Estonia

电话：+372 – 660 – 5903，传真：+372 – 660 – 5904

邮箱：rein@ ehi. ee，网址：http：∥www. tlu. ee/? LangID = 2&CatID = 1937

6. 芬兰

奥卢大学日本研究中心

联系方式：

联系人：JALAGIN

地址：90014 Oulu，Finland

邮箱：seija. jalagin@ oulu. fi

7. 法国

法国日本研究学会

联系方式：

地址：UMR 7133，Centre National de la Recherche Scientifique，75231 Paris，cedex 05，c/o Institut des Hautes Etudes Japonaises，52，Rue du Cardinal-Lemoine，France

邮箱：secretariat@ sfej. asso. fr，网址：http：∥sfej. asso. fr/

法国阿尔萨斯日本研究中心

联系方式：

地址：European Center for Japanese Studies in Alsace，68000 Colmar，Château Kiener，24，rue de Verdun，France

电话：+33 - 3 - 8923 - 1653，传真：+33 - 3 - 8923 - 0878

邮箱：ceeja@ ceeja-japon. com

8. 德国

柏林自由大学日本研究中心

联系方式：

地址：Fachbereich Geschichts - und Kulturwissenschaften，Ostasiatisches Seminar，14195 Berlin，Podbielskiallee 42，Germany

电话：+49 - 308 - 385 - 3857，传真：+49 - 308 - 385 - 7114

邮箱：klosek @ zedat. fu-berlin. de，网址：http：∥www. zedat. fu-berlin. de/Home

波鸿鲁尔大学东亚研究学院日本历史研究

联系方式：

地址：44780 Bochum，Universitätsstr. 150，Germany

电话：+49 - 234 - 32 - 26255，传真：+49 - 234 - 32 - 14693

邮箱：Regine. Mathias@ ruhr-uni-bochum. de

波恩大学日本研究中心

联系方式：

地址：53113 Bonn，Regina-Pacis-Weg 7，Germany

电话：+49 - 228 - 73 - 7223，传真：+49 - 228 - 73 - 5054

邮件：japanologie@ uni-bonn. de

杜伊斯堡 - 埃森大学，东亚研究所

联系方式：

地址：IN-EAST，University of Duisburg-Essen，47048 Duisburg，Mülheimerstr. 212，Germany

电话：+49－203－379－4191，传真：+49－203－379－4157

邮箱：oawiss@ uni-duisburg. de，网址：http：//www. uni-duisburg. de/Institute/OAWISS/neu/ index. php

法兰克福歌德大学日本研究所
联系方式：

地址：Japanese Studies，Johann Wolfgang Goethe-University，60054 Frankfurt am Main，Senckenberganlage 31，Germany

电话：+49－697－982－3287，传真：+49－697－982－2173

邮箱：japanologie@ em. uni-frankfurt. de，网址：http：//www. japanologie. uni-frankfurt. de/

汉堡大学日本语言文化研究系
联系方式：

地址：20146 Hamburg，Edmund-Siemers-Allee 1，Germany

电话：+49－40－42838－2670，传真：+49－40－42838－6200

邮箱：Japanologie@ uni-hamburg. de

科隆大学日本研究中心
联系方式：

地址：50923 Köln，Dürener Str. 56－60，Germany

电话：+49－221－470－5442，传真：+49－221－470－5448

邮箱：snouera@ uni-koeln. de，

德日律师协会

地址：20354 Hamburg，Neuer Wall 54，Germany

电话：+49－403－721－35，传真：+49－403－635－69

邮箱：DrScheer@ aol. com，网址：http：//www. djjv. org/

德日研究协会

联系方式：

邮箱：menkhaus@ gjf. de，网址：http：∥www. gjf. de／

奥斯纳布吕克大学社会研究学院日本研究中心

联系方式：

地址：49069 Osnabrück，Seminarstr. 33，Germany

电话：+49 – 541 – 969 – 4623，传真：+49 – 541 – 969 – 4600

邮箱：fsjapan@ uos. de

图宾根大学日本研究所

联系方式：

联系人：Prof. ANTONI

地址：Institute for Japanese Studies，Tübingen University，72074 Tüibingen，Wilhelmstr. 90，Germany

电话：+49 – 707 – 129 – 739 – 90，传真：+49 – 707 – 155 – 1486

邮箱：klaus. antoni @ uni-tuebingen. de，网址：http：∥www. uni-tuebingen. de／kultur-japans／

德国日本社会科学研究协会

联系方式：

联系人：Dr. BRUMANN

地址：Institut of Cultural and Social Anthropology，University of Cologne，50923 Köln，Albertus-Magnus-Platz，Germany

电话：+49 – 221 – 470 – 2706，传真：+49 – 221 – 470 – 5117

邮箱：secretary_ general@ vsjf. net，网址：http：∥www. vsjf. net

科隆日本文化研究所

联系方式：

联系人：GOLK

地址：– Japanisches Kulturinstitut，50674 Köln，Universitätsstraβe 98，Germany

电话：+49 - 221 - 940 - 5580，传真：+49 - 221 - 940 - 5589

邮箱：jfco@ jki. de，网址：http：∥www. jki. de

特里尔大学日本研究中心

联系方式：

联系人：Prof. GÖSSMANN

地址：Japanese Studies, University of Trier, 54286 Trier, Universitätsring 15，Germany

电话：+49 - 651 - 201 - 2152，传真：+49 - 651 - 201 - 3945

邮箱：goessman@ uni-trier. de，网址：http：∥www. uni-trier. de/index. php? id = 930

马丁路德·哈勒维腾贝格大学政治科学系日本研究部

联系方式：

联系人：Ms. HAUFE

地址：06099 Halle，Brandbergweg 23c，Germany

电话：+49 - 345 - 552 - 4331，传真：+49 - 345 - 552 - 7059

邮箱：sekr@ japanologie. uni-halle. de，网址：http：∥www. japanologie. uni-halle. de/

杜塞尔多夫大学现代日本研究所

联系方式：

联系人：Prof. MAE

地址：Ostasien-Insitut, Modernes Japan，Heinrich-Heine-University Düsseldorf, Universitätsstr. 1，40225 Düsseldorf, Germany

电话：+49 - 211 - 811 - 4349/14329，传真：+49 - 211 - 811 - 4714

邮箱：mae@ uni-duesseldorf. de，网址：http：∥www. phil-fak. uni-duesseldorf. de/oasien/oasien/japan/

德日劳动法协会

联系方式：

联系人：Prof. MENKHAUS

地址：c/o Rechtsanwälte Henning & Partner，041836 Hückelhoven，Park-hofstr. 1，Germany

电话：+49 – 243 – 390 – 800，传真：+49 – 243 – 390 – 8020

邮箱：info@ djga. de，网址：http：//www. djga. de/

杜塞尔多夫大学东亚研究所现代日本研究中心

联系方式：

联系人：Dr. TAGSOLD

Address：Philosophische Fakultät，Ostasien-Institut，40225 Diüsseldorf，Universitätsstr1，Germany

电话：+49 – 211 – 811 – 4349，传真：+49 – 211 – 811 – 4714

邮箱：platz @ phil-fak. uni-duesseldorf. de，网址：http：//www. phil-fak. uni-duesseldorf. de/ oasien/oasien/japan/

莱比锡大学东亚研究所日本研究中心

联系方式：

联系人：Prof. STEFFI

地址：East Asian Studies，University of Leipzig，04109 Leipzig，Schiller-str. 6，Germany

电话：+49 – 341 – 973 – 7155，传真：+49 – 341 – 973 – 7159

邮箱：jap@ uni-leipzig. de，网址：http：//www. uni-leipzig. de/ ~ japan/

海德堡大学东亚研究中心日本研究所

联系方式：

联系人：Ms. VEIT-SCHIRMER

地址：Center for East Asian Studies，Institute of Japanese Studies，69047 Heidelberg，Akademiestraβe 4 – 8，Germany

电话：+49 – 622 – 154 – 7660，传真：+49 – 622 – 154 – 7692

邮箱：veit-schirmer @ zo. uni-heidelberg. de，网址：http：//www. rzuser. uni-heidelberg. de/ ~ hw3/index2. htm

慕尼黑大学亚洲研究所日本研究中心

联系方式：

联系人：Dr. WOEHLBIER

地址：Dept. of Asian Studies，Japan Center of the University Munich，80538 München，Oettingenstr. 67，Germany

电话：+49 – 892 – 180 – 9820，+49 – 892 – 180 9800，传真：+49 – 892 – 180 – 9827

邮箱：Inge. Merk@ lrz. uni-muenchen. de；carola. penas@ ostasien. fak12. uni-muenchen. de

网址：http：∥www. japan. lmu. de

9. 匈牙利

罗兰大学人文学院日本研究所

联系方式：

地址：1088 Budapest，Múzeum krt. 6. alagsor，Hungary

电话：+36 – 1411 – 6900，ext，2021，传真：+36 – 126 – 708 – 20

邮件：major@ ludens. elte. hu，网址：http：∥www. konyvtar. elte. hu/eng/index. html

10. 意大利

意大利语日语教学协会

联系方式：

地址：00185 Roma，Via Merulana 248，Italy

邮箱：tollini@ unive. it

意大利日语研究学会

联系方式：

地址：30126 Venezia-Lido，Segreteria Generale-Prof. Adriana Boscaro-Via Doge D. Michiel，8，Italy

电话：+39 – 41 – 52 – 60 – 160，传真：+39 – 41 – 52 – 60 – 160

邮箱：corrado. molteni@ unimi. it

意大利亚洲文化中心

联系方式：

邮箱：info@ italia-asia. it

罗马日本文化研究所

联系方式：

联系人：Mr. OMORI

地址：Istituto Giapponese di Cultura in Roma，Via Antonio Gramsci 74，00197 Roma，Italy

电话：+39 - 632 - 247 - 94，传真：+39 - 632 - 221 - 65

邮箱：info@ jfroma. it，网址：http：∥www. jfroma. it

11. 立陶宛

维陶塔斯·马格努斯大学日本研究中心

联系方式：

地址：Japanese Studies Center，Vytautas Magnus University，Lithuania

电话：+370 - 373 - 313 - 23，传真：+370 - 373 - 313 - 23

邮箱：jsc@ hmf. vdu. lt，网址：http：∥www. vdu. lt

维尔纽斯大学东方研究中心

联系方式：

联系人：Dr. ŠVAMBARYTE

地址：Center of Oriental Studies，Vilnius University，Universiteto 5，01513 Vilnius，Lithuania

电话：+370 - 526 - 872 - 09，传真：+370 - 526 - 872 - 56

邮箱：dalia. svambaryte@ oc. vu. lt，网址：http：∥www. oc. vu. lt/

12. 荷兰

荷兰日本研究学会

联系方式：

联系人：FITSKI

地址：2300 RA Leiden，The Netherlands

电话：＋31－71－527－2539，传真：＋31－71－527－2215

邮箱：info@ ngjs. nl

13. 波兰

亚当密茨凯维奇大学东方研究所日本学系

联系方式：

联系人：Dr. KANERT

地址：Department of Japanese Studies，Insttitute of Oriental Studies Adam Mickiewicz University，60－371 Poznań，Międzychodzka 5，Poland

电话：＋48－618－292－712，传真：＋48－618－616－225

邮箱：promk@ amu. edu. pl，网址：http：∥www. staff. amu. edu. pl/ ~ orient/ site/ japonistyka. html

华沙大学东方研究所日韩研究科

联系方式：

联系人：Prof. PALASZ－RUTKOWSKA

地址：Department of Japanese and Korean Studies，Oriental Institute，Warsaw University，00－927 Warszawa，Krakowskie Przedmieście 26/28，Poland

电话：＋48－228－263－457，＋48－225－520－464，传真：＋48－228－263－457

邮箱：e. palasz-rutkowska@ uw. edu. pl

14. 俄罗斯

远东国立大学东方研究所日本研究中心

联系方式：

地址：690010 Vladivostok，39 Okeansky prospect，Russia

电话：＋7－423－251－5359，传真：＋7－423－251－5359

邮箱：v. ronin@ rambler. ru

俄罗斯日本研究者学会

联系方式：

联系人：Dr. SAHAROVA

地址：Address：Institute of Oriental Studies，Moscow，Rozdestvenka 12，Russia

电话：+7 - 628 - 97 - 80，Fax：+7 - 628 - 97 - 80

邮箱：info@ japan-assoc. ru，网址：http：∥www. japan-assoc. ru

15. 西班牙

萨拉曼卡大学日本文化研究中心

联系方式：

地址：37002 Salamanca，Centro Cultural Hispano-Japonés-Universidad de Salamanca-Plaza San Boal，11 - 13，Spain

电话：+34 - 923 - 294560，Fax：+34 - 923 - 294759

邮箱：nipocent@ usal. es

16. 瑞典

太平洋亚洲研究中心

联系方式：

地址：106 91 Stockholm，Sweden

电话：+46 - 08 - 16 - 2897，传真：+46 - 08 - 16 - 8810

邮箱：cpas@ orient. su. se

瑞典 - 日本基金会

联系方式：

联系人：Ms. EDMAN

地址：11446 Stockholm，Grev Turegatan 14，Sweden

电话：+46 - 861 - 168 - 73，传真：+46 - 861 - 173 - 44

邮箱：info@ swejap. a. se，网址：http：∥www. swejap. a. se

斯德哥尔摩大学日本研究系

联系方式：

联系人：JELBRING

邮箱：stina@ orient. su. se

17. 瑞士

苏黎世大学远东研究所日本研究中心

联系方式：

地址：Ostasiatisches Seminar，Japanologie，Universität Zürich，8032 Zürich，Zürichbergstrasse 4，Switzerland

电话： +41 – 163 – 431 – 81，Fax： +41 – 163 – 449 – 21

邮箱： office@ oas. unizh. ch，网址： http：//www. unizh. ch/ostasien/

圣加仑大学亚洲研究中心

联系方式：

联系人：HAESSIG

地址：9000 St. Gallen，Bahnhofstrasse 8，Switzerland

电话： +41 – 71 – 224 – 7414，传真： +41 – 71 – 224 – 7020

邮箱： verena. haessig@ unisg. ch

18. 英国

牛津大学东方研究所（现更名为牛津大学亚洲与中东研究学院）日本研究中心

联系方式：

地址：OX1 2LE，Oxford，Pusey Lane，United Kingdom

电话： +44 – 1865 – 278200，传真： +44 – 1865 – 278190

电话： orient@ orinst. ox. ac. uk

塞恩斯伯里日本艺术与文化研究所

联系方式：

地址：WC1H OXG London，Russell Square，United Kingdom

电话：+44 - 207 - 898 - 4467，传真：+44 - 207 - 898 - 4429

邮箱：sisjac@ sainsbury-institute. org,

网址：http：∥www. sainsbury-institute. org/

剑桥大学东方研究学院（现更名为剑桥大学亚洲与中东研究学院）

联系方式：

地址：East Asian Studies, University of Cambridge, CB3 9DA Cambridge, Sidgwick Avenue, United Kingdom

电话：+44 - 122 - 333 - 5106, Fax：+44 - 122 - 333 - 5110

邮箱：webmaster@ oriental. cam. ac. uk,

网址：Faculty of Asian and Middle Eastern Studies ｜（cam. ac. uk）

伦敦大学亚非学院日本研究中心

联系方式：

联系人：Dr. BREEN

地址：School of Oriental and African Studies, WC1H OXG London, Thornhaugh street, Russell Square, United Kingdom

电话：+44 - 207 - 898 - 4208

邮箱：jb8@ soas. ac. uk

牛津布鲁克斯大学欧洲日本研究中心

联系方式：

联系人：Prof. HENDRY

地址：School of Social Sciences and Law, Oxford Brookes University, OX3 0BP Oxford, Headington Campus, Gipsy Lane, United Kingdom

电话：+44 - 186 - 548 - 3922，传真：+44 - 186 - 548 - 3937

邮箱：ssl@ brookes. ac. uk

卡迪夫大学日本研究中心

联系方式：

联系人：Dr. HOOD

地址：Cardiff Japanese Studies Centre, Cardiff Business School, Cardiff University, CF10 3EU Cardiff, Aberconway Building, Colum Drive, United Kingdom

电话：+44 - 292 - 087 - 4959，传真：+44 - 292 - 087 - 4419

邮箱：cjsc@ cardiff. ac. uk，网址：http://www. cardiff. ac. uk/carbs/cjsc/

英国日本研究协会

联系方式：

联系人：Dr. MACNAUGHTAN

地址：BAJS Secretariat, University of Essex, Wivenhoe Park, Colchester, Essex, CO4 3SQ, United Kingdom

电话：+44 - 120 - 687 - 2543，传真：+44 - 120 - 687 - 3965

邮箱：bajs@ bajs. org. uk，网址：http://www. bajs. org. uk

牛津大学尼桑日本研究所

联系方式：

联系人：Dr. NEARY

地址：- Nissan Institute of Japanese Studies, OX2 6NA Oxford, 27 Winchester Road, United Kingdom

电话：+44 - 186 - 527 - 4570，传真：+44 - 186 - 527 - 4574

邮箱：ian. neary@ nissan. ox. ac. uk，网址：http://www. nissan. ox. ac. uk/

本统计以 2008 年日本国际交流基金会出版的调查书《欧洲的日本研究 - 日本研究系列第二卷》为依据。

The statistics are based on the survey book "Japanese Studies in Europe-Japanese Studies Series XXXIX VOLUME Ⅱ" published by the Japan Foundation for International Exchange in 2008.

译者信息：王蕊，北京外国语大学日本学研究中心日本文化方向博士研究生；淮北师范大学外国语学院讲师。

《日本学研究》征稿说明

1. 《日本学研究》是由"北京日本学研究中心"与"教育部国别和区域研究基地——北京外国语大学日本研究中心"共同主办的综合性日本学研究学术刊物（半年刊、国内外发行），宗旨为反映我国日本学研究以及国别和区域研究最新研究成果，促进中国日本学研究的进一步发展。本刊于2021年入选为 CSSCI 收录集刊。

2. 本刊常设栏目有：特别约稿、热点问题、国别和区域、日本语言与教育、日本文学与文化、日本社会与经济、海外日本学、书评等。

3. 来稿要求和注意事项

（1）来稿要重点突出，条理分明，论据充分，资料翔实、可靠，图表清晰，文字简练，用中文书写（请按照国务院公布的《简化字总表》书写，如果使用特殊文字和造字，请在单独文档中使用比原稿稍大的字体，并另附样字）的原创稿件。除特约稿件外，每篇稿件字数（包括图、表）应控制在 8000～12000 字为宜。

（2）来稿须提供：①一式两份电子版论文（word 版＋PDF 版）、②文题页、③原创性声明（可在北京日本学研究中心官方网站 http：//bjryzx. bfsu. edu. cn/下载），所有文档通过电子邮件发送至本刊编辑部邮箱（rbxyjtg@ 163. com）。

（3）论文内容须包括：题目（中英文）、内容摘要（中英文）、关键词（中英文）、正文、注释（本刊不单列参考文献，请以注释形式体现参考文献）。可在北京日本学研究中心官方网站（http：//bjryzx. bfsu. edu. cn/）下载样稿，并严格按照撰写体例要求撰写。

（4）文题页须包括：论文的中英文题目、中英文摘要（约 200 字）、中英文关键词（3～5 个）、作者信息（姓名、单位、研究方向、职称、电子邮箱、手机号码及通信地址等）、项目信息。

（5）来稿电子版论文中请隐去作者姓名及其他有关作者的信息（包括"拙稿""拙著"等字样）。

（6）论文中所引用的文字内容和出处请务必认真查校。引文出处或者说明性的注释，请采用脚注，置于每页下。

4. 本刊所登稿件，不代表编辑部观点，文责自负。不接受一稿多投，本刊可视情况对文章进行压缩、删改，作者如不同意请在来稿中声明。

5. 本刊采用双向匿名审稿制，收到稿件后 3 个月内向作者反馈审稿结果，3 个月后稿件可另作他投。

6. 来稿一经刊登，每篇文章将向作者寄赠样刊 2 册，不支付稿酬。

投稿邮箱：rbxyjtg@ 163. com

咨询电话：（010）88816584

通信地址：邮政编码 100089

中国北京市西三环北路 2 号 北京外国语大学 216 信箱

北京日本学研究中心《日本学研究》编辑部 （收）

《日本学研究》稿件撰写体例要求

1. 稿件用字要规范，标点要正确（符号要占1格），物理单位和符号要符合国家标准和国际标准，外文字母及符号必须分清大、小写，正、斜体，黑、白体；上、下角的字母、数码、符号必须明显。各级标题层次一般可采用一、1、（1），不宜用①。

2. 字体、字号、页面字数要求：

（1）关于字体，中文请采用宋体、日文请采用明朝、英文请采用 Times New Roman 字体撰写；

（2）关于字号，论文题目请采用14号字、正文请采用11号字、正文中标题请采用12号字、英文摘要和关键字请采用9号字撰写；

（3）关于页面字数，每页请按照39字×44行撰写。

3. 参考文献具体格式请按照以下规范撰写。

【专著】〔国籍〕作者：书名，出版社，出版年，参考部分起止页码。

章宜华：《二语习得与学习词典研究》，商务印书馆，2015，第1~15页。

〔日〕日原利国：『春秋公羊伝の研究』，東京：創文社，1976，第17頁。

Halliday M. A. K., *An Introduction to Functional Grammar* (2nd edition), London：Edward Arnold，1994，pp. 24 – 25.

【期刊】〔国籍〕作者：文章名，期刊名，卷号（期号），出版年。

沈家煊：《语言的"主观性"与"主观化"》，《外语教学与研究》2001年第4期。

〔日〕服部良子：「労働レジームと家族的責任」，『家族社会学研究』2015年第2期。

Ono Hiroshi，"Who Goes to Colledge? Features of Institutional Tracking in Japanese Higher Education," *American Journal of Education* 109（2），2001.

【报纸】〔国籍〕作者：文章名，报纸名，刊行日期。

刘江永：《野田外交往哪里摇摆?》，《人民日报（海外版）》2011年10

月 22 日。

〔日〕丸冈秀子：「困難な“家ぐるみ離農”」，『朝日新聞』1960 年 9 月 11 日付。

【学位论文】〔国籍〕作者：题目，授予单位，授予年。

王华：《源氏物语的佛教思想》，山东大学博士学位论文，2009。

〔日〕久保田一充：『日本語の出来事名詞とその構文』，名古屋：名古屋大学，2013。

【译著】〔国籍〕作者：书名，译者，出版社，出版年，参考部分起止页码。

〔德〕胡塞尔：《现象学的观念》，倪梁康译，上海译文出版社，1987，第 29 页。

【网络电子文献】〔国籍〕作者：题目，引用网页，日期。

北京日本学研究中心：《日本学研究》征稿说明，https∥bjryzx.bfsu.edu.cn/publisher1.html，2021 年 6 月 10 日。

注：外国出版社或学位授与单位请注明所在地名。中国出版社或学位授与单位所在地可省略。

4. 初校由作者进行校对。在初校过程中，原则上不接受除笔误以外的大幅修改。

《日本学研究》编辑委员会

2021 年 6 月 10 日修订

图书在版编目(CIP)数据

日本学研究. 第34辑 / 郭连友主编. —— 北京：社
会科学文献出版社，2023.3
ISBN 978 - 7 - 5228 - 1692 - 0

Ⅰ.①日… Ⅱ.①郭… Ⅲ.①日本 - 研究 - 丛刊
Ⅳ.①K313.07 - 55

中国国家版本馆 CIP 数据核字(2023)第 060571 号

日本学研究　第 34 辑

主　　编／郭连友

出 版 人／王利民
责任编辑／卫　羚
责任印制／王京美

出　　版／社会科学文献出版社·人文分社 (010) 59367215
　　　　　地址：北京市北三环中路甲 29 号院华龙大厦　邮编：100029
　　　　　网址：www. ssap. com. cn
发　　行／社会科学文献出版社 (010) 59367028
印　　装／三河市龙林印务有限公司

规　　格／开 本：787mm × 1092mm　1/16
　　　　　印 张：20　字 数：325 千字
版　　次／2023 年 3 月第 1 版　2023 年 3 月第 1 次印刷
书　　号／ISBN 978 - 7 - 5228 - 1692 - 0
定　　价／128.00 元

读者服务电话：4008918866